Standard Deutsch 7

Das systematische Lernbuch

Herausgegeben von
Marianne Steigner

Erarbeitet von
Beate Karl
Tanja Kreischer
Alexandra Lange
Bettina Lanwehr
Toka-Lena Rusnok
Marianne Steigner
Bettina Tolle

Unter Beratung von
Inga Alkämper
Katrin Manz
Sabine Müller
Tanja Rencker-Stäpeler
Karin Rohde-Clare
Thomas Sohn
Ulrike Staffel-Schierhoff
Frauke Wietzke

Zu diesem Buch gibt es zwei passende Arbeitshefte (**Arbeitsheft Basis**,
ISBN 978-3-06-061815-6; **Arbeitsheft Plus**, ISBN 978-3-06-061809-5) und folgende Lesehefte:
Balladen, ISBN 978-3-06-061841-5
Freundschaft und Liebe, ISBN 978-3-06-061842-2
Lebenspläne – Lebensläufe, ISBN 978-3-06-061846-0
Virtuelle Welten, ISBN 978-3-06-061845-3
Vorhang auf!, ISBN 978-3-06-061844-6
Zeitung & Co., ISBN 978-3-06-061843-9

Redaktion: Annika Kusumi, Stefanie Schumacher
Bildrecherche: Angelika Wagener

Illustration: Christiane Grauert, Milwaukee
Gesamtgestaltung und technische Umsetzung:
Visuelle Gestaltung Katrin Pfeil, Mainz

www.cornelsen.de
www.oldenbourg-bsv.de

Die Links zu externen Webseiten Dritter, die in diesem Lehrwerk angegeben sind,
wurden vor Drucklegung sorgfältig auf ihre Aktualität geprüft. Der Verlag übernimmt
keine Gewähr für die Aktualität und den Inhalt dieser Seiten oder solcher, die mit ihnen
verlinkt sind.

Dieses Werk berücksichtigt die Regeln der reformierten Rechtschreibung
und Zeichensetzung. Bei den mit [R] gekennzeichneten Texten haben die
Rechteinhaber einer Anpassung widersprochen.

1. Auflage, 3. Druck 2010

Alle Drucke dieser Auflage sind inhaltlich unverändert
und können im Unterricht nebeneinander verwendet werden.

© 2010 Cornelsen Verlag, Berlin;
Oldenbourg Schulbuchverlag GmbH, München

Das Werk und seine Teile sind urheberrechtlich geschützt.
Jede Nutzung in anderen als den gesetzlich zugelassenen Fällen bedarf
der vorherigen schriftlichen Einwilligung des Verlages.
Hinweis zu den §§ 46, 52 a UrhG: Weder das Werk noch seine Teile dürfen ohne eine
solche Einwilligung eingescannt und in ein Netzwerk eingestellt oder sonst öffentlich
zugänglich gemacht werden.
Dies gilt auch für Intranets von Schulen und sonstigen Bildungseinrichtungen.

Druck: Firmengruppe APPL, aprinta druck, Wemding

ISBN 978-3-06-061802-6

 Inhalt gedruckt auf säurefreiem Papier aus nachhaltiger Forstwirtschaft.

Inhaltsverzeichnis

Kompetenzschwerpunkt

Sprechen und Zuhören — 7–22

Quadratisch – praktisch – gut — 7
Sich für ein Thema entscheiden — 8
Informationen beschaffen — 11
Den Vortrag vorbereiten — 13
Ein Handout erstellen — 14
Das Kurzreferat vortragen — 15
Anwenden und vertiefen — 16

Kurzreferate in der Gruppe vorbereiten und halten

Mit sprühender Fantasie — 17
Eine Diskussion führen — 18
Anwenden und vertiefen — 22

Rollendiskussionen führen

Zu literarischen Texten schreiben — 23–48

Worum geht's? Komm auf den Punkt! — 23
Eine Erzählung verstehen — 24
Einen Text schriftlich zusammenfassen — 27
Eine Zusammenfassung überarbeiten — 29
Einleitung und Schlussteil schreiben — 30
Anwenden und vertiefen — 31

Texte verstehen und schriftlich zusammenfassen

Der Text wird richtig gut! — 33
Eine Zusammenfassung schrittweise überarbeiten — 34
Anwenden und vertiefen — 38

am Textentwurf arbeiten

Du glaubst nicht, was mir da passiert ist … — 39
Einen Erzähltext verstehen — 40
Aus Sicht einer literarischen Figur einen Brief schreiben — 43
Anwenden und vertiefen — 46

produktiv zu Texten schreiben

Teste dich selbst! — 47
Zu literarischen Texten schreiben

Beschreiben und berichten — 49–64

Kochlöffel, Kittel oder Kamera? — 49
Sich über einen Beruf informieren — 50
Einen Beruf beschreiben — 52
Anwenden und vertiefen — 56

Berufsbilder beschreiben

von schulischem Engagement berichten

Engagement macht Schule — 57
Berichte untersuchen — 58
Die Sprache in Berichten untersuchen — 60
Einen Bericht beurteilen — 63
Anwenden und vertiefen — 64

Schriftlich Stellung nehmen — 65–78

textgestütztes Argumentieren

Deine Meinung ist gefragt! — 65
Argumente sammeln — 66
Eine Argumentationskette entwickeln — 67
Einleitung und Schluss schreiben — 69
Anwenden und vertiefen — 71

sachliche Briefe schreiben

Mit freundlichen Grüßen — 73
Den Aufbau sachlicher Briefe kennen — 74
Einen sachlichen Brief schreiben — 76
Anwenden und vertiefen — 78

Sachtexte lesen und verstehen — 79–94

Sachtexte lesen und verstehen

Fragen über Fragen — 79
Lesestrategien festigen — 80
Lesestrategien gezielt anwenden — 84
Anwenden und vertiefen — 86

Werbung untersuchen

Kauf dich glücklich! — 87
Werbeplakate untersuchen — 88
Sich über die Wirkung von Werbung informieren — 91
Anwenden und vertiefen — 93

Literarische Texte lesen — 95–116

einen Jugendbuchauszug lesen und verstehen

Essen? Nein, danke! — 95
Sich über das Thema eines Buches informieren — 96
Die Hauptfiguren kennen lernen — 98
Die Entwicklung der Hauptfigur untersuchen — 101
Anwenden und vertiefen — 104

Balladen verstehen und szenisch darstellen

Mit Mut und Zauberkraft — 105
Die Handlung einer Ballade verstehen — 106
Merkmale und Sprache einer Ballade untersuchen — 108
Eine Ballade lesen und spielen — 110
Balladenfiguren untersuchen — 114
Anwenden und vertiefen — 115

Teste dich selbst! — 117
Einen literarischen Text lesen

Nachdenken über Sprache 119–150

Was willst du eigentlich? 119
Aussagen verstehen 120
Anwenden und vertiefen 122

Gespräche untersuchen

Was Wörter bedeuten 123
Schwierige Wörter verstehen: Wortbausteine nutzen 124
Schwierige Wörter in Texten erschließen 125
Die richtige Bedeutung zuordnen 126
Anwenden und vertiefen 128

die Bedeutung von Wörtern erschließen

Nomen, Pronomen, Adjektive und Verben 129
Nomen und Pronomen verwenden 130
Adjektive verwenden 133
Präpositionen verwenden 134
Verben verwenden 135
Mit Verben Zeitformen bilden 136
Den „Täter" nennen oder verschweigen – Aktiv und Passiv verwenden 138
Anwenden und vertiefen 140

Wortarten kennen und unterscheiden

Mit Sätzen umgehen 141
Satzglieder bestimmen 142
Sätze verbinden 144
Relativsätze verwenden 146
Anwenden und vertiefen 148

Sätze gliedern und Sätze verbinden

Teste dich selbst! 149
Sprache und Sprachgebrauch untersuchen

Richtig schreiben 151–188

Wörter deutlich aussprechen 151
Wörter mit langen Vokalen richtig schreiben 152
Wörter mit kurzen Vokalen richtig schreiben 154
s-Laute richtig schreiben 155
Ähnlich klingende Laute unterscheiden 156
Anwenden und vertiefen 158

auf deutliches Sprechen achten

Wortbausteine erkennen 159
Wörter zerlegen 160
Fremdwörter richtig schreiben 162
Worttrennung am Zeilenende 163
Anwenden und vertiefen 164

auf Vor- und Nachsilben achten

Getrennt oder zusammen? 165
Verbindungen aus Nomen + Verb richtig schreiben 166
Anwenden und vertiefen 168

Wortgrenzen erkennen

Wortarten erkennen

Groß oder klein? — 169
Nomen großschreiben — 170
Nominalisierte Adjektive und Verben
  großschreiben — 172
Zeitangaben schreiben – groß oder klein? — 174
Anwenden und vertiefen — 176

Zeichen richtig setzen

Mit Komma oder ohne? — 177
Kommas in Aufzählungen und Satzreihen — 178
Das Komma in Satzgefügen — 179
Anwenden und vertiefen — 182

die Rechtschreibung überprüfen und verbessern

Korrekt? — 183
Auf Regeln achten und Proben anwenden — 184
Schreiben üben durch Schreiben — 186

Teste dich selbst! — 187
Richtig schreiben

Wissen sichern und vernetzen — 189–206

Kompetenzen vernetzen
- Sachtexte und Diagramme erschließen
- Werbung untersuchen
- literarische Texte untersuchen
- einen Vorgang beschreiben
- einen Bericht schreiben
- ein Kurzreferat vorbereiten und halten

Wasser — 189
Wasser für alles – Wasser für alle? — 190
Was Wasser kann — 191
Am Meer — 192
Übers Wasser — 194

Unterwegs — 195
Neue Welten entdecken — 196
Über den Wolken — 198
Auf dem Weg — 200

Verschwunden? — 201
Wenn jemand fehlt — 202
Verschwunden! — 204
Versunkene Welten — 205

Teste dein Wissen! Lernstandstest — 207–209

Orientierungswissen — 210–229

Methoden und Arbeitstechniken — 227

Lösungen der Tests — 230
Text- und Bildquellenverzeichnis — 234
Sachregister — 237

Quadratisch – praktisch – gut
Kurzreferate in der Gruppe vorbereiten und halten

Theobroma cacao

Was weißt du schon?

- Zu welchem Thema hast du schon einmal ein Kurzreferat gehalten? Wie bist du bei der Vorbereitung vorgegangen?

- Was ist wichtig, damit ein Kurzreferat gelingt? Was können die Zuhörerinnen und Zuhörer dazu beitragen?

- Hast du schon einmal ein Thema in Gruppenarbeit vorbereitet? Was war dabei zu beachten?

- In eurer Klasse sollen mehrere Kurzreferate zum Thema „Schokolade" erarbeitet werden.
  – Was wisst ihr schon über das Thema „Schokolade"? Betrachtet die Bilder und Aussagen auf dieser Seite und sammelt Ideen.
  – Was würdet ihr gerne noch über das Thema „Schokolade" erfahren? Notiert Fragen.

Sich für ein Thema entscheiden

In einem Kurzreferat kann man nicht alle Informationen zu einem Thema vorstellen. Man muss eine Auswahl treffen.

1 Über welche interessanten und wichtigen Teilbereiche könnte in einem Kurzreferat zum Thema „Schokolade" informiert werden?

a) Übertrage die folgende Mindmap in dein Heft.

b) Arbeite mit einer Lernpartnerin / einem Lernpartner. Ergänzt zusammen weitere Ideen in der Mindmap.

eine Mindmap erstellen → S. 227

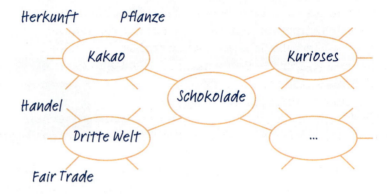

2 Auf den Seiten 8–10 findet ihr verschiedene Materialien zum Thema „Schokolade".

a) Lest alle Überschriften und überfliegt die Texte, das Diagramm und die Tabelle.

sich einen Überblick verschaffen

Die Entwicklung des Schokoriegels – vom Baum bis in die Tüte

Ursprünglich stammt der bis zu 15 Meter hohe Kakaobaum „Theobroma cacao"* aus Mittel- und Südamerika. Dort wächst er auch heute noch im Schatten der tropischen Regenwälder. Angebaut wird das sonnen- und windempfindliche Gehölz*
5 inzwischen aber auch in Afrika und einigen Ländern Asiens.

Theobroma cacao: Kakaobaum, siehe Foto S. 7
das Gehölz: *hier:* der Baum

Der Kakaobaum hat einen knorrigen Stamm und eine breite immergrüne Krone. Aus den Blütenbüscheln an Ästen und Stamm reifen das ganze Jahr über
10 gelbe und rotbraune Früchte heran. Sie sehen aus wie viel zu dicke Gurken und werden 10 bis 25 cm lang. Im Inneren der Kapsel schlummert, weich verpackt im klebrig süßen Fruchtbrei, der
15 Samenschatz: bis zu 50 weißliche Kakaobohnen.

Die reifen Früchte werden mit einer Machete* dicht am Stamm abgeschlagen und auf einem Sammelplatz vorsichtig geöffnet. Eine Woche lang lagert der Brei mit Bohnen unter Bananenblättern. Immer wieder werden die warmen Haufen gewendet. Dann löst sich das verflüssigte Fruchtfleisch von den empfindlichen Bohnen ab. Dieser Vorgang heißt „Gärung" oder „Fermentation". Die inzwischen braunen und nicht mehr ganz so bitteren Bohnen werden nun gewaschen und auf Binsenmatten getrocknet. Nach 7 bis 14 Tagen verkauft der Pflanzer die getrockneten Bohnen, den Rohkakao, an Händler. Sie verschiffen ihn meist in großen Säcken in die Bestimmungsländer.

In den Herkunftsländern übernimmt das Rösten oft die Sonne. Die Kakaoindustrie bei uns benutzt dafür Maschinen. Bei exakt bestimmter Temperatur entfalten die Bohnen darin ihren Geschmack. Sind alle Schalenteilchen entfernt, zermahlen Mühlen und Walzen die Bohnenkrümel, die Reibungshitze schmilzt die Kakaobutter aus den Bohnen und alles vermengt sich zu einer dunklen Masse.

Ist Schokolade als Endprodukt vorgesehen, wird der Brei nun gewürzt, mit Nüssen, Rosinen oder Kokosflocken vermengt und in Tafel- oder Riegelform gegossen.
Soll Kakaopulver entstehen, wird in einer Presse die Butter vom Pulver getrennt. Bei starkem Druck fließt die Kakaobutter klar und golden ab. Zurück bleibt ein stark oder schwach entölter* Presskuchen, der zerkleinert und zermahlen das Kakaopulver ergibt.

die Machete: ein starkes Messer

entölen: das Öl entziehen

INFO
12,4 kg sind 124 Tafeln Schokolade je 100 g.

Naschen mit gutem Gewissen

In einer Tafel Schokolade steckt viel Arbeit. Vor allem für die Menschen, die die Kakaobohnen ernten müssen. Doch gerade die Bauern bekommen dafür sehr wenig Geld. Händler, die zur Erntezeit auf die Plantagen* kommen, zahlen für ein Kilogramm Bohnen etwa so viel, wie hier in Deutschland eine 100-Gramm-Tafel kostet. Der Verein Transfair sorgt dafür, dass den Genossenschaften* der Bauern ein fester, gerechterer Preis für ihre Bohnen gezahlt wird. Zurzeit liegt dieser bei etwa 1325 Euro für 1000 Kilogramm. Als Gegenleistung müssen die Arbeitsgemeinschaften einige Bedingungen erfüllen: Die Bauern müssen zum Beispiel innerhalb der Genossenschaft gleichberechtigt sein und alle Entscheidungen gemeinsam treffen. […]

Schokoladenverbrauch 2007 in Kilogramm pro Person
- Schweiz: 12,4
- Deutschland: 11,4
- Großbritannien: 10,4
- USA: 5,2
- Spanien: 3,3
- Japan: 2,2

die Plantage: ein großes Stück Land, auf dem man Pflanzen anbaut
die Genossenschaft: Bauern, die sich zu einer Gruppe zusammengeschlossen haben und z. B. zusammen Maschinen kaufen oder Produkte verkaufen

V wie Verbrauch

Im Jahr 2000 aßen Kinder und Erwachsene in Deutschland durchschnittlich 8,2 Kilogramm Schokolade. Laut dem Bundesverband der Deutschen Süßwarenindustrie in Bonn gab es für Leckermäuler allerdings eindeutige Favoriten:

Süßigkeiten	Kilogramm/Jahr	Prozent
gefüllte Tafeln und Riegel	2,65	32,4
ungefüllte Tafeln und Riegel	1,98	23,6
andere gefüllte Produkte (Schoko-Ostereier usw.)	0,88	10,8
Pralinen ohne Alkohol	0,84	10,4
andere ungefüllte Produkte (Schoko-Nikoläuse usw.)	0,81	9,9
kakaohaltige Zuckerwaren (Trinkschokolade usw.)	0,72	8,8
Pralinen mit Alkohol	0,32	3,9
weiße Schokolade	0,01	0,1

b) Überlegt, zu welchen Teilbereichen eurer Mindmap (Aufgabe 1 auf Seite 8) die Materialien jeweils passen.

c) Über welche Themen würdet ihr euch gern genauer informieren? Markiert die Bereiche in eurer Mindmap.

Referatsthemen festlegen

INFO
Eine Punktabfrage durchführen
Notiert alle Vorschläge an der Tafel oder auf einem Poster. Jeder vergibt insgesamt drei (Klebe-)Punkte. Zu den Themen mit den meisten Punkten gibt es je einen Kurzvortrag.

3 a) Entscheidet in der Klasse, zu welchen Teilbereichen Kurzreferate in Gruppen erarbeitet werden sollen. Wählt mit Hilfe einer Punktabfrage vier bis sechs Themen aus.

b) Legt in der Klasse fest, wie viel Zeit im Unterricht für die Erarbeitung und den Vortrag der Kurzreferate eingeplant werden soll, z. B.: *zwei Wochen Erarbeitung / 15 Min. Vortrag*

c) Bildet Kleingruppen aus vier bis fünf Personen, die gemeinsam ein Kurzreferat zu einem Thema erarbeiten.

Fragen zum Thema formulieren

4 Welche Fragen zu eurem Thema sollen in eurem Kurzreferat beantwortet werden? Einigt euch in eurer Gruppe auf fünf W-Fragen und schreibt sie auf, z. B.:

Kurzreferat: Anbau von Kakao
– *Wo wird Kakao angebaut?*
– *Aus welchen Pflanzen gewinnt man Kakao?*
– *Wie arbeitet ein Kakaobauer?*
– *…*
– *…*

Informationen beschaffen

Die einzelnen Gruppen müssen sich für ihr Kurzreferat passendes Material suchen.

1 Entscheidet in eurer Gruppe, welche der Materialien auf den Seiten 8–10 ihr zur Beantwortung eurer Fragen nutzen könnt.

passende Materialien auswählen

2 Welche anderen Möglichkeiten habt ihr, um an Informationen zu eurem Thema zu gelangen? Listet Vorschläge auf.

verschiedene Informationsquellen nutzen
› Lexikon zu Hause
› Schülerbücherei
› ...

Im Internet recherchieren

Im Internet findet ihr zu fast jedem Thema sehr viele Informationen. Manche sind nützlich für euren Vortrag, andere dagegen unwichtig.

3 Sprecht in der Klasse über eure Erfahrungen mit dem Internet.

   a) Welche Suchmaschinen habt ihr schon einmal verwendet?

   b) Welche Online-Lexika oder Schülerseiten kennt ihr, auf denen ihr Informationen zu eurem Thema finden könntet?

   c) Welche Vor- und Nachteile hat das Internet bei der Informationssuche? Worauf muss man besonders achten?

4 Betrachte die abgebildete Seite.

Suchmaschinen nutzen

   a) Welche Suchmaschine wurde hier verwendet?

   b) Wie lautet der Suchbegriff?

   c) Wie viele Treffer (Suchergebnisse) wurden insgesamt gefunden?

INFO
Suchmaschinen oder Suchdienste, z. B. *Google*, durchsuchen die Webseiten nach bestimmten Begriffen. Wenn man in eine Suchmaschine einen Suchbegriff eingibt, erhält man eine Liste aller Internetadressen, die den Suchbegriff enthalten.

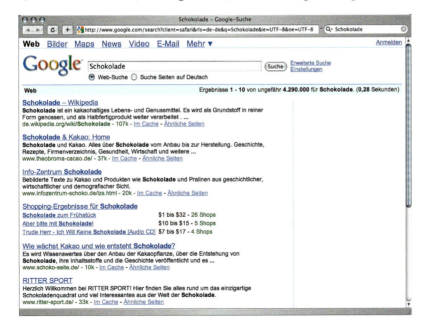

Sprechen und Zuhören

Suchergebnisse auswerten

5 Werte die auf Seite 11 abgebildeten Suchergebnisse aus. Welche der angezeigten Treffer sind für ein Referat zum Thema „Herstellung von Schokolade" geeignet, welche nicht? Begründe.

6 Damit du möglichst rasch zu den gesuchten Ergebnissen kommst, solltest du deine Suche durch die Angabe mehrerer Begriffe einschränken, z. B.:

| Schokolade + Herstellung | | Schokolade + Gesundheit |

Notiere Begriffe, die man auf der Suche nach Informationen zu den folgenden Themen eingeben könnte.
– Die verrücktesten Rekorde zum Thema „Schokolade"
– Wie können wir Kakaobauern unterstützen?

7 Warum ist es nützlich, aufzuschreiben, wo man das Material gefunden hat und wer es verfasst hat? Erkläre.

Quellenangaben machen
> Autor
> Titel des Textes / Buchtitel
> Seitenangabe
> Internetadresse mit Datum des Aufrufs

HILFEN
So könnten Quellenangaben lauten:
> „Schokologie", aus: www.schokolade.de/geschichte_einleitung.htm, 1.1.2010
> „Die Kakaopflanze", aus: Neues Kinderlexikon, S. 12

> **Informationen beschaffen**
>
> • Nützliche **Informationsquellen** sind: Schulbücher, Lexika, Sachbücher, Zeitschriften und Zeitungen, Bibliotheken und das Internet.
> • Nicht alle Informationen aus dem Internet zu einem Thema sind für dein Referat brauchbar. Durch die Eingabe mehrerer **Suchbegriffe** in eine **Suchmaschine** (z. B. Google) kannst du die Suche sinnvoll einschränken.
> • Es ist wichtig, zu allen verwendeten Materialien **Quellenangaben** (Autor, Titel, Seitenangabe, Internetadresse mit Datum) zu notieren, damit man Informationen noch einmal nachlesen oder überprüfen kann.

Aufgaben in der Gruppe verteilen

TIPP
Achtet darauf, die Arbeit in der Gruppe gerecht zu verteilen.

8 Setzt euch in euren Themengruppen zusammen und klärt gemeinsam die folgenden Fragen zur Vorbereitung des Kurzreferats.
– Wo wollen wir nach Informationen suchen?
– Wer übernimmt welche Aufgabe und bis wann?
– Wie sollen die Informationen festgehalten werden (z. B. Stichwörter, Ausdruck, Kopie)?

Erstellt einen Arbeitsplan, z. B.:

Fragen	Wer?	Wo?	Wie?	Bis wann?
Wo wird Kakao angebaut?	Tara	Internet, Lexikon	Ausdruck	...
Aus welchen Pflanzen gewinnt man Kakao?	Mirko	Zeitschrift „Geo"	Kopien	nächsten Montag
Wie arbeitet ein Kakaobauer?	Mingh	Erdkundebuch	Stichwörter	...
...	...	...	...	...

Den Vortrag vorbereiten

Informationen auswählen und ordnen

Untersucht in der Themengruppe eure Materialien.

1 a) Erarbeite die mitgebrachten Materialien (Texte, Tabellen, Diagramme) allein oder zusammen mit einem Gruppenmitglied. Beachte dabei folgende Schritte:

> 1. Benenne das Thema.
> 2. Kläre schwierige Wörter durch Nachdenken, Nachfragen oder Nachschlagen.
> 3. Markiere Schlüsselwörter oder wichtige Zahlen.
> 4. Schreibe in Stichwörtern wichtige Informationen heraus.

b) Stelle der Gruppe deine Ergebnisse vor.

c) Lest noch einmal die fünf Fragen zu eurem Thema (Aufgabe 4 auf Seite 10). Sucht aus euren Materialien passende Antworten heraus und notiert sie in Stichwörtern.

d) Welche zusätzlichen Informationen habt ihr gefunden, die noch in euer Kurzreferat aufgenommen werden sollten? Markiert sie in eurer Stichwortsammlung.

2 Entwickelt einen roten Faden für euer Referat.

a) Gliedert euer Thema in Unterthemen. Orientiert euch dabei an eurer Liste mit den fünf Fragen (Seite 10, Aufgabe 4).

b) Legt für jedes Unterthema eine Karteikarte an und notiert die wichtigsten Informationen darunter, z. B.:

> *Herkunft des Kakaos*
>
> *Der Kakaobaum*
> *– bis zu 15 m hoch*
> *– wächst im trop. Regenwald*
> *– ...*

c) Bringt die Kärtchen in eine sinnvolle Reihenfolge.

d) Legt fest, wer welches Unterthema beim Vortrag übernimmt.

3 Plant Einleitung und Schluss eures Referats.

a) Welche Funktion sollen Einleitung und Schluss haben?

b) Wie könnt ihr die Zuhörerinnen und Zuhörer einbeziehen?

Sprechen und Zuhören

in der Gruppe Sachtexte erarbeiten

Lesestrategien anwenden
→ S. 80–85

TIPP
Die Bedeutung schwieriger Wörter lässt sich oft durch ihre Bestandteile erklären, z. B.:
› *das Gehölz* → *von Holz* → *der Baum*
› *immergrün* → *immer grün*, d. h., die Blätter welken nie

Informationen auswählen

einen roten Faden entwickeln

TIPP
Formt die fünf Fragen in Überschriften um. Ordnet sie sinnvoll und ergänzt Informationen, die ihr im Vortrag an die Zuhörerinnen und Zuhörer weitergeben wollt.

Einleitung und Schluss planen

TIPP
Sammelt mögliche Formulierungen für Einleitung und Schluss auf einem Plakat, das später in der Klasse ausgehängt wird.

Ein Handout erstellen

Zu einem gelungenen Kurzreferat gehört ein Handout, das zu Beginn des Vortrags an alle Zuhörerinnen und Zuhörer ausgeteilt wird.

Funktion und Aufbau eines Handouts kennen

1 Betrachtet das abgebildete Handout und sprecht über die folgenden Fragen.

   a) Welchen Nutzen hat ein Handout
   – für die Zuhörenden?
   – für die Vortragenden?

   b) Welche Informationen sollte ein Handout enthalten?

   c) Was ist bei der sprachlichen Form zu beachten?

   d) Wie sollte die Seite gestaltet sein?

```
Einstein-Gesamtschule
Klasse 7c/Frau Perez
Ödül Kilic, Amelie Kyan, Inga Peters, Robin Scheur

Von der Bohne in die Tasse –
Kakaoherstellung

1 Die Anfänge der Kakaoherstellung

2 Wo wird Kakao heute angebaut?

3 Wie wird Kakao hergestellt?

4 Verschiedene Kakaosorten
_____
Fragen
```

die Zuhörenden einbeziehen

2 Die Zuhörenden sollen sich auf dem Handout Notizen machen. Sieh dir das abgebildete Handout an.

   a) Für welche Art von Notizen wurde hier Platz eingeplant?

   b) Welchen Nutzen haben die Notizen für die Zuhörenden?

   c) Was muss man beachten, wenn man sich Notizen macht?

> **❗ Ein Handout gestalten**
>
> - Ein **Handout** gibt den Aufbau oder den Inhalt eines Vortrags kurz und übersichtlich wieder. Die/Der Vortragende kann es als eine Art **Gerüst für den freien Vortrag** nutzen. Die Zuhörenden können darin während des Vortrags Notizen machen, Fragen notieren und nach dem Vortrag noch einmal die wichtigsten **Informationen nachlesen.**
> - Das Handout sollte die Namen der Vortragenden, das Thema des Vortrags und eindeutig formulierte Stichwörter zu den wichtigsten Abschnitten des Vortrags (Gerüst) enthalten.

3 Erstellt ein Handout für euer Kurzreferat. Ihr könnt euch dabei an den Überschriften auf euren Karteikarten orientieren.

Das Kurzreferat vortragen

1 Probt den Vortrag des Kurzreferats in eurer Gruppe.

a) Legt zuerst die Redezeit jedes Einzelnen fest, z. B.:
Unser Vortrag soll insgesamt 15 Minuten dauern. Bei vier Personen kann jedes Gruppenmitglied drei bis vier Minuten sprechen.

die Redezeit festlegen

b) Lest die folgenden Beobachtungsaufträge zur Bewertung eines Kurzreferats und verteilt sie: Jedes Gruppenmitglied wählt ein bis zwei Punkte, auf die sie/er beim Zuhören besonders achtet.

Beobachtungsaufträge festlegen

> **Ein Kurzreferat bewerten**
> - Wurde die festgelegte Redezeit eingehalten?
> - Wurden alle wichtigen Informationen genannt?
> - Wurde alles gut verständlich erklärt?
> - Wurde laut und deutlich gesprochen?
> - Hat die/der Vortragende die Zuhörenden angeschaut?
> - Wurden die Zuhörenden durch Fragen einbezogen?

c) Jedes Gruppenmitglied trägt mit Hilfe der Notizen auf der Karteikarte (Aufgabe 2, Seite 13) seinen Teil des Kurzreferats vor.

den Vortrag proben

d) Gebt dem/der Vortragenden nach jedem Vortrag eine Rückmeldung.

Rückmeldungen geben

2 Tragt eure Kurzreferate der Klasse vor. Die Zuhörerinnen und Zuhörer erhalten zu Beginn des Vortrags das Handout der Gruppe und notieren darauf Informationen und Fragen.

3 Wertet die Kurzreferate in der Klasse aus.

die Vorträge auswerten

a) Welche Kurzreferate haben euch besonders gefallen? Begründet.

b) Welche Informationen zum Thema „Schokolade" fandet ihr besonders interessant? Gebt sie in eigenen Worten wieder.

c) Welche Fragen habt ihr notiert? Klärt sie gemeinsam.

die Gruppenarbeit beurteilen

d) Wie beurteilt ihr die Gruppenarbeit und das Vortragen in Gruppen?

> **Das habe ich gelernt**
>
> Sprecht zu zweit über die folgenden Fragen:
>
> - Was hat gut funktioniert? Was möchte ich noch verbessern?
> – bei der Gruppenarbeit: ...
> – beim Beschaffen von Informationen: ...
> – beim Erstellen eines Handouts: ...
> – beim Vortragen / beim Zuhören: ..
>
> - Was habe ich in diesem Kapitel neu dazugelernt?

Sprechen und Zuhören

Anwenden und vertiefen

Handouts beurteilen

1 Vergleicht beide Handouts. Was ist gut gelungen? Was sollte verbessert werden? Begründet.

Geschichte der Schokolade von Lea, Ugur, Felix und Mai - Kakao bei den Azteken und Mayas - Kakao als Zahlungsmittel - Die Spanier kommen - Schokolade wird für alle erschwinglich - Schokolade heute Fragen:	*Schokolade – einfach lecker!* – Schon die Azteken nutzten das bittere Kakaowasser. Das fanden wahrscheinlich zum ersten Mal die Spanier heraus. – Es gibt auch Milchschokolade. – Trinkschokolade beim Adel beliebt – Conrad van Houten mischte aus gemahlenen Bohnen und Kakaobutter Schokoladenmasse. – Schokolade ist ungesund, weil sie viel Fett und Zucker enthält.

ein Handout überarbeiten

2 a) Erstellt einen Bewertungsbogen für Handouts.

b) Beurteilt eure Handouts mit Hilfe dieses Bewertungsbogens und überarbeitet sie in der Gruppe.

eine Checkliste erstellen

3 Erstellt eine Checkliste zum Bewerten eines Kurzreferats.

ein Kurzreferat vorbereiten
- sich für ein Thema entscheiden
- Fragen formulieren
- Informationen beschaffen
- Informationen auswählen und ordnen (roter Faden)
- ein Handout entwerfen
- den Vortrag proben
- das Kurzreferat präsentieren
- die Vorträge auswerten

4 Arbeitet zu zweit oder in Gruppen und bereitet ein Kurzreferat vor.

a) Wählt eines der folgenden Themen aus und erstellt dazu eine Mindmap mit Unterthemen.

Das Internet	Fast Food	Jugendzeitschriften

b) Entscheidet euch für eines der Unterthemen. Schreibt fünf Fragen auf, die euch interessieren, und sammelt Informationen dazu. Nutzt geeignete Informationsquellen.

c) Stellt einander die Ergebnisse der Informationssuche vor. Wählt wichtige Informationen aus und ordnet sie sinnvoll.

d) Entwerft ein Handout für ein Kurzreferat zu eurem Thema.

5 a) Präsentiert euer Kurzreferat in Gruppen oder vor der Klasse.

b) Gebt einander Rückmeldungen zu den Kurzreferaten. Nutzt die Checklisten und klärt offene Fragen.

Mit sprühender Fantasie

Rollendiskussionen führen

- Sprühende Fantasie …
- Wunderbar – wenn das keine Kunst ist!
- Graffiti machen die nackten Häuser fröhlicher.
- … das ist doch kriminell!
- Bloß weg mit diesen Schmierereien!
- Graffiti machen graue Wände lebendig … (*Liedzeile der Band „Keimzeit"*)
- Wer soll das denn alles wieder saubermachen?

Was weißt du schon?

- Warum diskutieren wir?
- Worüber habt ihr in eurer Klasse diese Woche schon diskutiert?
- Man drückt sich anders aus, je nachdem, mit wem und in welcher Situation man spricht. Nennt Beispiele dafür.
- Welche Gesprächsregeln für Diskussionen kennt ihr schon? Erstellt dazu eine Checkliste.
- Spielt das Thema „Graffiti" eine Rolle in eurem Wohnort?

Eine Diskussion führen

einen Standpunkt vortragen und begründen

das Graffito, *meist Pl.:* Graffiti: auf eine Wand gesprühte Zeichnung, Wandkritzeleien

1 a) Lies die Sprechblasen auf der vorigen Seite noch einmal. Welcher Meinung kannst du dich anschließen? Begründe.

b) Erstellt eine Positionslinie zu der folgenden Frage: „Graffiti* – Kunst oder Schmiererei?"
Denkt euch eine Linie im Klassenraum, deren eines Ende für „Kunst", das andere für „Schmiererei" steht. Verteilt euch auf die beiden Enden.

eine Diskussion führen

HILFEN
> Ich finde, dass ...
> Meiner Meinung nach ...
> Ich stimme dir zu: ...
> Das sehe ich anders: ...

c) Führt nun eine Diskussion zu dem Thema. Nennt Argumente (pro) und Gegenargumente (kontra) und achtet auf ein faires Gesprächsverhalten.

d) Beurteilt eure Diskussion. Was ist gut gelungen? Was könnte verbessert werden?

2 Ihr habt gerade eine spontane Diskussion geführt. Es gibt aber auch geführte Diskussionen, z.B. in einer Talkshow.

Diskussionsformen unterscheiden

a) Beschreibt, wie sich die beiden Diskussionsformen unterscheiden.

b) Nennt Vor- und Nachteile beider Diskussionsformen.

die Aufgaben einer Diskussionsleitung kennen

3 a) Benenne die Aufgaben einer Diskussionsleiterin / eines Diskussionsleiters (Moderatorin/Moderators).

b) Wann und wie sollte sie/er in die Diskussion eingreifen? Nennt Beispiele und mögliche Formulierungen.

Eine Rollendiskussion vorbereiten und durchführen

eine Rollendiskussion vorbereiten

4 a) Bereitet eine geleitete Diskussion mit verschiedenen Rollen zum Thema „Graffiti" vor. Ihr könnt folgende Rollen besetzen:
– ein verärgerter Fabrikbesitzer, auf dessen Werkhalle Graffiti gesprüht wurden
– eine Graffitikünstlerin (Sprayerin) / ein Graffitikünstler (Sprayer)
– die Mutter / der Vater des Graffitikünstlers
– eine Polizistin / ein Polizist
– eine Touristin / ein Tourist
– eine Diskussionsleiterin / ein Diskussionsleiter

Sprechen und Zuhören

b) Bildet Gruppen aus bis zu sechs Personen. Legt fest, wer welche Rolle übernimmt und bestimmt eine Diskussionsleiterin / einen Diskussionsleiter.

verschiedene Rollen besetzen

c) Bereite dich auf deine Rolle vor. Lies die folgenden Argumente und den Gesetzestext und überlege dir, welchen Standpunkt deine Rolle zum Thema „Graffiti" wohl vertritt.

Argumente sammeln

Graffiti – pro und kontra

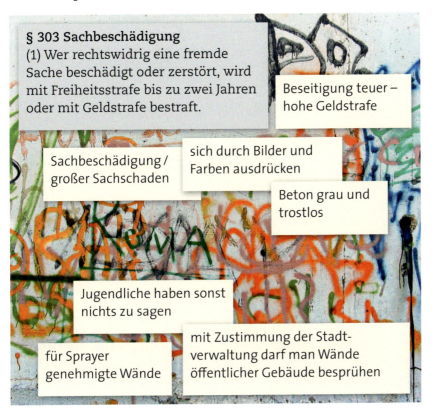

§ 303 Sachbeschädigung
(1) Wer rechtswidrig eine fremde Sache beschädigt oder zerstört, wird mit Freiheitsstrafe bis zu zwei Jahren oder mit Geldstrafe bestraft.

Beseitigung teuer – hohe Geldstrafe

Sachbeschädigung / großer Sachschaden

sich durch Bilder und Farben ausdrücken

Beton grau und trostlos

Jugendliche haben sonst nichts zu sagen

für Sprayer genehmigte Wände

mit Zustimmung der Stadtverwaltung darf man Wände öffentlicher Gebäude besprühen

§ = der Paragraf: Teil eines Gesetzes

d) Gestalte eine Rollenkarte zu deiner Rolle. Notiere die wichtigsten Argumente (Gründe) für ihre/seine Meinung in Stichwörtern, z. B.:

eine Rollenkarte gestalten

> Der Fabrikbesitzer Herr Schmidt
> Standpunkt:
> – gegen Graffiti
> – möchte die Sprayer verklagen
> Argumente:
> – findet Graffiti hässlich
> – hat die Werkhalle erst letztes Jahr grau gestrichen
> – …

TIPP
Arbeite zusammen mit einer Person aus einer anderen Gruppe, die die gleiche Rolle vorbereitet. Sammelt zuerst gemeinsam Ideen und erstellt dann jeder eine eigene Rollenkarte.

e) Die Diskussionsleiterin / Der Diskussionsleiter notiert Fragen an die verschiedenen Rollen und überlegt sich eine Begrüßung.

Sprechen und Zuhören

Sprechen und Zuhören

die Diskussion leiten

5 a) Lies die folgenden Aussagen eines Diskussionsleiters.

A Herr Krämer und Frau Atalay sind also beide der Ansicht, dass gerade in der letzten Zeit die Menge der Graffiti überhandgenommen hat. Herr Schott, wie sehen Sie das?

B Wir alle kennen sie: die bunten Bilder aus der Sprayflasche, die an vielen Wänden unserer Stadt zu sehen sind. Die einen ärgern sich fürchterlich, die anderen freuen sich darüber, dass die Stadt bunter wird. Deshalb wollen wir heute gemeinsam über die Frage diskutieren: Sind Graffiti Kunst oder Schmiererei?

C Herr Roth, im Gegensatz zu Frau Khan sind Sie dafür, Sprayer härter zu bestrafen. Welche Gründe haben Sie dafür?

D Wenn ich dich richtig verstehe, forderst du mehr regelmäßige Freizeitangebote für Jugendliche von Seiten der Stadtverwaltung.

E Ich möchte gern noch einmal auf die Frage zurückkommen, ob …

F Frau Schneider, Sie haben sich noch nicht geäußert – wie ist Ihre Meinung dazu?

b) Tauscht euch aus, welche Aufgaben der Diskussionsleiter hier jeweils wahrnimmt. Im Kasten findet ihr Hilfen.

> - die Diskussion einleiten
> - Aussagen der Diskussionsteilnehmer verknüpfen
> - die Diskussion lenken
> - Argumente zusammenfassen

sich angemessen ausdrücken

HILFEN
> - *Ich bin deiner / Ihrer Meinung …*
> - *Da möchte ich widersprechen: …*
> - *Habe ich dich / Sie richtig verstanden, …?*

6 Sammelt Formulierungshilfen, die Zustimmung, Ablehnung und Nachfragen ausdrücken. Schreibt sie auf Plakate, die ihr im Klassenraum aufhängt.

7 Diskussionen können auf unterschiedliche Weise geführt werden – mit unterschiedlichem Erfolg.

a) Lies die folgenden Aussagen aus einer Diskussion. Welche bringen die Diskussion voran, welche nicht? Begründe.

- Das ist ja mal wieder typisch!
- Sie haben einfach keine Ahnung!
- Ich muss Sie auf die Gesetzeslage hinweisen.
- Die Kosten dafür betragen über hundert Euro.
- Er war schon immer so …
- Ihr wollt doch immer nur …

sachlich argumentieren

b) Warum ist es wichtig, in einer Diskussion sachlich zu bleiben?

c) Zu welchen Ergebnissen könnte eine Diskussion über das Thema „Graffiti" führen? Sind Kompromisse denkbar? Sammelt verschiedene Ideen.

8 Je drei Zuschauerinnen / Zuschauer sollen eine/einen der Diskussionsteilnehmerinnen und -teilnehmer beurteilen. Erstellt dazu einen Beobachtungsbogen, z. B.:

einen Beobachtungsbogen erstellen

TIPP
Nutzt eure Checkliste von Seite 17.

+		–	
Inhalt:			
begründet seine Meinung	III	findet keine Begründung	II
nennt überzeugende Argumente	II	nennt schwache Argumente	I
nennt Beispiele	I	nennt keine Beispiele	III
Gesprächsverhalten:			
geht auf andere ein	II	übergeht Aussagen anderer	
bleibt bei der Sache		schweift ab	I
lässt die anderen aussprechen		fällt anderen ins Wort	
…		…	

❗ Rollendiskussionen führen

- In einer **Rollendiskussion** diskutieren mehrere Personen über ein Thema. Damit **viele verschiedene Sichtweisen** deutlich werden, werden vorher Rollen festgelegt, z. B.: Schülerin/Schüler, Polizistin/Polizist, Lehrerin/Lehrer.
- Auf einer **Rollenkarte** notiert jeder Argumente zum Standpunkt seiner Rolle in Stichwörtern.
- **Eine Diskussionsleiterin / Ein Diskussionsleiter** lenkt die Diskussion und achtet darauf, dass alle zu Wort kommen.
- **Die Zuschauer** achten darauf, ob überzeugende Argumente verwendet und die Gesprächsregeln eingehalten werden.

9 Führt nun die Rollendiskussion vor der Klasse durch. Verwendet dabei die Argumente auf euren Rollenkarten (Aufgabe 4 c, Seite 19).

die Rollendiskussion durchführen

10 Besprecht den Verlauf der Diskussion mit Hilfe folgender Fragen:
   – Wie war die Stimmung während der Diskussion?
   – Welche Meinungen wurden vertreten?
   – Welche Argumente und Beispiele wurden genannt?
   – Sind die Diskutierenden aufeinander eingegangen?
   – Was ist gut gelungen? Was kann verbessert werden?

die Diskussion auswerten

Das habe ich gelernt

- Bei der Rollendiskussion habe ich gelernt, …
- Angemessen diskutieren bedeutet, …
- Darauf möchte ich beim Diskutieren besonders achten: …
- Das hilft mir beim Zuhören: …

Sprechen und Zuhören

Sprechen und Zuhören

Anwenden und vertiefen

Brot statt Böller?

Feuerwerkskörper dürfen bei keinem Silvesterfest fehlen: Etwa 100 Millionen Euro werden allein in Deutschland jährlich für Böller und Raketen ausgegeben. Viele Hilfsorganisationen rufen dazu auf, das Geld lieber Not leidenden Menschen zu spenden. Was haltet ihr davon?

einen Standpunkt einnehmen und begründen

1 Welche Meinung habt ihr dazu? Tauscht euch zu zweit aus.

2 Lies die folgenden Meinungen zum Thema „Brot statt Böller". Welchem stimmst du zu, welchem nicht? Begründe.

A Silvester ohne Feuerwerk wäre langweilig! Mit den Böllern verleihen die Menschen ihrer Freude Ausdruck, und auch wer sie sich nicht leisten kann, kann sich mitfreuen.

B Jeder, der Geld für Böller ausgibt, sollte einen Teil davon an Hilfsorganisationen spenden. 20 Euro für Böller und 20 Euro für Not leidende Menschen, das wäre gerecht.

C Wenn wir auf das jährliche Feuerwerk verzichten würden, wäre die Nachfrage an Böllern weg und die Firmen, die sie herstellen, würden pleitegehen. Viele Menschen hätten dann keine Arbeit mehr und es wäre für unsere Wirtschaft schlecht.

D Traditionen und Bräuche sind wichtig. In vielen Regionen der Welt gibt es Feuerwerke zu Neujahr. Auch in Deutschland sollten wir diese Tradition beibehalten.

E Die Böller sind Geldverschwendung und sollten verboten werden. Die Menschen sollten stattdessen verpflichtet werden, zum Jahresbeginn etwas an Arme zu spenden.

Argumente erkennen

3 a) Welche Argumente werden für (pro) und welche gegen (kontra) die Feuerwerke genannt? Ordne sie in einer Tabelle.

b) Ergänze weitere Pro- oder Kontra-Argumente.

eine Rollendiskussion führen

4 Erarbeitet in kleinen Gruppen eine Rollendiskussion.

HILFEN
Mögliche Rollen:
> Schüler/in
> Besitzer/in einer Fabrik für Feuerwerkskörper
> älterer Mensch
> Politiker/in
> Leiter/in einer Hilfsorganisation

a) Bestimmt eine Diskussionsleiterin / einen Diskussionsleiter. Die anderen entscheiden sich für je eine der Meinungen A–E.

b) Überlege dir eine Person, zu der die gewählte Meinung passen könnte. Gestalte eine Rollenkarte und ergänze weitere Argumente.

c) Führt die Rollendiskussion vor der Klasse durch.

die Diskussion auswerten

5 Wertet die Diskussion mit Hilfe von Beobachtungsbögen aus.

Worum geht's?
Komm auf den Punkt!
Texte verstehen und schriftlich zusammenfassen

Was weißt du schon?

- Warum ist die Inhaltszusammenfassung nicht gelungen? Was müsste der Sprecher anders machen?
- Woher kennst du Zusammenfassungen?
- Was erwartest du, wenn du dich über den Inhalt eines Films oder eines Buches informieren möchtest?
- Wie unterscheidet sich eine Zusammenfassung von einer Nacherzählung?
- Worauf muss man achten, wenn man einen Inhalt zusammenfasst?
- Welche Schritte helfen dir beim Zusammenfassen eines Textes?

Eine Erzählung verstehen

Um den Inhalt eines Textes wiedergeben zu können, muss man ihn genau verstanden haben.

Vermutungen anstellen und überprüfen

1 a) Lies die Überschrift und den ersten Absatz der folgenden Erzählung und betrachte die Abbildung.

b) Stelle Vermutungen an, worum es in dem Text gehen könnte.

c) Lies den gesamten Text und überprüfe deine Vermutungen.

Leo Tolstoi
Der Sprung

Ein Schiff kehrte von der Weltumsegelung zurück. Es herrschte stilles Wetter und alles war an Deck. Bei den Mannschaften trieb sich ein
5 großer Affe herum, an dem alle ihren Spaß hatten. Er machte drollige Faxen und Sprünge, schnitt komische Grimassen und äffte die Menschen nach. Man sah ihm an,
10 dass er wusste, welchen Spaß er den Menschen bereitete, und er wurde deshalb noch ausgelassener.

Plötzlich sprang er auf einen zwölfjährigen Knaben zu, den Sohn des Kapitäns. Er riss ihm die Mütze herunter, setzte sie sich auf
15 den Kopf und kletterte flink den Mast hinauf. Alle lachten, nur der Junge wusste nicht, ob er weinen oder lachen sollte.
Der Affe setzte sich auf den ersten Querbalken des Mastes, nahm die Mütze ab und machte sich daran, sie mit den Pfoten und Zähnen zu zerreißen. Es war, als necke er den Knaben. Er zeigte
20 mit den Fingern auf ihn und schnitt dabei drollige Fratzen. Der Knabe drohte ihm mit der Faust, doch der Affe zerrte noch wütender an der Mütze. Die Matrosen lachten noch lauter, der Knabe wurde rot, warf seine Jacke ab und stürzte dem Affen auf den Mast nach. In wenigen Sekunden hatte er die erste Rahe*
25 erklommen. In dem Augenblick aber, als er schon glaubte, die Mütze fassen zu können, war der Affe flinker und kletterte noch höher hinauf. „Du entgehst mir doch nicht!", rief der Knabe und kletterte noch höher. Den Knaben hatte der Zorn gepackt und er blieb ihm auf den Fersen. So erreichten die beiden in kürzester
30 Zeit die Spitze des Mastes. Ganz oben streckte sich der Affe in seiner ganzen Länge aus, hielt sich mit der Hinterpfote an einem Tau fest und hängte die Mütze ans Ende der letzten Rahe. Er selbst erklomm die Mastspitze, schnitt dort Grimassen, fletschte die Zähne und freute sich.

die Rahe: Querstange am Mast

Die Entfernung vom Mast bis zum Ende der Rahe, an der die Mütze hing, betrug etwa ein drei viertel Meter, sodass man die Mütze nicht erreichen konnte, ohne den Mast und das Tau loszulassen.

Die Menschen an Deck hatten bisher zugeschaut und über den Affen und den Sohn des Kapitäns gelacht. Als sie aber sahen, dass der Knabe auch das Tau losließ und mit ausgebreiteten Armen auf die Rahe trat, erstarrten sie vor Schreck. Er brauchte nur einen Fehltritt zu tun, um abzustürzen und an Deck zerschmettert liegen zu bleiben. Aber selbst wenn es ihm gelingen würde, bis zum Ende der Rahe zu kommen und die Mütze zu ergreifen, so würde es ihm schwerfallen, umzukehren und zum Mast zurückzugelangen.

Alle starrten stumm hinauf und warteten. Plötzlich stieß jemand einen Schreckensschrei aus. Der Knabe kam durch diesen Schrei zu sich, blickte hinunter und wankte. In diesem Augenblick trat der Kapitän aus der Kajüte. Er hatte ein Gewehr in der Hand, um Möwen zu schießen. Er sah seinen Sohn auf dem Mast, hob das Gewehr, zielte auf den Knaben und rief: „Ins Wasser! Spring sofort ins Wasser! Sonst erschieße ich dich!" Der Knabe wankte, verstand ihn aber nicht. „Spring oder ich schieße! Eins … zwei …" Als der Vater „drei" gerufen hatte, sprang der Knabe von der Rahe kopfüber ins Wasser.

Die Wellen waren noch nicht über ihm zusammengeschlagen, als auch schon zwanzig Matrosen ins Meer gesprungen waren. Etwa vierzig Sekunden später – sie erschienen allen unendlich lang – kam der Knabe zum Vorschein. Er wurde an Bord gezogen. Wenige Minuten später floss ihm das Wasser aus Mund und Nase und er begann zu atmen.
Als der Kapitän das sah, schrie er plötzlich auf, als wenn ihn etwas würgte, und er stürzte in seine Kajüte, damit niemand sehen sollte, dass er weinte.

2 Oft sind die ersten Gedanken nach dem Lesen die besten. Notiere deine ersten Leseeindrücke, z. B.:

– Besonders gut hat mir gefallen, dass …
– Mich hat erstaunt, dass …
– Ich habe nicht richtig verstanden, warum …

erste Leseeindrücke notieren

Zu literarischen Texten schreiben

unbekannte Wörter klären

3 Lies den Text noch einmal genau. Kläre unbekannte Wörter durch Nachdenken, Nachfragen oder Nachschlagen.

W-Fragen beantworten

4 Verschaffe dir einen Überblick über den Textinhalt. Beantworte die folgenden W-Fragen:
- Worum geht es in der Erzählung? (Thema)
- Wo spielt sich das Geschehen ab? (Ort)
- Welche Figuren spielen eine wichtige Rolle? (Hauptfiguren)

TIPP Arbeitet zu zweit oder in Gruppen und tauscht euch aus.

Überschriften zu Textabschnitten formulieren

5 Untersuche den Aufbau der Handlung. Gliedere den Text in fünf Abschnitte, notiere die Zeilenangaben und formuliere passende Zwischenüberschriften.
Als Hilfe kannst du die folgenden Überschriften nutzen. Ordne sie zuerst in der richtigen Reihenfolge.

> Eingreifen des Vaters

> Absturzgefahr für den Jungen

> Unterhaltung durch den Affen auf dem Segelschiff

> Raub der Mütze und Verfolgungsjagd auf den Mast

> Rettung des Sohns und Gefühlsausbruch des Vaters

die Hauptfiguren untersuchen

6 Untersuche das Verhalten der Hauptfiguren.

a) Sprecht zu zweit über die folgenden Fragen.
- Warum klettert der Junge auf den Mast?
- Warum droht der Vater dem Jungen, ihn zu erschießen?
- Wieso weint der Vater am Ende?

b) Setzt euch zu viert zusammen und tauscht euch über eure Ergebnisse aus.

> **❗ Das Textverständnis sichern**
> - Notiere deinen **ersten Eindruck** und Fragen zum Text.
> - Kläre **unbekannte Wörter.**
> - Stelle **W-Fragen** zum Textinhalt und beantworte sie.
> - Teile den Text in **Abschnitte** ein und formuliere **Zwischenüberschriften.**
> - Untersuche das Verhalten der **Hauptfiguren.**

Einen Text schriftlich zusammenfassen

In einer schriftlichen Zusammenfassung werden die wichtigsten Handlungsschritte so knapp wie möglich wiedergegeben.

1 Überlege, welche Informationen deine Zusammenfassung enthalten muss, damit man den Inhalt der Erzählung gut versteht.

a) Die folgende Stichwortsammlung zum ersten Abschnitt (Z.1–12) der Erzählung ist zu umfangreich. Welche Informationen kann man streichen, welche lassen sich zusammenfassen?

- auf einem Schiff
- von Weltumsegelung zurückgekehrt
- stilles Wetter
- Mannschaften an Deck
- großer Affe macht Faxen und Grimassen
- alle haben Spaß

b) Überarbeite die Stichwortsammlung.

c) Schreibe auch zu den übrigen vier Abschnitten wichtige Stichwörter heraus. Verwende dabei das Präsens.

d) Vergleicht eure Ergebnisse zu zweit oder in Gruppen.

wichtige Informationen in Stichwörtern notieren
> unwichtige Details weglassen
> Zusammengehöriges zusammenfassen

TIPP
Frage dich:
Welche Informationen sind wirklich wichtig, um die Handlung zu verstehen, wenn man den Text nicht kennt?

2 Was passiert in den fünf Abschnitten? Schreibe zu jedem Abschnitt ein bis zwei vollständige Sätze in deinen eigenen Worten auf. Da alle Handlungsschritte zum Ende hinführen, kann es dir helfen, mit dem letzten Abschnitt zu beginnen, z. B.:

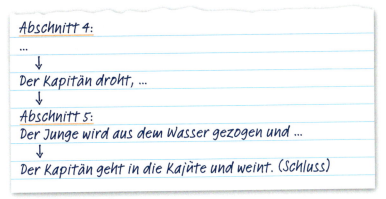

Sätze zu den Abschnitten schreiben
> in eigenen Worten formulieren
> von hinten nach vorne vorgehen

TIPP
Nutze eine ganze Seite in deinem Heft. Schreibe den letzten Handlungsschritt der Erzählung ganz unten auf die Seite. Ergänze nach und nach die vorangehenden Handlungsschritte darüber.

Hier findest du Hilfen:

> Ein Affe unterhält die Seeleute auf einem Schiff.   Der Affe hängt die Mütze ans Ende einer Rahe.   Er lässt das Seil los und balanciert unter Lebensgefahr auf der Rahe.   Der Junge will nach der Mütze greifen.   Der Affe entreißt dem Sohn des Kapitäns die Mütze und klettert auf einen Mast.   Der Junge springt ins Wasser.   Der Vater sieht seinen Sohn auf dem Mast.   Der Vater droht dem Jungen, ihn zu erschießen, wenn er nicht sofort ins Wasser springt.   Der Junge folgt dem Affen auf den Mast.

Zu literarischen Texten schreiben

eine Zusammenfassung schreiben
› Sätze weiter zusammenfassen

3 a) Schreibe nun mit Hilfe deiner Sätze eine möglichst kurze Zusammenfassung der Erzählung „Der Sprung". Fasse dazu die Sätze noch weiter zusammen, z. B.:

Der Junge wird sehr zornig.
Der Junge verfolgt den Affen.   →   *Zornig verfolgt der Junge den Affen bis zur Spitze des Mastes.*
Sie erreichen die Spitze des Mastes.

Sätze mit Konjunktionen verknüpfen

b) Verwende Konjunktionen, um Zusammenhänge zwischen den einzelnen Handlungsschritten zu verdeutlichen, z. B.:
als, während, weil, sodass, obwohl, aber, denn, deshalb

4 Welche Zusammenfassung des dritten Abschnitts ist besser gelungen? Begründe.

Der Junge lässt das Tau los, um auf der Rahe zu balancieren. Dadurch gerät er in große Gefahr. Es ist fast unmöglich, auf der Rahe zu balancieren, ohne abzustürzen. Jeder Fehltritt kann zu einem lebensgefährlichen Absturz führen.

Als der Junge das Tau loslässt und auf der Rahe balanciert, gerät er in Lebensgefahr, denn jeder Fehltritt kann zu einem Absturz führen.

> **Einen Text zusammenfassen**
> - Erarbeite den Inhalt mit Hilfe von **W-Fragen.**
> - Teile den **Text in Abschnitte** ein und suche **passende Überschriften.**
> - Notiere **wichtige Informationen in Stichwörtern.**
> - Formuliere **zu jedem Abschnitt ein bis zwei vollständige Sätze** in eigenen Worten.
> - Fasse die Sätze weiter zusammen.

das Präsens verwenden

5 In Zusammenfassungen verwendet man das Präsens.

a) Überlege, welchen Grund das hat.

b) Forme diesen Anfang einer Zusammenfassung ins Präsens um.

An Bord eines Schiffes herrschte eine ausgelassene Stimmung, weil ein mitgereister Affe für Unterhaltung sorgte.

c) Überprüfe, ob alle Verben in deiner Zusammenfassung in der richtigen Zeitform stehen, und verbessere falsche Zeitformen.

INFO
Verben im **Plusquamperfekt** werden ins **Perfekt** umgeformt, z. B.:
Er hatte lange gewartet. → *Er hat lange gewartet.*

> **Die Zeitform in Zusammenfassungen**
> In einer Zusammenfassung wird die Zeitform **Präsens** verwendet. Verben, die im Ausgangstext im Präteritum stehen, werden für die Zusammenfassung ins Präsens umgeformt, z. B.:
> *Er sah seinen Sohn.* → *Er sieht seinen Sohn.*

Eine Zusammenfassung überarbeiten

Textzusammenfassungen haben sprachliche und inhaltliche Besonderheiten, die du beim Überarbeiten berücksichtigen solltest.

1 a) Lies die folgenden Informationen.

> **Merkmale einer Textzusammenfassung**
> - Eine Textzusammenfassung sollte **möglichst kurz** sein: etwa ein Drittel der Länge des Originaltextes.
> - Die **wichtigsten Handlungsschritte** werden wiedergegeben, unwichtige Einzelheiten werden weggelassen.
> - Die Sprache ist **sachlich und knapp.** Es gibt keine ausschmückenden oder spannenden Formulierungen.
> - Die Zusammenfassung muss **in eigenen Worten formuliert** sein. Textstellen dürfen nicht wörtlich übernommen werden.
> - Die Zusammenfassung soll **keine persönlichen Wertungen oder Meinungen** enthalten.

b) Welche Merkmale wurden in der folgenden Zusammenfassung nicht beachtet? Überarbeite den Textausschnitt.

Plötzlich geschieht es: Der freche Affe reißt dem Jungen die Mütze herunter und setzt sie sich auf den Kopf. Er klettert flink auf einen Mast und zerreißt sie mit Pfoten und Zähnen, was sehr ärgerlich ist.

› *eine Zusammenfassung überarbeiten*

2 In einer Zusammenfassung wird keine wörtliche Rede verwendet. Wichtige Aussagen in der wörtlichen Rede können durch Umschreibungen wiedergegeben werden, z. B.:

„Spring oder ich schieße!" → *Der Vater droht dem Jungen, ihn zu erschießen, wenn er nicht springt.*

Sammelt geeignete Verben zur Umschreibung wörtlicher Rede, z. B.: *drohen, warnen, bitten*

› *wörtliche Rede vermeiden*

> **Wörtliche Rede vermeiden**
> In einer Zusammenfassung darf **keine wörtliche Rede** verwendet werden. Aussagen in der wörtlichen Rede werden mit Hilfe passender Verben umschrieben.

3 a) Erstellt in Gruppen eine Checkliste mit Fragen zur Überprüfung einer Zusammenfassung, z. B.:
– *Wurde das Präsens eingehalten?*
– *Hat der Text eine angemessene Länge?*

b) Überarbeitet eure Texte in Gruppen mit Hilfe der Checkliste.

› *eine Zusammenfassung mit Hilfe einer Checkliste überarbeiten*

HILFEN
› *Enthält die Zusammenfassung ...?*
› *Ist die Zusammenfassung frei von ...?*

Zu literarischen Texten schreiben

Einleitung und Schlussteil schreiben

Merkmale einer Einleitung kennen

1 Zu Beginn einer Textzusammenfassung steht meist eine Einleitung. Lies das folgende Beispiel und benenne die Informationen, die eine Einleitung enthalten muss.

In der Erzählung „Der Sprung" von Leo Tolstoi geht es um einen Jungen, der von seinem Vater aus einer lebensgefährlichen Situation auf einem Schiff gerettet wird.

Merkmale des Schlussteils kennen

TIPP
Vermeide im Schlussteil ungenaue Formulierungen, wie z. B.: *Ich finde den Text interessant.*
Erkläre genau, was dir gefallen hat, z. B. das Thema, die Sprache oder die Figuren der Erzählung.

2 Im Schlussteil einer Inhaltszusammenfassung formulierst du deine persönliche Meinung zu dem Text, z. B.:

Der Schluss der Erzählung „Der Sprung" hat mich überrascht. Der Vater reagiert sehr entschlossen und droht, seinen eigenen Sohn zu erschießen, um ihm das Leben zu retten. Am Ende ist er dann von seinen starken Gefühlen überwältigt. Ich denke, ihm ist es peinlich, dass er weint, deshalb geht er weg. Dadurch wird aber deutlich, dass der Vater seinen Sohn sehr liebt.

Wie beurteilst du die Erzählung? Tausche dich mit anderen darüber aus. Gehe auch auf deine ersten Leseeindrücke (Aufgabe 2, Seite 25) und das Verhalten der Figuren (Aufgabe 6, Seite 26) ein.

❗ Einleitung und Schluss einer Textzusammenfassung

- Die **Einleitung** einer Zusammenfassung informiert über die **Art des Textes** (z. B. Erzählung, Fabel), den **Titel**, den **Namen der Autorin / des Autors** und das **Thema**.
- Im **Schlussteil** nimmst du persönlich Stellung zum Text. Du kannst dabei auf deine **Leseeindrücke** und das **Verhalten der Figuren** eingehen.

eine vollständige Zusammenfassung schreiben
> Einleitung
> Hauptteil: Zusammenfassung
> Schluss

3 Schreibe eine vollständige Zusammenfassung der Erzählung „Der Sprung" mit Einleitung und Schlussteil in dein Heft.

Das habe ich gelernt

- In diesen Schritten erarbeite ich den Inhalt eines Erzähltextes: …
- Wichtige Merkmale einer Zusammenfassung sind: …
- Das steht in der Einleitung einer Zusammenfassung: …
- Das steht im Schlussteil: …
- Diese Aufgaben haben mir beim Schreiben der Zusammenfassung geholfen: …
- Darauf möchte ich beim nächsten Mal besonders achten: …

Schreibe in dein Heft oder Portfolio.

Zu literarischen Texten schreiben

Anwenden und vertiefen

Die folgende Erzählung über den Koch Chichibio* und seinen Herrn Currado stammt aus Italien.

1
a) Lies die Überschrift und den ersten Abschnitt der folgenden Erzählung. Stelle Vermutungen an, was im Text passieren könnte.

b) Lies den gesamten Text und überprüfe deine Vermutungen.

c) Notiere deine ersten Leseeindrücke.

Giovanni Boccaccio
Der Koch und der Kranich

Currado Gianfigliazzi* war einer der angesehensten Bürger unserer Vaterstadt. Eines Tages hatte er mit Hilfe eines Falken einen Kranich erbeutet und da dieser ein junges, fettes Tier war, übersandte er ihn seinem venezianischen* Koch Chichibio und
5 ließ ihm sagen, er solle den Kranich zum Abendessen braten. Chichibio, der genauso ein Windhund* war, wie er aussah, machte den Kranich zurecht und brachte ihn zu Feuer.

Als der Vogel schon einen köstlichen Duft verbreitete, betrat ein Mägdlein namens Brunetta, in die Chichibio ganz vernarrt* war,
10 die Küche. Sie roch sogleich den herrlichen Bratenduft und bat Chichibio in den zärtlichsten Tönen, ihr doch eine Keule des Vogels zu schenken. Chichibio aber sang ihr in die Ohren: „Von mir kriegt Ihr* sie nicht! Von mir kriegt Ihr sie nicht, Donna* Brunetta!" Das gab im Handumdrehen einen langen
15 Wortwechsel*, an dessen Ende Chichibio seiner Liebsten, mit der er es nicht verderben wollte, wirklich eine Keule überreichte.

Bald darauf wurde der Kranich mit nur einer Keule Currado und einigen Gästen vorgesetzt. Verwundert ließ Currado seinen Koch
20 hereinrufen und fragte ihn, wo die zweite Keule geblieben sei. Der Strolch* aus Venedig antwortete prompt: „Herr, die Kraniche haben nur eine Keule und auch nur ein Bein." Verblüfft rief Currado: „Was? Meinst du etwa, dass ich
25 außer diesem hier noch keinen Kranich gesehen habe?" Chichibio fuhr fort: „Herr, wenn Ihr es nicht glauben wollt, will ich es Euch an einem lebenden Vogel zeigen." In Anbetracht der Gäste hatte Currado wenig Lust, den Streit fortzusetzen, und sagte deswegen: „Wenn du mir das an lebenden Kranichen zu zeigen vermagst*, so
30 will ich mich zufriedengeben. Ich schwöre dir aber, wenn deine Behauptung nicht zutrifft, wirst du einen solchen Denkzettel erhalten, dass du dich zeitlebens daran erinnern wirst." Damit war die Angelegenheit für diesen Abend beendet.

Chichibio (ital.): *sprich:* Kikibio

Vermutungen anstellen und überprüfen

erste Leseeindrücke notieren
> Mir hat gefallen, …
> Ich frage mich, …
> Mich hat erstaunt, …

Gianfigliazzi (ital. Nachname): *sprich:* Dschanfiliazzi

venezianisch: aus Venedig

ein Windhund: *hier:* ein leichtsinniger, unzuverlässiger Mann

vernarrt: verliebt

Ihr (altes Deutsch): höfliche Anrede
Donna (ital.): Frau
der Wortwechsel: *hier:* die Diskussion

der Strolch: frecher Kerl

zu zeigen vermagst (altes Deutsch): zeigen kannst

Zu literarischen Texten schreiben

keineswegs: überhaupt nicht

Am folgenden Morgen befahl Currado, der seinen Ärger keineswegs* verschlafen hatte, die Pferde vorzuführen. Er ritt mit Chichibio auf einen großen Fluss zu, an dessen Ufern man fast täglich im Morgengrauen Kraniche anzutreffen pflegte, und sprach: „Jetzt wird sich gleich herausstellen, wer gestern gelogen hat, du oder ich!" Chichibio, der wohl bemerkte, dass der Zorn Currados noch nicht verraucht war*, wusste sich keinen Rat und hätte sich am liebsten davongemacht. In der Nähe des Flusses entdeckte er am Flussufer wohl gut ein Dutzend Kraniche, die schliefen und deshalb alle auf einem Bein standen. Chichibio zeigte auf sie und sagte: „Herr, wenn Ihr die Vögel dort anschaut, könnt Ihr klar erkennen, dass Kraniche wirklich nur einen Schenkel und ein Bein haben!" Currado ritt näher an die Tiere heran und schrie: „Ho! Ho!" Aufgescheucht stellten die Kraniche den zweiten Fuß nieder, einige flogen davon. Currado wandte sich zu Chichibio um und rief: „Nun, du Fresssack?" Chichibio aber antwortete: „Herr, den von gestern Abend habt Ihr nicht mit ‚Ho! Ho!' angeschrien. Sonst hätte jener Kranich bestimmt ebenso wie diese das andere Bein herausgestreckt!"

der Zorn war nicht verraucht: er war immer noch zornig

Currado blickte starr auf seinen Koch – doch dann belustigte ihn diese Antwort so sehr, dass sein Zorn sich doch noch in Gelächter und gute Laune verwandelte, und er rief: „Chichibio, du hast Recht! Das hätte ich freilich tun sollen!"

HILFEN
W-Fragen stellen:
> Welchen Auftrag hat Chichibio?
> Welches Problem hat er?
> Wie löst er das Problem?

2 Erarbeitet den Textinhalt in Gruppen oder in Partnerarbeit.
  a) Klärt unbekannte Wörter und schwierige Textstellen.
  b) Formuliert W-Fragen zum Text und beantwortet sie.
  c) Formuliert Überschriften für die fünf Textabschnitte.
  d) Beurteilt das Verhalten der beiden Hauptfiguren.

eine Zusammenfassung vorbereiten

3 Bereite eine Zusammenfassung des Textes vor.
  a) Notiere die wichtigsten Informationen zu jedem Abschnitt in Stichwörtern.
  b) Vergleiche deine Ergebnisse mit einer Lernpartnerin / einem Lernpartner. Fasst Informationen zusammen und streicht Überflüssiges.
  c) Gib den Inhalt der Erzählung knapp mündlich wieder.

eine Zusammenfassung schreiben

4 a) Fasse den Inhalt jedes Abschnitts in ein bis zwei Sätzen zusammen.
  b) Schreibe mit Hilfe der Sätze eine Zusammenfassung.

Einleitung und Schlussteil schreiben

5 a) Formuliere eine Einleitung, in der du das Thema benennst.
  b) Schreibe einen Schluss, in dem du persönlich Stellung nimmst.

die Zusammenfassung überarbeiten

6 Überprüfe deine Zusammenfassung mit Hilfe deiner Checkliste (Aufgabe 3, Seite 29) und überarbeite sie in Partnerarbeit, in der Schreibkonferenz oder in Einzelarbeit.

Der Text wird richtig gut!
Am Textentwurf arbeiten

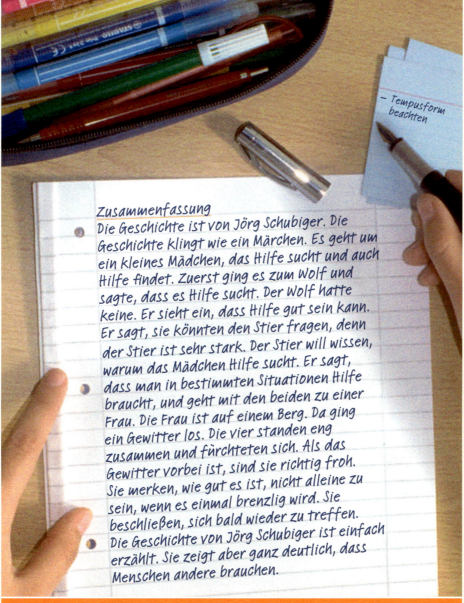

Zusammenfassung
Die Geschichte ist von Jörg Schubiger. Die Geschichte klingt wie ein Märchen. Es geht um ein kleines Mädchen, das Hilfe sucht und auch Hilfe findet. Zuerst ging es zum Wolf und sagte, dass es Hilfe sucht. Der Wolf hatte keine. Er sieht ein, dass Hilfe gut sein kann. Er sagt, sie könnten den Stier fragen, denn der Stier ist sehr stark. Der Stier will wissen, warum das Mädchen Hilfe sucht. Er sagt, dass man in bestimmten Situationen Hilfe braucht, und geht mit den beiden zu einer Frau. Die Frau ist auf einem Berg. Da ging ein Gewitter los. Die vier standen eng zusammen und fürchteten sich. Als das Gewitter vorbei ist, sind sie richtig froh. Sie merken, wie gut es ist, nicht alleine zu sein, wenn es einmal brenzlig wird. Sie beschließen, sich bald wieder zu treffen. Die Geschichte von Jörg Schubiger ist einfach erzählt. Sie zeigt aber ganz deutlich, dass Menschen andere brauchen.

– Tempusform beachten

Was weißt du schon?

- Warum ist es wichtig, Textentwürfe gründlich zu überarbeiten?
- Wie bist du bisher beim Überarbeiten deiner Texte vorgegangen?
- Was muss beim Überarbeiten einer Textzusammenfassung besonders beachtet werden? Tragt Merkmale zusammen.
- Lies die Textzusammenfassung auf dieser Seite. Was fällt dir auf?

Eine Zusammenfassung schrittweise überarbeiten

Um eine Zusammenfassung beurteilen zu können, musst du den Inhalt des Originaltextes genau kennen.

eine Erzählung verstehen
> unbekannte Wörter klären

1 Lies die Erzählung von Jürg Schubiger gründlich.

Jürg Schubiger
Wie man eine Hilfe findet

Ein Mädchen ging über die runde Welt. Es brauchte unbedingt eine Hilfe, denn es hatte keine und war noch klein. Aber woher nehmen und nicht stehlen?* […]

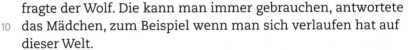

5 Da traf es im Wald den wilden Wolf. Es sagte: Lieber wilder Wolf, ich brauche unbedingt eine Hilfe.
Wozu brauchst du sie, kleines Mädchen, fragte der Wolf. Die kann man immer gebrauchen, antwortete
10 das Mädchen, zum Beispiel wenn man sich verlaufen hat auf dieser Welt.
Ach so, sagte der Wolf. Wohin willst du denn?
Überallhin!, rief das Mädchen.
Der Wolf hustete. Überall ist leicht zu finden und leicht zu
15 verpassen. Außerdem hast du nur zwei Beine. Das wird schwierig.
Das Mädchen fragte: Was soll ich tun?
Mitkommen, sagte der Wolf. Ich habe zwar keine Hilfe, aber der starke Stier sieht immer ganz so aus wie einer, der eine hat.
Sie gingen also miteinander auf die Wiese zum Stier. Dort sprach
20 der Wolf: Lieber starker Stier, das Mädchen braucht eine Hilfe. Hast du eine?
Wozu braucht das Mädchen so etwas?, fragte der Stier.
Die kann man immer brauchen, antwortete der Wolf, zum Beispiel, wenn man sich verlaufen hat auf dieser Welt.
25 Und das Mädchen fügte hinzu: Und wenn der Wald brennt.
Ihr habt recht, sagte der Stier. Ich habe zwar auch nichts dergleichen, aber ich kann euch beim Suchen vielleicht nützlich sein. Wenn es eine Hilfe gibt, dann weiß die große Frau mehr darüber.
30 Sie gingen zu dritt zur Frau, die auf dem Berg wohnte. Liebe große Frau, sprach der Stier, das kleine Mädchen sucht eine Hilfe. Hast du eine? Braucht das Mädchen die Hilfe, weil es noch klein ist?, fragte die Frau. Ja, deswegen, sagte der Stier, aber auch überhaupt. So etwas ist nützlich, wenn man sich verlaufen hat. […] Und das
35 Mädchen ergänzte: Und wenn der Fluss über die Ufer tritt.
Das stimmt, sagte die Frau, man braucht eine Hilfe. Aber auch ich habe keine, nicht eine einzige.

Woher nehmen und nicht stehlen?
Redensart, die ausdrückt, dass man etwas nicht hat und nicht weiß, wie man es bekommen soll

Ein Gewitter kam jetzt auf den Berg zu, auf dem sie standen.
Es blitzte hell und donnerte laut. Wenn in dieser Stunde ein Blitz
den Wald anzünden würde, wilder Wolf, starker Stier und große
Frau, sagte das Mädchen, oder wenn der Regen uns
wegschwemmen würde – was dann? Alle dachten nach, was dann
zu tun sei, und fürchteten sich. Sie standen nahe beisammen,
während der Regen rauschend vom Himmel fiel. Das Gewitter zog
vorbei und die Sonne kam wieder. Der Wolf schüttelte sich, die
Frau fing an zu tanzen, das Mädchen zog seine Kleider aus und
legte sie dem Stier auf die Hörner, damit sie trocknen konnten. […]
Bevor sie auseinandergingen, fragte der Stier: Wann treffen wir
uns wieder? Und wo?, fragte der Wolf. In einem Monat, auf diesem
Berg, schlug die Frau vor. Das Mädchen sagte: Oder in einer
Woche, wenn jemand von uns dann schon eine Hilfe braucht.

2 Vergleicht die Zusammenfassung (Seite 33) mit dem Originaltext. Was ist gelungen? Wo gibt es Überarbeitungsbedarf? Sammelt in Partnerarbeit Vorschläge.

3 Lege eine Korrekturkarte zur Beurteilung des Inhalts einer Zusammenfassung an. Ergänze darauf weitere Fragen.

den Inhalt beurteilen

TIPP
Lies noch einmal in den Merkkästen auf Seite 28–30 nach.

> Inhalt einer Zusammenfassung
> – Ist der Inhalt richtig zusammengefasst?
> – Wird nur das Wichtigste …
> – …

4 Sind diese Textaussagen wichtig oder unwichtig? Begründe.
- **A** Lieber wilder Wolf, ich brauche unbedingt eine Hilfe. (Z. 6–7)
- **B** Der Wolf hustete. (Z. 14)
- **C** Ihr habt recht, sagte der Stier. (Z. 26)
- **D** Wann treffen wir uns wieder? (Z. 48–49)

wichtige Textaussagen erkennen

5 Untersuche den Inhalt der Zusammenfassung auf Seite 33 mit Hilfe der Korrekturkarte. Notiere Verbesserungsvorschläge in dein Heft.

Verbesserungsvorschläge notieren

6 a) Welche Punkte gehören in die Einleitung einer Zusammenfassung? Ergänze die Korrekturkarte.

> Einleitung einer Zusammenfassung
> – Textart
> – Autor
> – …

TIPP
Lege zu jedem wichtigen Merkmal eine Korrekturkarte an. Du kannst die Karten zum Überarbeiten eigener Texte immer wieder nutzen.

b) Überprüfe die Einleitung der Zusammenfassung auf Seite 33. Welche Angaben müssen noch ergänzt werden?

c) Formuliere einen vollständigen Einleitungssatz.

die Einleitung überprüfen

den Schlussteil überprüfen

7 Vergleiche die beiden folgenden Fassungen für einen Schlussteil. Was gefällt dir jeweils gut / weniger gut? Begründe mit Hilfe der Punkte auf der Korrekturkarte.

A Die Geschichte von Jürg Schubiger ist einfach erzählt. Sie zeigt aber deutlich, dass Menschen andere brauchen.

B Die Geschichte von Jürg Schubiger gefällt mir, weil sie einfach erzählt ist. Erst beim zweiten Lesen merkt man, dass das Mädchen Hilfe gefunden hat, was schon in der Überschrift steht.

Schlussteil einer Zusammenfassung
– Thema / Kernaussage
– eigenes Urteil mit Begründung

> **Texte überarbeiten**
>
> - Bevor du einen Text überarbeitest, solltest du dir überlegen, auf welche **Korrekturschwerpunkte** du besonders achten musst, z. B.: **Inhalt, Einleitung, Schlussteil, Sprache.**
> - **Korrekturkarten** helfen dir, alle Punkte im Blick zu behalten. Notiere jeweils einen der Punkte auf eine Karteikarte. Liste darunter auf, was beim Überarbeiten beachtet werden muss.
> - Du kannst deine Korrekturkarten immer wieder verwenden.

Die Sprache untersuchen

die Tempusform beachten: Präsens

INFO
Tempus = Zeitform

8 Untersuche das Tempus der Verben in der Zusammenfassung auf Seite 33.

a) Welche Verben stehen im Präsens? Schreibe sie mit dem Nomen oder Personalpronomen heraus und unterstreiche sie, z. B.:
Die Geschichte ist …

b) Welche Verben stehen in einer falschen Zeitform (Präteritum)? Schreibe sie in die linke Spalte einer Tabelle.

c) Ergänze in der rechten Spalte die Form im Präsens, z. B.:

Präteritum	Präsens
es ging	es geht

Wortwiederholungen vermeiden
> Personalpronomen verwenden

INFO
Personalpronomen:
ich, du, er/sie/es, wir, ihr, sie

9 Durch den Einsatz von Personalpronomen lassen sich Wiederholungen von Nomen vermeiden, z. B.:
Der Mann schaut sich nervös um. Plötzlich läuft der Mann weg.
→ Der Mann schaut sich nervös um. Plötzlich läuft er weg.

a) Suche Wortwiederholungen im Textentwurf auf Seite 33.

b) Schreibe drei verbesserte Satzpaare in dein Heft. Markiere die eingesetzten Personalpronomen.

10 a) Welche Verben findest du im Textentwurf wenig aussagekräftig? Schreibe sie heraus.

die Wortwahl beurteilen

b) Lege eine Liste mit aussagekräftigeren Verben an, z. B.:
sagen: bitten um, ...

aussagekräftige Verben verwenden

c) Vergleicht zu zweit eure Ergebnisse und begründet sie.

11 a) Was fällt dir bei den ersten beiden Sätzen des Textentwurfs auf (Seite 33)? Nenne deine Beobachtung.

Sätze sinnvoll verbinden

b) Verbinde beide Sätze. Welche Möglichkeiten gibt es?

c) Vergleicht eure Ergebnisse zu zweit.

d) Verbinde weitere Sätze aus dem Textentwurf sinnvoll miteinander.

12 Verbinde die folgenden Satzpaare sinnvoll mit Hilfe von Konjunktionen.
Probiere verschiedene Möglichkeiten aus und vergleiche sie.

Konjunktionen verwenden

HILFEN
› **Hauptsatzkonjunktionen:**
denn, aber, und
› **Nebensatzkonjunktionen:**
weil, da, obwohl, während, nachdem, wenn, damit

Sie sind froh.	Das Gewitter ist vorbei.
Es ist gut, eine Hilfe zu haben.	Schwierige Aufgaben werden leichter.
Sie wollen sich wieder treffen.	Sie wollen in schwierigen Situationen nicht alleine sein.

TIPP
Beachte die **Zeichensetzung!**
› Vor Konjunktionen steht immer ein Komma.
› Ausnahme: Vor den Konjunktionen *und* und *oder* muss kein Komma stehen.

13 Lege eine Korrekturkarte mit der Überschrift „Sprache in einer Zusammenfassung" an. Notiere in Stichwörtern alle wichtigen Punkte. Sieh dir dazu noch einmal die Aufgaben 8–12 an.

Sprache in einer Zusammenfassung
– Tempusform beachten: ...
– ...
– ...

Das habe ich gelernt

- Beim Überarbeiten einer Zusammenfassung achte ich auf: ...
- So könnte ich die Korrekturkarten einsetzen: ...
- Mit Korrekturkarten zu arbeiten finde ich (nicht) nützlich, weil ...
- Das möchte ich noch weiter üben: ...

Schreibe in dein Heft oder Portfolio.

Anwenden und vertiefen

Textzusammenfassungen überarbeiten

eine Zusammenfassung überarbeiten

TIPP
Gliedere den Text sinnvoll in drei Abschnitte (Einleitung, Zusammenfassung, Schlussteil).

1 a) Überarbeite die Zusammenfassung auf Seite 33 mit Hilfe der Ergebnisse aus diesem Kapitel.

b) Tausche deinen Text mit einer Lernpartnerin / einem Lernpartner aus. Überprüfe ihre/seine Zusammenfassung mit Hilfe der Korrekturkarten und notiere Tipps und Verbesserungsvorschläge.

eine eigene Zusammenfassung überarbeiten

2 Überprüfe und überarbeite eine eigene Textzusammenfassung. Wähle Aufgabe A, B oder C.

A Arbeitet zu zweit und untersucht gemeinsam einen eurer Texte. Wählt zwei Korrekturkarten aus und achtet auf diese Merkmale.

B Überarbeite deinen Text allein. Wähle drei Korrekturkarten aus und achte auf diese Merkmale.

C Arbeitet zu zweit. Tauscht eure Texte aus und gebt euch gegenseitig Rückmeldungen. Berücksichtigt alle Korrekturkarten.

Andere Schreibaufgaben überarbeiten

Überarbeite eine andere Schreibaufgabe (z. B. Aufsatz zu einem literarischen Text, formaler Brief, Bericht).

Teilbereiche erkennen

3 Lege Korrekturschwerpunkte für die Überarbeitung fest.

a) Prüft zu zweit, welche Korrekturschwerpunkte wichtig sind. Schreibt sie als Überschriften auf Karteikarten.

Korrekturkarten anlegen
› zu jedem Teilbereich Merkmale notieren

b) Ergänze zu jedem Korrekturschwerpunkt in Stichwörtern Merkmale, auf die du beim Überarbeiten achten musst.

eine eigene Schreibaufgabe überarbeiten

4 Wähle eine der folgenden Aufgaben zur Überarbeitung aus.

A Arbeitet zu zweit. Wählt einen eurer Textentwürfe aus und überarbeitet ihn gemeinsam. Berücksichtigt zwei Korrekturkarten.

B Setzt euch zu dritt oder zu viert zusammen und untersucht eure Texte in der Schreibkonferenz.
– Heftet an jeden Text ein extra Blatt für Notizen.
– Jede/Jeder wählt eine Korrekturkarte als Untersuchungsschwerpunkt.
– Lest reihum alle Texte und macht Notizen zu eurem Untersuchungsschwerpunkt auf dem extra Blatt.
– Besprecht die Ergebnisse und überarbeitet eure Texte allein.

C Untersuche und überarbeite deinen Text allein. Berücksichtige alle Korrekturkarten.

Du glaubst nicht, was mir da passiert ist …

Produktiv zu Texten schreiben

Lieber Erik,
du glaubst gar nicht, was mir heute passiert ist …

Er stand ganz am Rand. Unter ihm die gleißende Wasseroberfläche. […] Hinter sich hörte er die Stimme seines Trainers: „Spring!" […] Zwischen ihm und der Wassermasse gab es nur dieses kleine, schwankende Brett, zehn Meter hoch. […]

…Und dann sollten wir auf einmal aufs 10-Meter-Brett! „Tief durchatmen", sagte ich zu mir selbst, bevor ich an den Rand des Sprungbretts trat. Als ich hinunterschaute, wurde mir plötzlich ganz anders zumute: Ich sah nur noch endlose, glänzende Wassermassen kilometerweit unter mir. Am liebsten hätte ich mich in ein Mauseloch verkrochen, aber…

Was weißt du schon?

- Welche Gefühle hast du beim Lesen eines Erzähltextes schon einmal gehabt (z. B. Angst, Mitleid, Freude)? Woran lag das?
- Wozu schreibt man Briefe oder E-Mails?
- Der abgebildete Briefauszug wurde aus der Sicht einer literarischen Figur geschrieben. Wieso kann ein solches Vorgehen helfen, einen Erzähltext besser zu verstehen?
- Was muss man beachten, wenn man einen Brief aus der Sicht einer literarischen Figur schreibt? Sammelt Tipps.

Einen Erzähltext verstehen

Im folgenden Textauszug aus einem Jugendroman berichtet der Ich-Erzähler Gary von einem Erlebnis mit seinem Freund Harold.

Vermutungen anstellen und überprüfen

1 a) Lies den Text bis Zeile 12 und stelle Vermutungen an, wie die Erzählung weitergeht.

b) Lies den gesamten Text und überprüfe deine Vermutungen.

Gary Paulsen
Mein Freund Harold

Eines Morgens, kurz vor den großen Ferien, war Harold zu mir gekommen. Seine Augen funkelten hinter der dicken Brille, wie jedes Mal, wenn er eine Idee hatte, was ständig der Fall war, und er sagte: „Ich weiß, wie wir ein paar Mädchen treffen können."
5 „Mädchen zu treffen ist nicht besonders schwer", entgegnete ich. „Kompliziert wird es erst, wenn wir versuchen, mit ihnen zu reden. Sie laufen ja praktisch vor uns weg."
„Genau. Wir müssen uns so lange in ihrer Nähe aufhalten, bis sie unseren Charme bemerken. Deshalb machen wir nächstes
10 Schuljahr Hauswirtschaft."
„Nein." Ich sagte das so schnell, dass ich selbst überrascht war. „Nein, das machen wir nicht."
„Und warum nicht?"
„Hauswirtschaft machen nur Mädchen."
15 „Genau. Und dann sind da noch wir, die einzigen Jungen in einem ganzen Raum voller Mädchen, eine ganze Schulstunde lang. Keiner von den andern Jungs kann uns stören. Das ist ein Klassiker! Ein echter Klassiker!"
Und er überredete mich. Nicht sofort, nicht an diesem Tag und
20 auch nicht am nächsten – nein, erst am dritten Tag dachte ich nicht mehr an die Schwierigkeiten, sondern stellte mir vor, wie es wäre, eine ganze Stunde mit lauter Mädchen zu verbringen. Shirley und Julie und Karen und Elaine und Devonne – ich musste mir nur die Namen vorsagen, und mein Widerstand

25 schmolz dahin. Mädchen, mit denen ich noch nie gesprochen hatte, Mädchen, an die ich nicht mal zu denken wagte, und Harold und ich würden zur selben Zeit im selben Raum sein wie sie … Also meldeten wir uns an.
Das ist schon lange her, und damals gab es engstirnige*
30 Vorschriften, die genau festlegten, wie sich Jungen und Mädchen zu verhalten hatten. Mädchen machten keine so genannten Jungen-Sportarten – Baseball, Basketball, Hockey und überhaupt alles, wofür man Kraft brauchte; […] Mädchen warteten, bis
35 ihnen ein Junge die Tür aufhielt; Jungen hatten Werkunterricht, wo sie total überflüssige Brieföffner und Serviettenhalter herstellten, und, tja … Jungen machten keine Hauswirtschaftslehre.
40 Sofort als wir in der ersten Stunde nach den Ferien den Raum betraten, wusste ich, dass wir uns nur Schwierigkeiten eingehandelt hatten. Wir wurden von allen verspottet, und ich wollte den Kurs sofort abbrechen. […] Auf dem Heimweg nahmen wir jetzt die entlegenen Neben-
45 straßen und mogelten uns von einem Busch zum anderen, damit uns niemand entdeckte.
Aber wir gingen hin, und die Mädchen waren da, und ein paar von ihnen redeten sogar mit mir und mit Harold, und das war so unglaublich und so wunderbar, dass wir in dem Kurs blieben.
50 Ich kann nicht behaupten, dass wir viel gelernt haben, oder besser gesagt, dass ich viel gelernt habe. Ich war viel zu sehr damit beschäftigt, die Mädchen anzustarren, ihnen zuzuhören und alles in mich aufzusaugen. Wenn man meinen sozialen Hintergrund* bedenkt – ich war ungefähr so angesehen wie ein
55 Einzeller* – und sich vorstellt, dass ich mich plötzlich in einem Raum voller Mädchen wiederfand, dann versteht man vielleicht, dass ich, gelinde gesagt*, ziemlich neben mir stand. Von dem Unterrichtsstoff kriegte ich so gut wie nichts mit. Das Ergebnis waren schlechte Noten und ein Blech voller Vanillekekse, die man
60 als Kanonenkugeln hätte verwenden können.
[…] Schon bald hatte sich unser Leben von Grund auf verändert. Es gab tatsächlich Mädchen, die mit mir sprachen – und noch wichtiger, ich antwortete! Das hatte meine Schüchternheit bisher verhindert. Und Harold produzierte Plätzchen und Torten und
65 sogar ganze Menüs mit drei Gängen, wusste besser als jeder Fachmann, wie man mit der Wäsche umgeht (die Mädchen baten ihn, für sie zu bügeln), und war zum Mittelpunkt eines Ansturms weiblicher Aufmerksamkeit geworden. Offenbar hatte er recht gehabt – es war ein genialer Einfall gewesen, in den Hauswirt-
70 schaftskurs zu gehen. Das sagte ich ihm auch.
Und ich war kurz davor, Clarissa Peterson zu fragen, ob sie mit mir ins Kino gehen wollte (nicht Julie Hansen – so weit war ich noch nicht).

engstirnig: von Vorurteilen geprägt

sozialer Hintergrund: *hier:* Ansehen bei den Mitschülern
der Einzeller: ein winziges Lebewesen aus einer Zelle, das man nur unter dem Mikroskop erkennen kann
gelinde gesagt: vorsichtig formuliert

schwierige Textstellen klären
> Nachdenken
> Nachfragen
> Nachschlagen

2 a) Klärt zu zweit die Bedeutung der folgenden Textstellen:
- mein Widerstand schmolz dahin (Z. 24–25)
- nahmen wir jetzt die entlegenen Nebenstraßen und mogelten uns von einem Busch zum anderen (Z. 44–45)
- dass ich ziemlich neben mir stand (Z. 57)
- Vanillekekse, die man als Kanonenkugeln hätte verwenden können (Z. 59–60)
- Harold […] war zum Mittelpunkt eines Ansturms weiblicher Aufmerksamkeit geworden. (Z. 67–68)

b) Klärt weitere schwierige Wörter und Textstellen.

Überschriften für Textabschnitte suchen

3 Zu welchen Textabschnitten passen die folgenden Überschriften? Sortiere sie und notiere Zeilenangaben.

Erste Erfolge	Ständig abgelenkt	Harolds Plan
Das Ergebnis kann sich sehen lassen		Ich mache doch mit
Eine peinliche Fehlentscheidung?		

über den Text nachdenken

4 Warum wird der Kurs für den Ich-Erzähler und Harold zum Erfolg? Nenne Gründe aus dem Text.

Die Figuren untersuchen

das Verhalten der Figuren verstehen

5 Warum will Harold in den Hauswirtschaftskurs gehen? Entscheide, welche der folgenden Aussagen zutreffen, und nenne Textstellen zur Begründung.
- Harold und der Ich-Erzähler wollen Mädchen kennen lernen.
- Sie haben Angst, Mädchen anzusprechen.
- Sie wollen vor den anderen Jungen angeben.
- Andere Jungen sollen sie beim Kennenlernen der Mädchen nicht stören.
- Mädchen wollen mit Harold und dem Ich-Erzähler nicht reden.

eine Figur beschreiben

6 a) Wähle aus, welche Charaktereigenschaften zu dem Ich-Erzähler passen. Belege deine Meinung mit Textstellen.

neugierig	mutig	schüchtern	selbstbewusst
unsicher	beliebt	schlau	

über eine Figur nachdenken

b) Wie stellt ihr euch den Ich-Erzähler vor? Sprecht in kleinen Gruppen darüber, was für ein Mensch er eurer Meinung nach ist.

c) Wie denkt der Ich-Erzähler wohl über Harold zu Beginn, nach der ersten Stunde Hauswirtschaft und am Ende des Schuljahrs? Tauscht euch aus.

Aus Sicht einer literarischen Figur einen Brief schreiben

„Schon bald hatte sich unser Leben von Grund auf verändert", stellt der Ich-Erzähler im Text fest (Z. 61). Stell dir vor, der Ich-Erzähler berichtet einem Freund in einem Brief darüber, wie sich sein Leben durch die Teilnahme an dem Hauswirtschaftskurs verändert hat.

1 Plane den Inhalt des Briefes.

    a) Welche Ereignisse sollten in dem Brief erwähnt werden? Notiere sie in Stichwörtern. Orientiere dich dabei an den sechs Textabschnitten (Aufgabe 3, Seite 42).

wichtige Handlungsschritte notieren

    b) Überlege dir, wie der Ich-Erzähler sich wohl in den verschiedenen Situationen fühlt. Zeichne für jeden der sechs Abschnitte eine Denkblase in dein Heft und schreibe seine Gedanken in der Ich-Form hinein, z. B.:

sich in eine Figur hineinversetzen
> die Ich-Form verwenden
> Gedanken und Gefühle einer Figur formulieren

Abschnitt 1: Harolds Plan

> Harold spinnt doch! Nie im Leben würde ich in einen Hauswirtschaftskurs gehen. Da würde ich mich bis ans Ende meines Lebens schämen!

2 Tragt Formulierungen zusammen, mit denen man Gefühle und Gedanken ausdrücken kann.

Gefühle und Gedanken anschaulich beschreiben

    a) Lest einander die Aussagen in den Sprechblasen in der Schreibkonferenz vor. Welche Formulierungen wirken besonders glaubwürdig? Woran liegt das?

    b) Erstellt eine Liste mit Formulierungen, die ihr in einem Brief verwenden könntet, und sortiert sie in eine Tabelle ein, z. B.:

Gefühle und Gedanken ausdrücken

Ablehnung	Unsicherheit	Freude / Stolz	...
Alles – nur das nicht!	*Nichts war mir je peinlicher als das!*	...	...

Zu literarischen Texten schreiben

persönliche Briefe schreiben

3 Was ist beim Schreiben eines persönlichen Briefes an eine Freundin / einen Freund zu beachten? Betrachte dazu das folgende Beispiel für den Anfang und das Ende eines Briefes.

a) Wo stehen die Angaben zu Ort und Datum?

b) Wie lautet die Anrede in diesem Brief? Wie lautet die Grußformel am Ende des Briefes?

> Bonn, 27. Dezember 20…
>
> Lieber Kevin,
> dieses Schuljahr verlief für mich wirklich ungewöhnlich. Stell dir vor, ich bin jetzt mit vielen Mädchen aus meiner Klasse befreundet. Das verdanke ich alles meinem Freund Harold. Der hatte eine ziemlich verrückte Idee …
>
> …
>
> Viele Grüße
> dein Andrew

Anrede und Grußformel formulieren

HILFEN
Hallo …,
Hi … ,
Alles Liebe

c) Sammelt weitere Formulierungen für Anrede und Grußformel. Vergleicht ihre Wirkung.

d) Vergleiche die Kommasetzung bei Anrede und Grußformel im abgebildeten Brief. Was fällt dir auf?

e) Übertrage die folgende Regel in dein Heft und ergänze sie.

> **Einen persönlichen Brief schreiben**
> Jeder Brief trägt rechts oben das ___, an dem er geschrieben wurde. Meist wird davor auch der ___ genannt.
> Nach der Anrede steht ein ___. Danach schreibt man ___ weiter.
> Nach der Grußformel am Ende steht kein ___.

Inhalte aus einem Erzähltext richtig wiedergeben

4 Vergleiche den folgenden Auszug aus einem Brief, der aus der Sicht des Ich-Erzählers geschrieben wurde, mit dem Originaltext. Was ist gut gelungen, was nicht? Begründe.

> Du kannst dir ja vorstellen, wie die anderen Jungen in der Klasse reagiert haben. Von früh bis spät hackten sie jetzt auf uns herum und machten blöde Witze. Ich hätte Harold umbringen können für seine Schnapsidee! Doch dann geschah das Unglaubliche: Gleich in der ersten Stunde wurde ich von mehreren Mädchen umringt, die mich für meine wunderschönen Kekse bewunderten. Ich sagte nur cool: „Hey, Girls, Finger weg von Garys Superkeksen!" Mein Selbstbewusstsein stieg und meine Noten wurden immer besser.

Zu literarischen Texten schreiben

Aus Sicht einer literarischen Figur schreiben

- Erarbeite die Handlung gründlich und untersuche die Hauptfiguren genau.
- Versetze dich in eine der Figuren hinein. Formuliere zu den wichtigsten Textabschnitten mögliche **Gefühle und Gedanken der Figur** in der **Ich-Form.**
- Halte dich an den **Inhalt des Erzähltextes.** Deine Textaussagen dürfen nicht im Widerspruch dazu stehen.
- Schreibe so, dass die Handlung für eine andere Person **verständlich und nachvollziehbar** ist.

5 Schreibe nun aus der Sicht des Ich-Erzählers einen Brief an einen Freund. Gehe darin auf die wichtigsten Ereignisse in dem Text ein und beschreibe seine Gefühle und Gedanken mit passenden Formulierungen. Verwende die Zeitform Präteritum.

einen Brief aus Sicht einer literarischen Figur schreiben

6 Untersucht eure Briefe in der Schreibkonferenz.

die Texte in der Schreibkonferenz überarbeiten

a) Erstellt gemeinsam eine Checkliste mit Merkmalen
– zum Inhalt,
– zur Sprache,
– zur Briefform.

b) Lest eure Texte einander vor und gebt euch Rückmeldungen.

c) Überarbeitet eure Texte.

7 a) Lies noch einmal den ganzen Text auf Seite 40–41.

b) Wie hat sich durch die Schreibaufgabe dein Verständnis des Textes verändert? Tausche dich mit anderen darüber aus.

die Schreibaufgabe beurteilen

Das habe ich gelernt

- Einen Brief aus der Sicht einer literarischen Figur zu schreiben kann mir helfen, …
- Beim Verfassen eines solchen Briefes muss ich darauf achten, dass …
- Beim Schreiben des Briefes hat mir geholfen, …
- Darauf möchte ich beim nächsten Mal besonders achten: …

Vervollständige die Sätze in deinem Heft oder Portfolio.

Anwenden und vertiefen

Auch Harold ist von dem Erfolg im Hauswirtschaftskurs begeistert.

eine literarische Figur untersuchen

1 Überlege dir, was für ein Mensch Harold ist.

TIPP
Einen Hinweis auf Harolds Äußeres findest du auch im Text.

a) Wie stellst du dir Harold vor? Sprich mit einer Lernpartnerin / einem Lernpartner und benenne Eigenschaften der Figur.

b) Suche Textstellen, die zu den folgenden Aussagen passen.
Harold hat ständig neue Ideen. → Z. ___
Harold ist schlau. → Z. ___   Harold ist geschickt. → Z. ___

sich in die Figur hineinversetzen
> die Ich-Form verwenden
> Gedanken und Gefühle einer Figur formulieren

2 Führe ein „Interview" mit Harold. Übertrage die folgenden Interviewfragen in dein Heft und schreibe Antworten aus Harolds Sicht. Gehe auf seine Gedanken und Gefühle ein.

- Wie kamst du auf die Idee, den Hauswirtschaftskurs zu besuchen?
  Ich hatte schon mehrmals versucht, die Mädchen aus meiner Klasse näher kennen zu lernen, aber ...
- Warum hast du deinen Freund überredet mitzumachen?
- Was dachtest du nach der ersten Stunde Hauswirtschaft?
- Wie fühltest du dich am Ende des Schuljahres?

einen Brief aus Sicht einer literarischen Figur schreiben

3 In einem Brief berichtet Harold einem Freund über seine Erlebnisse. Wähle entweder Aufgabe A oder B aus.

A Schreibe einen Brief aus Harolds Sicht. Beachte dabei alles, was du in diesem Kapitel gelernt hast.

HILFEN
Gehe darauf ein,
> wie Harold auf die Idee kam,
> warum und wie er seinen Freund überredete,
> was er nach der ersten Stunde dachte,
> wie er sich am Ende fühlte.

B Setze den folgenden Briefanfang aus Harolds Sicht fort.

> Bonn, den 29. Dezember 20...
>
> Lieber Paul,
> schon ist das Schuljahr wieder vorbei und ich habe dir nicht einmal geschrieben. Du musst wissen, dass ich ziemlich beschäftigt war. Ich habe nämlich kochen, backen und bügeln gelernt! Ja, du hast ganz richtig verstanden. Das Ganze kam so: ...

Du kannst die folgenden Formulierungen als Hilfe nutzen:

> das gesamte letzte Schuljahr   wenig Erfolg bei den Mädchen
> plötzlich einen Einfall   aber ganz allein? bei dem Gedanken
> wurde mir doch mulmig   ich brauchte dringend Unterstützung
> Jetzt gab es kein Zurück mehr!   Was für eine Blamage!
> mein Freund fand das gar nicht witzig ...   Doch dann geschah ein Wunder: Nach einiger Zeit ...   einfach unglaublich! Er kaum wiederzuerkennen   Jeden Tag sagte ich mir stolz: ...

die Texte überarbeiten

TIPP
Nutzt eure Checklisten (Aufgabe 6a, S. 45).

4 Überarbeitet eure Texte in Partnerarbeit.

Zu literarischen Texten schreiben

Teste dich selbst!
Zu literarischen Texten schreiben

Günter Kunert
Mann über Bord

Der Wind wehte nicht so stark. Bei einem Schlingern des Schiffes verlor der Matrose, angetrunken und leichtfertig tänzelnd, das Gleichgewicht und stürzte von Deck. Der Mann am Ruder sah den Sturz und gab
5 sofort Alarm.
Der Kapitän befahl, ein Boot auf das mäßig bewegte Wasser hinunterzulassen, den langsam forttreibenden Matrosen zu retten.
Die Mannschaft legte sich kräftig in die Riemen und schon nach wenigen Schlägen erreichten sie den um Hilfe Rufenden. Sie warfen ihm einen
10 Rettungsring zu, an den er sich klammerte. Im näher schaukelnden Boot richtete sich im Bug* einer auf, um den im Wasser Treibenden herauszufischen, doch verlor der Retter selber den Halt und fiel in die Fluten, während eine ungeahnte, hohe Woge das Boot seitlich unterlief und umwarf. Der Kapitän gab Anweisung, auf die Schwimmenden und
15 Schreienden zuzufahren. Doch kaum hatte man damit begonnen, erschütterte ein Stoß das Schiff, das sich schon zur Seite legte, sterbensmüde, den stählernen Körper aufgerissen von einem zackigen Korallenriff, das sich knapp unter der Oberfläche verbarg. Der Kapitän versackte wie üblich zusammen mit dem tödlich verwundeten Schiff*.
20 Er blieb nicht das einzige Opfer: Haie näherten sich und verschlangen, wen sie erwischten. Wenige der Seeleute gelangten in die Rettungsboote, um ein paar Tage später auf der unübersehbaren Menge salziger Flüssigkeit* zu verdursten.
Der Matrose aber, der vom Dampfer gestürzt war, geriet unversehrt in eine
25 Drift*, die ihn zu einer Insel trug, auf deren Strand sie den Erschöpften warf; dort wurde er gefunden, gepflegt, gefeiert als der einzige Überlebende der Katastrophe, die er selber als die Folge einer Kesselexplosion schilderte, welche ihn weit in die Lüfte geschleudert habe, sodass er aus der Höhe zusehen konnte, wie die Trümmer mit Mann und Maus
30 versanken. Von dieser Geschichte konnte der einzige Überlebende auf jener Insel trefflich* leben: Mitleid und das Hochgefühl, einen seines Schicksals zu kennen, ernährten ihn. Nur schien den Leuten, dass sein Verstand gelitten haben musste: Wenn ein Fremder auftauchte, verschwand der Schiffbrüchige, erblassend und zitternd und erfüllt von
35 Furcht, die keiner deuten* konnte: ein stetes* Geheimnis und daher ein steter Gesprächsstoff für die langen Stunden der Siesta*.

der Bug: Vorderteil des Schiffes
mit dem tödlich verwundeten Schiff: das Schiff ist so beschädigt, dass es untergeht
die salzige Flüssigkeit: das Meerwasser
die Drift: Bewegung der Wasseroberfläche
trefflich: sehr gut
deuten: erklären
stetes: dauerndes
die Siesta: Mittags- oder Ruhepause

Teste dich selbst: Zu literarischen Texten schreiben

1 Lies die Kurzgeschichte „Mann über Bord" und beantworte die folgenden Fragen zum Inhalt in je einem Satz.

    a) Worum geht es in dem Text?

    b) Wieso gerät der Matrose in eine Notsituation?

    c) Wieso geraten seine Mannschaftskollegen in Seenot?

    d) Was passiert mit dem Matrosen auf der Insel?

    e) Wieso hat er Angst vor Fremden?

2 Fasse die wichtigsten Handlungsschritte der Erzählung in je einem Satz zusammen. Trage sie in Kästchen ein und verbinde diese mit Pfeilen.
Wie viele Kästchen brauchst du?
Tipp: Beginne mit dem Ende der Erzählung und fasse die Handlungsschritte von hinten nach vorne zusammen.

Der betrunkene Matrose stürzt von Deck. → ... →

3 a) Welche Angaben gehören in die Einleitung einer Zusammenfassung? Schreibe die entsprechenden Großbuchstaben in dein Heft.

    A Autor   **C** Thema des Textes
    B eigene Meinung   **D** Umfang des Textes

   b) Schreibe die Einleitung einer Zusammenfassung der Kurzgeschichte „Mann über Bord" mit allen notwendigen Angaben.

4 a) In welcher Zeitform steht eine Zusammenfassung?

   b) Wähle fünf konjugierte Verben aus der Textvorlage aus und forme die Zeitformen der Verben so um, dass sie in einer Zusammenfassung stehen könnten, z. B.: *wehte – weht*

5 a) Fasse den Inhalt der Kurzgeschichte auf einer halben Seite zusammen.

   b) Schreibe einen Schlussteil, in dem du den Text beurteilst.

6 Verfasse einen Text aus Sicht der Hauptfigur.
Stell dir vor, der gerettete Matrose schreibt eines Tages einen Brief an einen engen Freund aus seiner alten Heimat. In dem Brief berichtet er von seinem Erlebnis und deckt sein Geheimnis auf.
Beachte die Briefform und mache in dem Brief deutlich,
– was der Matrose erlebt hat,
– was er in den verschiedenen Situationen gefühlt und gedacht hat,
– warum er vor Fremden Angst hat.

Kochlöffel, Kittel oder Kamera?
Berufsbilder beschreiben

Was weißt du schon?

- Für welche Berufe interessierst du dich?
- Welche Berufe sind oben abgebildet? Beschreibe, welche Tätigkeiten gerade ausgeübt werden.
- Wie stellst du dir den Arbeitsalltag in diesen Berufen vor?
- Welche Informationen über einen bestimmten Beruf sind für euch besonders interessant? Sammelt Ideen.
- Ihr sollt in eurer Klasse schriftliche Berufsbeschreibungen erstellen und sie in einem Klassenordner sammeln. Wozu kann dies nützlich sein?
- Welche Informationen sollte eine Berufsbeschreibung enthalten?

Sich über einen Beruf informieren

In einem Berufsordner könnt ihr selbst verfasste Beschreibungen von Berufen sammeln, die euch interessieren. Bevor ihr einen Beruf beschreiben könnt, müsst ihr euch genau darüber informieren.

Verkauft man als Speiseeishersteller den ganzen Tag nur Eis?

Nicht nur …

Vermutungen anstellen

1 a) Was macht eine Speiseeisherstellerin / ein Speiseeishersteller? Schreibe deine Vermutungen in Stichwörtern auf, z. B.:
neue Eissorten erfinden

sich über einen Beruf informieren

b) Der folgende Text aus einem Informationsblatt gibt einen kurzen Überblick über den Beruf Speiseeishersteller(in).
Lies den Text und überprüfe deine Vermutungen.

Speiseeisherstellerin / Speiseeishersteller

Beschäftigungsorte: in handwerklich Speiseeis herstellenden Betrieben, in Eiscafés, Eisdielen und Konditoreien
Tätigkeiten: Herstellung von Speiseeis nach verschiedenen Verfahren, Erstellung und Gestaltung unterschiedlicher
5 Erzeugnisse* aus Speiseeis, Biskuit*, Waffel und Baisermassen*, Zubereitung von Suppen, Toast- und Salatvariationen sowie Aufläufen, Nudelgerichten und Backwaren, Bedienung von Kunden an Tisch, Theke und Büffet, Anwendung von Hygiene*-, Sicherheits- und Gesundheitsvorschriften, fachgerechte Lagerung
10 von Rohstoffen und Erzeugnissen, Planung von Personaleinsatz, Teamarbeit, Erledigung der Buchführung*
Voraussetzungen: Hauptschulabschluss oder Realschulabschluss, Interesse am Umgang mit Menschen
Ausbildung: 2-jährige duale Ausbildung* im Lebensmittel-
15 handwerk und -handel

das Erzeugnis: Produkt, Ware
das Biskuit: Gebäck
das Baiser: Schaumgebäck aus gezuckertem Eiweiß
die Hygiene: die Sauberkeit
die Buchführung: Notieren der Einnahmen und Ausgaben in einem Betrieb
duale Ausbildung: Ausbildung an zwei Lernorten (Schule und Betrieb)

Fachbegriffe klären
› Nachdenken
› Nachfragen
› Nachschlagen

2 Informationstexte über Berufe enthalten oft schwierige Fachbegriffe. Klärt, was mit den folgenden Begriffen im Text genau gemeint ist:
– das Büffet (Z. 8)
– die Hygiene-, Sicherheits- und Gesundheitsvorschriften (Z. 8 f.)
– die fachgerechte Lagerung von Rohstoffen und Erzeugnissen (Z. 9–10)
– der Personaleinsatz (Z. 10)
– die Teamarbeit (Z. 11)

3 In dem Informationstext auf Seite 50 werden viele W-Fragen beantwortet.

a) Schreibe verschiedene W-Fragen zum Text auf, z. B.:
Wo arbeitet ein Speiseeishersteller?

b) Beantwortet in Partnerarbeit gegenseitig eure W-Fragen.

c) In welchem Abschnitt werden welche Fragen beantwortet? Schreibe die vier Überschriften aus dem Text auf Seite 50 in dein Heft und notiere die passenden W-Fragen darunter.

sich über einen Beruf informieren
> W-Fragen stellen

HILFEN
Was …?
Welche …?
Wie lange …?

> **Sich über Berufe informieren**
> - Wenn man sich über einen Beruf informiert, findet man meist Informationen zu den Bereichen **Berufsbezeichnung, Beschäftigungsorte, Tätigkeiten, Voraussetzungen** und **Ausbildung.**
> - Berufsbeschreibungen enthalten oft **Fachbegriffe.** Kläre ihre Bedeutung durch Nachdenken, Nachfragen oder Nachschlagen.

Die Informationen verständlich wiedergeben

Deine Berufsbeschreibung muss gut verständlich sein. Deshalb solltest du die Informationen in ausformulierten Sätzen wiedergeben.

4 Welche Tätigkeiten gehören zum Beruf eines Speiseeisherstellers?

a) Suche im Text auf Seite 50 alle Nomen, die Tätigkeiten bezeichnen, und schreibe sie mit Artikel in die linke Spalte der Tabelle.

Tätigkeiten genau beschreiben

Nomen	Verben (Infinitiv)	Verben (3. Person Singular)
die Herstellung	herstellen	er/sie stellt her
die Erstellung	…	…
…	…	…

b) Schreibe in die mittlere Spalte die dazugehörenden Verben im Infinitiv.

c) Bilde von den Verben die 3. Person Singular und schreibe sie in die rechte Spalte der Tabelle.

d) Schreibe nun einen zusammenhängenden Text über die Tätigkeiten eines Speiseeisherstellers. Nutze dazu die Verbformen in der rechten Tabellenspalte und wichtige Begriffe aus dem Text auf Seite 50.

Verben konjugieren

zusammenhängende Sätze formulieren
HILFEN
So können deine Sätze beginnen:
> Außerdem …
> Weiterhin …
> Darüber hinaus …

Tätigkeiten eines Speiseeisherstellers
Ein Speiseeishersteller stellt Speiseeis nach verschiedenen Verfahren her. Er erstellt …

Einen Beruf beschreiben

1 a) Was möchtet ihr über den Beruf des Kochs erfahren? Sammelt zu zweit W-Fragen in einem Cluster, z. B.:

b) Was wisst ihr schon über den Beruf des Kochs?

sich über einen Beruf informieren

2 In dem folgenden Text erzählt ein Koch über seinen Beruf. Lies den Text und hake im Cluster ab, welche Fragen beantwortet werden.

Der Job des Kochs fängt so an, wie jeder Beruf anfängt: mit einer Lehre! Die dauert in der Regel drei Jahre.
Nach der Lehre kann man als „richtiger" Koch arbeiten. Da gibt es ganz verschiedene Möglichkeiten: in Restaurants und Hotels, in
5 Betriebskantinen, Krankenhäusern, Catering*-Firmen, aber auch auf Kreuzfahrtschiffen. Einige meiner Kollegen arbeiten auch in der Nahrungsmittelbranche bei Herstellern von Fertiggerichten und Tiefkühlkost.
Ich denke, die allermeisten Leute wissen, welche Arbeiten man
10 als Koch verrichten muss: natürlich kochen! Aber das ist bei Weitem nicht alles.
Man muss Speisen vorbereiten. Dazu gehört unter anderem das allseits beliebte Schnippeln – Gemüse, Salat, Kartoffeln, Zwiebeln, Fleisch, Fisch, all das muss portionsweise geputzt und
15 geschnitten werden, damit man es direkt weiterverarbeiten kann. Weiterhin müssen Soßen, Suppen und Ähnliches vorgekocht werden, damit diese ebenfalls sofort kochfertig sind.
Dann müssen die Speisen zubereitet werden. Klar, das ist das, was man als „Kochen" kennt! Fleisch braten, Bratkartoffeln und
20 Gemüse heiß machen, Fisch dünsten etc. – all das muss im Geschäft schnell gehen, denn kein Gast möchte stundenlang auf sein Essen warten.

das Catering (*engl.*): Bereitstellung von Essen und Getränken an einem beliebigen Ort

Die Vor- und Zubereitung der Speisen ist jedoch noch nicht alles.
Als Koch muss man auch die Lagerbestände verwalten. Irgend-
jemand muss ja mal gucken, wie viele Vorräte noch im Lager sind,
sonst kann es schnell eine böse Überraschung geben, wenn sich
die Vorräte dem Ende zuneigen. […] Der Koch muss die Vorräte
also von Zeit zu Zeit auffüllen, das heißt einkaufen und Bestel-
lungen machen. Dabei muss er zuerst checken, wie viele Vorräte
noch da sind, dann muss er in etwa einschätzen, wie das
Geschäft läuft, um dann zu wissen, wie viel er von den einzelnen
Vorräten bestellen muss. Ein Koch muss sich auch immer wieder
einen Kopf über Menüs machen. Wenn man eine Gesellschaft hat,
muss diese natürlich auch bekocht werden. Hierzu muss man ein
Menü entwerfen, das abwechslungsreich ist, oder wollt ihr bei
einem 4-Gänge-Menü viermal dasselbe essen?
Was die meisten aber nicht wissen: Es gibt sogar feste Regeln, die
man bei Menüs beachten muss! Jede Zutat darf im Menü nur
einmal vorkommen, nach einer hellen Speise (z. B. Rahmsuppe)
sollte eine dunkle Speise folgen. […]
Wichtig ist natürlich auch, was man
verdient. Köche müssen deshalb
Preise kalkulieren. Die Einkaufs-
preise schwanken täglich, je nach
Angebot der Waren […]. Wichtig ist
also, dass man als Koch gut rechnen
kann. Man muss ausrechnen, wie
viele Portionen man z. B. aus einem
Kilo Ware rauskriegt, dann wird der
Portionspreis berechnet, dazu
werden die Portionspreise der
anderen Zutaten addiert. […]

Und nicht zuletzt muss ein Koch gut organisieren können, er ist
nämlich auch für die Organisation von Arbeitsabläufen verantwortlich. Jemand muss entscheiden: Wer macht welchen Job in
der Küche? Es nützt keinem etwas, wenn sich fünf Köche am Herd
gegenseitig über den Haufen rennen, während ein Koch in der
Salatküche vor lauter Stress nicht mehr weiß, ob er Männlein
oder Weiblein ist! Außerdem müssen Küchenhelfer eingeteilt
werden für Spüle und Kleinarbeiten.

3 Lest den Text noch einmal genau und sprecht zu zweit darüber.

    a) Klärt gemeinsam unbekannte Wörter und schwierige Textstellen.

    b) Welche Informationen waren für euch interessant? Begründet.

    c) Welche Fragen habt ihr noch? Wo könntet ihr euch weiter informieren?

4 Was spricht eurer Meinung nach dafür, den Beruf des Kochs zu erlernen? Was spricht dagegen? Nennt mögliche Vor- und Nachteile.

unbekannte Wörter klären

die Informationen auswerten

einen Beruf beurteilen

Sachlich beschreiben

Bereite eine Berufsbeschreibung zum Beruf der Köchin / des Kochs vor. Sie sollte sachlich und gut verständlich geschrieben sein.

sachliche Sprache verwenden

5 Der Text auf Seite 52 f. enthält einige umgangssprachliche Ausdrücke.

a) Schreibe die folgende Tabelle ab.

b) Arbeitet zu zweit. Formuliert die umgangssprachlichen Ausdrücke in sachliche Sprache um und schreibt sie in die rechte Spalte der Tabelle.

umgangssprachliche Ausdrücke aus dem Text	sachliche Formulierung
Gemüse schnippeln (Z. 13)	Gemüse putzen und schneiden
gucken, wie viele Vorräte im Lager sind (Z. 25)	...
checken, wie viele ... (Z. 29)	...
sich einen Kopf über Menüs machen (Z. 32 f.)	...
Wer macht welchen Job (Z. 55 f.)?	...

Informationen herausschreiben

TIPP
Konzentriere dich auf das Wichtigste und lass Einzelheiten weg!

6 Ordne die Informationen aus dem Text.

a) Lies den Text noch einmal genau und notiere in Stichwörtern wichtige Informationen zu den folgenden Bereichen: *Beschäftigungsorte, Tätigkeiten, Voraussetzungen, Ausbildung*

b) Vergleicht eure Ergebnisse zu zweit. Streicht Überflüssiges und ergänzt fehlende Informationen.

zusammenhängende Sätze formulieren

HILFEN
Beschäftigungsorte
Köche arbeiten oft in Restaurants oder Hotels. Manchmal sind sie aber auch in ... angestellt. Außerdem ...

TIPP
Verknüpfe deine Sätze abwechslungsreich, z. B.: *außerdem / darüber hinaus / des Weiteren / weiterhin / in der Regel / normalerweise / oft / häufig / meistens*

7 Schreibe mit Hilfe deiner Notizen vollständige Sätze zu den vier Bereichen. Nutze dazu die folgenden Formulierungshilfen.

> **Eine Berufsbeschreibung formulieren**
> - **Beschäftigungsorte:** Wo arbeitet man?
>   *... arbeiten in ... / sind tätig in ... / sind angestellt in ...*
> - **Tätigkeiten:** Was arbeitet man?
>   *Zu den wichtigsten Aufgaben eines ... gehört ... /
>   Als ... muss man ... / Als ... sollte man ...*
> - **Voraussetzungen:** Was muss man können?
>   *Eine wichtige Voraussetzung für den Beruf des ... ist es, ...
>   Um ... zu werden, braucht man ... / Es wird erwartet, dass ...*
> - **Ausbildung:** Wie wird man ...?
>   *Die Ausbildung dauert ... / Die Ausbildungszeit beträgt ... und findet an ... statt. / Seinen Abschluss bekommt man nach ...*

❗ Eine Berufsbeschreibung erstellen

- Fasse die **wichtigsten Informationen** über den Beruf zusammen. **Verknüpfe** die Sätze sinnvoll und abwechslungsreich.
- Formuliere sachlich und genau: **Vermeide Umgangssprache** und **lasse Unwichtiges weg.**
- Verwende die richtigen **Fachbegriffe.**
- Schreibe im **Präsens.**

8 Die folgende Berufsbeschreibung muss noch überarbeitet werden.

a) Untersucht die Beschreibung zu zweit. Macht euch Notizen zu den folgenden Fragen:
- Stehen alle Informationen an der richtigen Stelle?
- Ist die Sprache sachlich?
- Wurden die Informationen sinnvoll miteinander verknüpft?

eine Berufsbeschreibung untersuchen

Beschäftigungsorte: Als Krankenschwester oder Krankenpfleger ist man natürlich im Krankenhaus oder beim Arzt. Man muss verantwortungsbewusst sein. Man muss mit Menschen umgehen können.
Tätigkeiten: Spritzen geben, Blutdruck messen, Verbände neu anlegen – das machen sie fast die ganze Zeit. Sie führen Krankenakten und bereiten Arbeiten für die Ärzte vor.
Voraussetzungen: Man sollte auf die Wünsche der Kranken nicht motzig reagieren.
Ausbildung: Voraussetzung für die Ausbildung zur Krankenschwester/zum Krankenpfleger ist der mittlere Schulabschluss. Nach drei Jahren an Krankenpflegeschulen und im Krankenhaus ist die Ausbildung endlich vorbei.
Besonderheiten: Die Arbeitszeit kann sehr unregelmäßig sein – ständig hat man irgendwelche Nacht- und Frühschichten.

b) Überarbeite den Text mit Hilfe deiner Notizen und schreibe ihn neu.

eine Berufsbeschreibung überarbeiten

9 Wie könnt ihr an Informationen über Berufe und an Fotos für eure Berufsbeschreibungen gelangen? Sammelt in der Klasse Vorschläge.

Informationen über Berufe recherchieren

HILFEN
› in der Bundesagentur für Arbeit (Arbeitsamt) Broschüren besorgen
› Personen befragen

Das habe ich gelernt

- Das habe ich in diesem Kapitel neu gelernt: ...
- Diese Informationen sollte eine Berufsbeschreibung enthalten: ...
- Diese sprachlichen Besonderheiten muss man bei einer Beschreibung beachten: ...

Ergänze die Sätze in deinem Heft oder Portfolio.

Beschreiben

Anwenden und vertiefen

Informationen ordnen
- Beschäftigungsorte
- Tätigkeiten
- Voraussetzungen
- Ausbildung

W-Fragen formulieren und beantworten

Fachbegriffe klären

1 Bei der folgenden Berufsbeschreibung stimmt die Reihenfolge nicht.

a) Ordne die Textteile sinnvoll nach Bereichen. Schreibe die Bereiche auf und notiere darunter jeweils die Buchstaben in der richtigen Reihenfolge. Tipp: Die Farben helfen dir.

b) Schreibe zu jedem der vier Bereiche passende W-Fragen auf und notiere Antworten in Stichwörtern.

c) Klärt in Partnerarbeit Fachbegriffe.

d) Stellt einander zu zweit W-Fragen zu diesem Beruf und beantwortet sie mit eigenen Worten.

Fotomedienfachfrau/Fotomedienfachmann

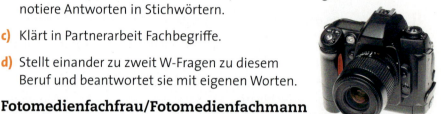

[A] Im Mittelpunkt des neuen Berufsbildes stehen die Beratung von Kunden sowie das Verkaufen und Weitergeben von Informationen zu foto- und videobezogenen Produkten. [B] Die Ausbildungszeit beträgt drei Jahre. [C] Es wird in Betrieben
5 der Fotowirtschaft, insbesondere in Einzelhandelsunternehmen, gearbeitet. [D] Das Gestalten und Übertragen von Videoaufnahmen gehört ebenso zum Aufgabenbereich wie das Erstellen von Fotografien. [E] Aber man wird auch in Fotolaboren und bei Fotografen, in der Industrie und in Dienstleistungsunternehmen
10 eingesetzt. [F] Die Ausbildung findet sowohl in den Betrieben als auch in der Schule statt. [G] Außerdem arbeitet man in Bildagenturen, im Bereich der Beratung, des Vertriebs und des Marketings. [H] Das Bearbeiten von Bildern, die Schulung von Kunden, das Mitarbeiten bei der Kalkulation, Planung und beim
15 Vertrieb fallen ebenso in den Aufgabenbereich. [I] Auszubildende sollten Interesse an Technik und Fotografie sowie Offenheit für wirtschaftliche Fragen mitbringen.

TIPP
Hier erhältst du weitere Informationen zur Berufsausbildung:
- bei der Bundesagentur für Arbeit
- im Berufsberatungszentrum (BIZ)
- bei Handwerkskammern
- bei Industrie- und Handelskammern
- im Internet

einen Beruf beurteilen

2 Interessierst du dich für einen der Berufe, die in diesem Kapitel vorgestellt wurden? Wähle Aufgabe a) oder b).

a) Schreibe deine Meinung auf und begründe sie.

b) Welche Fragen hast du noch zu dem Beruf? Schreibe sie auf. Recherchiere nach weiteren Informationen und notiere sie in Stichwörtern.

Informationen recherchieren

eine Berufsbeschreibung erstellen

3 Bereite eine Berufsbeschreibung für euren Berufsordner vor.

a) Informiere dich über einen Beruf, der dich interessiert. Notiere zu den einzelnen Bereichen einer Berufsbeschreibung Stichwörter.

b) Schreibe zu diesem Beruf eine Berufsbeschreibung.

c) Überarbeitet eure Berufsbeschreibungen in Gruppen. Schreibt sie sauber ab, ergänzt sie mit Fotos und heftet sie in den Berufsordner.

Engagement macht Schule
Von schulischem Engagement berichten

Unser Schulgarten wird wieder ein richtiger Garten
Im Rahmen des AL-Unterrichts in den 7. Klassen wurde die Wiederaufnahme des Schulgartens in Angriff genommen. Die Schüler mussten zunächst die mittlerweile mit Gras überwachsenen Beete wiederherstellen. Dazu wurde kräftig mit Spaten und Grabgabeln gearbeitet. Verfaulte Äpfel und Unkraut wurden auf den Kompost getragen, der Boden wurde für die weitere Bearbeitung – zunächst Einsetzen von Tulpenzwiebeln oder Pflanzen von Kräutern – vorbereitet. Das Anlegen eines Komposthaufens wurde auch begonnen.
Wer arbeitet, soll aber auch den Nutzen haben: Die Schüler der Schulgarten-AG konnten ihr selbst gemachtes Apfelkompott genießen.

Schüler zeigen Senioren den Umgang mit dem Computer
Der älteste Schüler war 81 Jahre und auf dem Stundenplan stand der Umgang mit Computer, Handy und Digitalkamera. Nach dem Motto „Alt lernt von Jung" brachten einige Schüler der „Schule am Gotthunskamp" Senioren den Umgang mit moderner Technik bei. Das Angebot stieß auf reges Interesse und machte allen Beteiligten großen Spaß.

Was weißt du schon?

- Was bedeutet „sich engagieren"?
- In welchen Bereichen können Schülerinnen und Schüler Verantwortung übernehmen?
- Welche Möglichkeiten für schulisches Engagement gibt es an deiner Schule?
- Wo hast du schon einmal einen Bericht über schulisches Engagement gelesen oder gehört?
- Was ist beim Berichten zu beachten? Wiederhole Gelerntes.
- Auf welche W-Fragen geben Berichte meist Antwort? Erstelle einen Cluster.
- In welcher Zeitform stehen Berichte meistens? Begründe.
  A Präsens   **B** Präteritum   **C** Perfekt

Wer ...? Bericht

Berichte untersuchen

1 a) Lies den folgenden Bericht von der Homepage einer Realschule.

Zu Beginn des Schuljahres wurden wieder 40 Schülerinnen und Schüler der Klassen 7–10 für die Friedensgruppe ausgebildet. In einer dreitägigen Schulung auf Burg Lichtenberg wurden die Jugendlichen von den beiden Betreuerinnen und zwei Polizisten
5 des Kommissariats 15 in Kaiserslautern auf ihre Aufgaben in der Friedensgruppe vorbereitet.
In Rollenspielen* lernten sie das Aufgabenfeld der Friedensgruppe kennen, aber auch, wie man sich in Konfliktsituationen verhalten soll. Sie erfuhren, wie bei Problemen im direkten Umgang mit
10 Mitschülern reagiert werden kann. Auch persönliche Fragen wurden aufgearbeitet. So vorbereitet nahmen die 28 Mädchen und 12 Jungen kurz vor den Herbstferien ihre Tätigkeit auf. In den letzten Wochen unterstützten sie bereits die Lehreraufsicht in den Pausenhöfen, sie übernahmen z. B. die Aufsicht in den
15 Gebäuden, die Ausleihe der Spielgeräte oder die Betreuung der „neuen" Schüler. Sie verhinderten kleinere Streitigkeiten und leisteten Busdienst*.
Das Engagement der Friedensgruppe findet viel Anerkennung bei Mitschülern, Lehrkräften und Eltern. Die Warteliste der Jugend-
20 lichen, die in der Friedensgruppe mitarbeiten wollen, ist lang.

das Rollenspiel:
Mit verteilten Rollen werden verschiedene Situationen aus dem Alltag nachgespielt.

Busdienst leisten:
Schüler „beaufsichtigen" Mitschüler im Bus.

b) Von welchem Engagement wird berichtet?

c) Was gefällt dir an diesem Engagement? Begründe.

den Bericht in Abschnitte gliedern

2 In welche Hauptabschnitte lässt sich der Bericht gliedern? Ergänze in deinem Heft.

| Einleitung Zeile 1 – | … | … |

3 a) Welche W-Fragen werden in welchen Hauptabschnitten beantwortet? Löst die Aufgabe in der Tischgruppe im Placemat-Verfahren.

W-Fragen beantworten

INFO
Placemat-Verfahren („Platzdeckchen")
> sich zu dritt zusammensetzen
> auf einem großen Papierbogen drei Bereiche markieren
> die Bereiche untereinander aufteilen
> den eigenen Bereich bearbeiten
> den Papierbogen drehen und die Ergebnisse der anderen lesen
> über die Ergebnisse sprechen

b) Vergleicht eure Ergebnisse mit denen der anderen Tischgruppen.

c) Nenne die W-Frage, die im Text nicht beantwortet wird. Welche Antworten auf diese Frage sind denkbar?

Die Überschrift eines Berichts

4 a) Welche Funktion hat die Überschrift eines Berichts? Wähle die richtige Antwort und begründe deine Wahl.

die Funktion der Überschrift kennen

Die Überschrift eines Berichts soll
- **A** spannend klingen
- **B** den Inhalt zusammenfassen
- **C** W-Fragen beantworten
- **D** möglichst ausführlich sein

b) Formuliere eine passende Überschrift für den Bericht auf Seite 58. Vergleicht und bewertet eure Vorschläge in der Tischgruppe.

eine Überschrift formulieren

Der Bericht

- Der Bericht informiert über ein **zurückliegendes Ereignis** genau und in der Abfolge der Geschehnisse.
- In der **Einleitung** werden kurz folgende W- Fragen beantwortet: Wer (tat etwas)? Was (geschah)? Wann (fand das Ereignis statt)? Wo (fand das Ereignis statt)?
- Der **Hauptteil** beantwortet ausführlich die folgenden Fragen: Wie (lief das ab, worüber berichtet wird)? Warum (geschah das, worüber berichtet wird)?
- Im **Schlussteil** werden entweder die Folgen (des Ereignisses) beschrieben oder es wird ein Ausblick gegeben.
- Die **Überschrift** soll **knapp** und **informativ** sein.
- Die Zeitform des Berichts ist das **Präteritum.**

Die Sprache in Berichten untersuchen

Die richtige Tempusform verwenden

Verben im Präteritum bilden

1 Schreibe aus dem Hauptteil des Berichts auf Seite 58 drei Verben in der verwendeten Personalform heraus und bestimme die Zeitform.

2 Übertrage die Tabelle in dein Heft und ergänze zu den folgenden Verben die passenden Formen:
sammeln, überweisen, sich engagieren, sich kümmern

Infinitiv	3. Person Singular	Präteritum
berichten	er/sie	...

3 Im Schlussteil (Zeile 18–20) stehen die Verben im Präsens. Begründe.

Aktiv und Passiv unterscheiden

Verbformen untersuchen

4 In den beiden folgenden Sätzen wird der gleiche Sachverhalt auf unterschiedliche Weise ausgedrückt.
– *Polizisten bildeten die Mitglieder der Friedensgruppe aus.*
– *Die Mitglieder der Friedensgruppe wurden (von Polizisten) ausgebildet.*

Aktiv und Passiv
→ S. 138 f.

a) Bestimme in jedem Satz die Satzglieder.

b) Beschreibe, was sich beim Satzbau verändert hat.

c) In welchem Satz steht das Verb im Passiv?

d) Versuche zu beschreiben, wie sich die Sätze inhaltlich unterscheiden.

Sätze im Aktiv und Passiv erkennen

5 a) Aktiv oder Passiv? Bestimme die beiden folgenden Sätze.
– *Die Lehrkräfte wurden von Schülern bei der Aufsicht unterstützt.*
– *Die Jugendlichen übten das richtige Verhalten.*

b) Schreibe die Sätze ab und forme sie in die jeweils andere Form um.

Sätze im Aktiv und Passiv bilden

INFO
In Berichten werden oft Verbformen im Passiv verwendet.

6 Bilde aus den Vorgaben im Kasten Sätze im Aktiv und Passiv und unterstreiche jeweils die Verbformen, z. B.:
Die Jugendlichen befragten die Polizisten. (Aktiv) →
Die Polizisten wurden von den Jugendlichen befragt. (Passiv)

> Polizisten befragen   einen Streit im Bus verhindern
> im Rollenspiel Streitsituationen nachspielen
> die Ausleihe von Spielgeräten organisieren

7 Lies den Bericht „Unser Schulgarten wird wieder ein richtiger Garten" auf Seite 57 und schreibe alle Passivformen heraus.

Auf den Satzbau achten

8 Die Bedeutung von Sätzen verändert sich, wenn du die Wörter darin umstellst.
– *Auf Burg Lichtenberg wurden zu Beginn des Schuljahres 40 Jugendliche für die Friedensgruppe ausgebildet.*
– *40 Jugendliche wurden zu Beginn des Schuljahres auf Burg Lichtenberg für die Friedensgruppe ausgebildet.*

a) Stelle den Satz so um, dass ein dritter sinnvoller Satz entsteht.

b) Vergleiche die drei Sätze. Beschreibe, was die Umstellung jeweils bewirkt.

c) Was willst du betonen, wenn du das erste, zweite oder dritte Satzbeispiel wählst?

TIPP
Wenn du die Wörter in einem Satz umstellst, bringt das Abwechslung in deinen Bericht und du kannst bestimmte Informationen besonders betonen.

Wörtliche Rede vermeiden

9 Als Grundlage für einen Bericht kannst du beteiligte Personen interviewen. In deinem Bericht solltest du Aussagen und Meinungen aber wiedergeben, ohne die wörtliche Rede zu verwenden.

a) Lies die folgenden Aussagen zum Thema „Schülerengagement".

Luisa: Ich engagiere mich in meiner Freizeit im Verein, aber auch in der Schule möchte ich gern Verantwortung übernehmen.

Melek: Ich helfe gern mit, etwas zu verändern.

Sandy: Engagement ist wichtig, auch später im Beruf.

Aaron: Unser Schulgelände sieht langweilig aus. Wir könnten doch die Bänke bunt anstreichen!

Carina: Es gibt viel zu häufig Streitereien auf dem Schulhof. Wir sollten eine Friedensgruppe gründen!

HILFEN
wörtliche Rede umschreiben
> für gut / wichtig / unwichtig halten
> als gut / wichtig ansehen
> betonen, dass ...
> versichern, dass ...
> darauf hinweisen, dass ...
> sich beklagen über ...
> sich beschweren über ...
> fordern
> vorschlagen
> sich wünschen

b) Probiert in der Tischgruppe aus, wie ihr die wörtliche Rede vermeiden und trotzdem über die Meinungen der Schülerinnen und Schüler berichten könnt. Schreibt verschiedene Beispiele auf.

TIPP
Achte auf das Komma vor der Konjunktion „dass".

Die Sprache in Berichten

- Berichte werden meist im **Präteritum** geschrieben; der Schlussteil steht oft im Präsens.
- Im Bericht werden Verben häufig im **Passiv** verwendet.
- Durch die Wortstellung in einem Satz können bestimmte Wörter oder Wortgruppen besonders betont werden. **Wichtige Informationen** stehen meist am **Satzanfang.**
- Im Bericht soll **keine wörtliche Rede** vorkommen.

Sätze verdichten

Ein Bericht soll genau informieren, aber nicht zu ausführlich werden, damit die Leserinnen und Leser sich nicht langweilen.

10 a) Lies den folgenden Anfang eines Schülerberichts.

Nach den Sommerferien, als gerade die erste Woche in der Schule vorbei war, stellten uns
5 die Schülersprecherinnen die Aktion „Tulpen für Brot" vor, und wir wurden befragt, ob wir mit der Klasse an dieser
10 Aktion teilnehmen wollten. Wir diskutierten in der Klasse zuerst einmal über das Für und Wider der Aktion, aber die meisten waren begeistert. Wir sagten unsere Teilnahme zu und bestellten für unsere Klasse 100 Tulpenzwiebeln. …

b) Schreibe den Textausschnitt ab und streiche Unwichtiges durch.

Nebensätze in Satzglieder umwandeln

TIPP
Achte auf die Kommasetzung!

11 Du kannst einen Text verdichten, indem du Nebensätze in Satzglieder umwandelst.

a) Vergleiche die beiden folgenden Sätze. Wie unterscheiden sie sich?
– Nachdem wir die Blumenzwiebeln erhalten hatten, begannen wir mit dem Einpflanzen.
– Nach dem Erhalt der Blumenzwiebeln begannen wir mit dem Einpflanzen.

b) Verdichte die folgenden Sätze, indem du den Nebensatz jeweils in ein Satzglied umwandelst.
– Als ein halbes Jahr vergangen war, war der Schulgarten ein Blütenmeer. → Nach …
– Während wir die Tulpen verkauften, hatten wir viel Spaß. → Beim …
– Wir freuten uns, dass wir einen Erlös von 120 Euro für notleidende Menschen erzielt hatten. → Wir freuten uns über …

> **❗ Informationen im Bericht wiedergeben**
> - Ein Bericht soll **genau, knapp** und **sachlich** sein.
> - Du kannst den Text verdichten, indem du Nebensätze in Satzglieder umformst, z.B.:
>   *während wir hinaufstiegen* → *beim Aufstieg*
>   *nachdem wir die Karten versendet hatten* → *nach dem Versand der Karten*

Einen Bericht beurteilen

1 a) Lies den folgenden Entwurf für einen Bericht.

Die Klasse sammelte Geldspenden für das Tierheim. Die Schüler backen dafür Kuchen, schnitzen kleine Holzfiguren, gestalten Kalender und Glückwunschkarten. Diese verkaufen sie auf dem Weihnachtsmarkt, wo sie einen großen Verkaufsstand aufgebaut haben. „Wir haben gern an der Aktion teilgenommen", sagte die Klassensprecherin Caro stellvertretend für die ganze Klasse. „Wir sollten das Tierheim auch weiterhin unterstützen." Gerade vor Weihnachten sollte man sich genau überlegen, ob ein Tier wirklich das richtige Geschenk ist.

b) Was muss überarbeitet werden? Tauscht euch zu zweit aus.

c) Ergänze die folgenden Verbesserungsvorschläge.
– *Es fehlt die Überschrift.*
– *Die Einleitung des Berichts muss ergänzt werden.*
– *Die Tempusform …*

einen Bericht beurteilen

2 Erstellt in kleinen Gruppen eine Checkliste zur Überarbeitung von Berichten. Ordnet dazu die Begriffe im Kasten sinnvoll nach Bereichen.

eine Checkliste erstellen

> Einleitung   W-Fragen   Hauptteil   Schluss   Tempus   genau   Inhalt   Sprache   vollständig   Überschrift   Satzbau   sachlich   knapp und informativ   Aktiv/Passiv   keine direkte Rede   Folgen/Ausblick

3 Untersucht Berichte auf der Homepage eurer Schule oder in mitgebrachten Zeitungen.

einen Bericht untersuchen

a) Welche W-Fragen werden beantwortet?

b) Sind alle wichtigen Informationen enthalten?

c) Wird eine sinnvolle Reihenfolge eingehalten?

d) Was sollte ergänzt oder überarbeitet werden?

Das habe ich gelernt

- Das habe ich neu gelernt: …
- Die Arbeit in Gruppen fand ich nützlich / weniger nützlich, weil …
- Diese Übung war nützlich für das Verfassen eines Berichts: …
- Darauf möchte ich beim nächsten Schreibversuch besonders achten: …

Vervollständige die Sätze in deinem Heft oder Portfolio.

Berichten

Anwenden und vertiefen

Themen für einen Bericht sammeln

1 Wo hat sich deine Schule engagiert? Welche Aktivitäten oder besonderen Ereignisse gab es in eurer Klasse? Sammelt eure Notizen in einem Cluster.

Wähle Aufgabe 2, 3 oder 4 zur Bearbeitung aus.

einen Bericht schreiben
› einen Schreibplan erstellen
› W-Fragen beantworten
› Einleitung, Hauptteil und Schluss schreiben
› die Überschrift formulieren
› auf die Sprache achten

2 Entscheide dich für ein Thema aus Aufgabe 1 und schreibe darüber einen Bericht. Beachte dabei, was du in diesem Kapitel gelernt hast.

3 Arbeitet zu zweit. Einigt euch auf ein Thema für euren Bericht.

a) Erstellt gemeinsam einen Schreibplan für euren Bericht.

b) Jede/Jeder von euch schreibt einen eigenen Bericht.

c) Tauscht eure Texte untereinander aus und überarbeitet sie mit Hilfe der Checkliste (Aufgabe 2, Seite 63).

4 Arbeitet zu zweit. Einigt euch auf ein Thema für euren Bericht.

a) Jede/Jeder schreibt in Stichwörtern Antworten auf die folgenden W-Fragen auf.
– Wer?   – Was?   – Wie?   – Welche Folgen?
– Wann? – Wo?   – Warum? – Was könnte in Zukunft passieren?

b) Vergleicht eure Antworten und erstellt einen Schreibplan.

TIPP
Beschränkt euch auf die **wichtigsten** Informationen.

c) Verfasst gemeinsam einen Bericht. Hier findet ihr Hilfen:

> **Wann?**   zu Schuljahresbeginn   am Montag, dem 10.11.20...
> am Nachmittag des 10.11.20...   in der dritten Schulstunde

> **Wer? / Mit wem? / Für wen?**   Schülerinnen und Schüler   Eltern
> das Lehrerkollegium   die Schulleitung   der Förderverein
> der Sportverein   notleidende Menschen   benachteiligte Menschen

> stattfinden   abhalten   veranstalten   organisieren
> vorbereiten   auf dem Programm stehen   großen Einsatz zeigen
> sich ereignen   mit viel Freude dabei sein   Beachtung finden
> Zulauf haben   großen Anklang finden   auf Interesse stoßen
> viele Zuschauer anlocken   einen Erlös von ... bringen

Deine Meinung ist gefragt!
Textgestütztes Argumentieren

XX-Press – die Seite für interessierte Kids

Was haltet ihr davon?

Operation: Gute Nacht

In Südengland geht man jetzt scharf gegen den Nachwuchs vor. Der Stadtrat von Redruth hat ein abendliches Ausgangsverbot für Kinder und Jugendliche verhängt. Ab jetzt dürfen Jugendliche unter 16 Jahren sich nach 21 Uhr nicht mehr draußen blicken lassen. Für Kids unter 10 Jahren gilt die Sperrstunde während der Sommerferien schon eine Stunde früher. Es wird berichtet, dass 73 % der britischen Eltern diese Maßnahme begrüßen.

Eure Meinung interessiert uns! Schickt uns per Post oder E-Mail eine ausführliche Stellungnahme.

Was weißt du schon?

- Was hältst du von der Maßnahme in der englischen Kleinstadt Redruth? Notiere deine Meinung in einem Satz. Tauscht euch darüber aus.

- Von welchen anderen Maßnahmen, die Jugendliche in ihrer Freizeit einschränken, hast du schon gehört?

- Was versteht man unter „Stellung nehmen"?

- In einer Stellungnahme begründest du deine Meinung mit verschiedenen Argumenten. Wiederhole, was du über das Argumentieren bereits gelernt hast.

- In diesem Kapitel lernst du, wie du eine Stellungnahme schreibst. Wo könntest du deine Stellungnahme veröffentlichen, damit interessierte Leserinnen und Leser deine Meinung erfahren? Sammelt Ideen.

Argumente sammeln

1 Die folgenden Aussagen stammen aus schriftlichen Stellungnahmen zum Ausgangsverbot in Redruth, die in Zeitungen abgedruckt waren.

a) Lies die Textauszüge. In welchen Aussagen wird die Ausgangssperre befürwortet, in welchen wird sie abgelehnt?

> Die Ausgangssperre für Jugendliche ist ein Weg, um Saufgelage und störendes Verhalten in den Griff zu bekommen.

> Ausgangssperren wie diese bestrafen die Falschen.

> Jugendliche müssen ihre Grenzen kennen lernen! Immer mehr Anwohner beschweren sich darüber, dass Jugendliche so viel Lärm machen, andere belästigen oder gar beschimpfen.

> Wenn Jugendliche abends draußen herumlungern, haben sie ein größeres Risiko, entweder selbst zu Opfern oder zu Tätern von kriminellen Taten zu werden.

> Wie soll die Ausgangssperre überhaupt durchgesetzt und überprüft werden?

> Wir haben hier einen Jungen, der herausgefunden hat, wie man an Straßenlaternen hochklettert und das Licht ausmacht. Ich bin für die Ausgangssperre und hoffe, dass die Straßen jetzt wieder ruhiger und sicherer werden.

> Man kann nicht automatisch davon ausgehen, dass alle Jugendlichen, die abends unterwegs sind, etwas anstellen wollen.

b) Welche Aussage passt am besten zu deiner Meinung? Begründe.

2 In einer Stoffsammlung trägst du verschiedene Argumente zu einem Thema in Stichwörtern zusammen.

a) Lege eine Tabelle mit Spalten für Pro- und Kontra-Argumente an.

b) Trage die Argumente aus den Textausschnitten oben in die richtigen Spalten ein. Formuliere dazu möglichst knappe Stichwörter, z. B.:

..., ~~weil sie nicht überprüfbar sind~~ → *nicht überprüfbar*

Pro: Ich befürworte die Maßnahme.	Kontra: Ich lehne die Maßnahme ab.
	– *nicht überprüfbar*

c) Sucht zu zweit oder in Kleingruppen weitere Argumente und ergänzt sie in der Tabelle.

Schriftlich Stellung nehmen

eine Stoffsammlung anlegen
› Pro- und Kontra-Argumente ordnen

INFO
› **pro:** dafür
› **kontra:** dagegen

Eine Argumentationskette entwickeln

Das Ziel einer Stellungnahme ist es, andere von deiner Meinung zu überzeugen. Dazu brauchst du starke Argumente und anschauliche Beispiele.

1 Befürwortest du eine Ausgangssperre oder lehnst du sie ab? Schreibe deine Meinung (*pro* oder *kontra*) in einem Satz auf, z. B.:
Meinung (These): Ich lehne eine Ausgangssperre für Jugendliche ab.

sich eine eigene Meinung bilden
HILFEN
> befürworten
> für gut/falsch halten
> gegen ... sein

2 Wähle die stärksten Argumente zur Begründung deiner Meinung aus.

a) Nummeriere alle Argumente in deiner Tabelle (Aufgabe 2, Seite 66) nach ihrer Wichtigkeit. 1 steht für das schwächste Argument.

Argumente ordnen

b) In einer Stellungnahme nennt man oft das schwächste Argument zuerst, das wichtigste Argument zuletzt. Nenne Gründe dafür.

c) Entwickle eine Argumentationskette: Zeichne drei Kreise in dein Heft und schreibe die drei stärksten Argumente in Stichwörtern hinein. Achte auf eine geeignete Reihenfolge der Argumente.

eine Argumentations-kette entwickeln
> die Argumente sinnvoll ordnen

Argumentations-kette (*Maßnahme bestraft die Falschen*)

3 Teile einer Lernpartnerin / einem Lernpartner deine Meinung mit und begründe sie mit Hilfe der drei Argumente, z. B.:
Ich lehne die Ausgangssperre für Jugendliche ab, denn die Maßnahme ...

die eigene Meinung mit Argumenten begründen

4 Beispiele und Erklärungen machen deine Begründung anschaulicher.

HILFEN
Argumente einleiten
> weil ...
> da ...
> denn ...

a) Welche der Aussagen auf Seite 66 enthalten ein erklärendes Beispiel?

b) Mit welchen weiteren Beispielen oder Erklärungen kannst du deine Argumente gut verdeutlichen? Notiere deine Ideen jeweils unter dem entsprechenden Kreis, z. B.:
Jugendliche könnten nicht mehr allein zum Abendtraining ihres Vereins gehen oder müssten vom Kino abgeholt werden.

die Argumente mit Beispielen verstärken

c) Sind eure Beispiele gut gewählt? Gebt euch in Partnerarbeit Rückmeldungen und macht Verbesserungsvorschläge.

> ### Eine Argumentationskette entwickeln
> Mit **Argumenten** begründest du deine Meinung. In einer **Argumentationskette** ordnest du die wichtigsten Argumente (Begründungen) in einer sinnvollen Reihenfolge. Ergänze zu jedem Argument ein **Beispiel** oder eine **Erklärung.**

Schriftlich Stellung nehmen

Den Hauptteil schreiben: Die Argumente verbinden

Damit deine Stellungnahme gut verständlich ist, solltest du die Teile deiner Argumentationskette sinnvoll miteinander verbinden.

5 Lies die folgenden Argumente aus dem Hauptteil einer Stellungnahme.

a) Welche Meinung wird hier mit Hilfe der drei Argumente begründet?

Durch die Ausgangssperre würden sich viele Menschen sicherer fühlen. Gerade ältere Leute trauen sich abends oft nicht mehr aus dem Haus, weil sie Angst haben, von Jugendlichen belästigt zu werden.	1. Argument + Beispiel/Erklärung
Für die Jugendlichen selbst ist es sicherer, wenn sie bei Dunkelheit zu Hause sind. Die meisten Verbrechen geschehen schließlich abends.	2. Argument + Beispiel/Erklärung
Die Jugendlichen würden endlich wieder mehr Zeit mit ihrer Familie verbringen. Wenn alle Jugendlichen vor 21 Uhr nach Hause kommen müssten, würde mehr Zeit für Gespräche mit Eltern und Geschwistern bleiben.	3. Argument + Beispiel/Erklärung

Argumente verknüpfen

TIPP
Viele Teilsätze werden mit der Konjunktion „dass" verknüpft. Denke an das Komma vor „dass".

b) Arbeite zusammen mit einer Lernpartnerin / einem Lernpartner. Verbindet die drei Argumente oben sinnvoll mit Überleitungen aus dem folgenden Kasten. Probiert verschiedene Möglichkeiten aus.

- zudem / außerdem / darüber hinaus / des Weiteren
- Darüber hinaus sollte man bedenken, dass ... / Außerdem sollte bedacht werden, dass ...
- Für/Gegen ... spricht außerdem die Tatsache, dass ...
- Hinzu kommt, dass ...
- Es darf nicht übersehen werden, dass ...
- Zu bedenken ist auch, dass ...
- Noch wichtiger ist ein anderes Argument: ...
- Ein weiteres Argument spielt für mich eine große Rolle: ...
- Nicht zuletzt ...

6 Schreibe nun den Hauptteil deiner eigenen Stellungnahme. Verbinde dazu deine drei Argumente und Beispiele/Erklärungen (Aufgaben 3 und 4, Seite 67) sinnvoll mit Hilfe verschiedener Überleitungen.

Einleitung und Schluss schreiben

1 Es gibt unterschiedliche Möglichkeiten, eine Stellungnahme einzuleiten.

a) Lies die folgenden Anfänge von Einleitungen. Welche gefällt dir am besten? Begründe.

verschiedene Möglichkeiten für Einleitungen kennen

A Unter „Sperrstunde" versteht man eine festgelegte Zeit, in der es nicht mehr zu Ruhestörungen in der Öffentlichkeit kommen soll. Eine Sperrstunde für Jugendliche soll nun in England …
B In der Presse wurde in den letzten Tagen über ein Ausgehverbot für Jugendliche in Südengland berichtet. Dort dürfen Teenager …
C Im Sommer sitze ich mit meinen Freunden oft noch länger draußen, so wie viele andere Teenager auch. Jugendliche aus Redruth können dies bald nicht mehr tun, denn …

b) Welche Art von Einleitung wurde für die Textanfänge in Aufgabe a) jeweils gewählt? Lies die folgenden Informationen und ordne zu.

die Funktion der Einleitung kennen

> **Die Einleitung einer schriftlichen Stellungnahme**
> - Die Einleitung soll **zum Thema hinführen** (Worum geht es?) und **Interesse wecken** (Warum ist das Thema interessant?).
> - Dabei gibt es verschiedene Möglichkeiten:
>   – Du beschreibst ein aktuelles Ereignis.
>   – Du gehst von einem eigenen Erlebnis aus.
>   – Du erklärst einen Begriff im Zusammenhang mit dem Thema.
> - Achtung: Die Einleitung soll **neutral** geschrieben sein. Sie enthält noch **keine Meinung** zum Thema und **keine Argumente.**

c) Wähle eine der drei Einleitungen oben für deine eigene Stellungnahme aus und setze sie fort.

eine Einleitung schreiben

2 In der Überleitung von der Einleitung zum Hauptteil nennst du die Diskussionsfrage der Stellungnahme („Sind Ausgangsverbote für Jugendliche sinnvoll?"). Wähle eine der folgenden Formulierungen aus und schreibe damit eine Überleitung für deine Stellungnahme.
– *Deshalb stellt sich die Frage: …*
– *Im Folgenden möchte ich zu der Frage Stellung nehmen, ob …*
– *Es lohnt sich, einmal darüber nachzudenken, ob …*

die Überleitung schreiben
> die Diskussionsfrage nennen

3 a) Lies die folgende Einleitung. Was muss überarbeitet werden?

In England gibt es jetzt ein Ausgehverbot. Ist doch klar, dass man so etwas nur ablehnen kann, denn man könnte es sowieso nicht kontrollieren. Es stellt sich die Frage: Ist das gut?

eine Einleitung beurteilen

b) Überprüft in Partnerarbeit eure eigenen Einleitungen und gebt euch, wenn nötig, Tipps zur Überarbeitung.

eine Einleitung überarbeiten

Schriftlich Stellung nehmen

den Schluss einer Stellungnahme untersuchen

4 Der Schluss einer Stellungnahme enthält
– die eigene Meinung,
– noch einmal das wichtigste Argument,
– einen Ausblick in die Zukunft.
Lies den folgenden Schluss und ordne die drei Punkte den Sätzen zu:

Eine Ausgangssperre für Jugendliche lehne ich ab. Es kann nicht sein, dass alle Jugendlichen unter dem Verhalten einiger leiden müssen. Ich hoffe, die Maßnahme findet bei uns keine Nachahmer.

> **❗ Schluss einer schriftlichen Stellungnahme**
>
> Im Schlussteil ziehst du ein Fazit: Bring deine **Meinung** zum Ausdruck und nenne noch einmal das **wichtigste Argument.** Abschließend solltest du einen **Ausblick in die Zukunft** geben.

eine Stellungnahme schreiben

5 Schreibe für die Jugendseite einer Tageszeitung eine vollständige Stellungnahme mit Einleitung, Hauptteil und Schluss.
Nutze dabei deine Arbeitsergebnisse aus diesem Kapitel.

eine Stellungnahme überarbeiten

6 a) Worauf ist bei der Überarbeitung einer Stellungnahme zu achten? Erstellt in kleinen Gruppen eine Checkliste zum Beurteilen schriftlicher Stellungnahmen, z. B.:

Teil der Stellungnahme	Inhalt	Anmerkungen / Tipps
Einleitung – zum Thema hinführen	eigenes Erlebnis: mit Freunden draußen	☺ Einleitung macht neugierig
Überleitung	Diskussionsfage wird genannt	☹ Sätze besser veknüpfen
…	…	…

b) Vergleicht eure Checklisten in der Klasse.

c) Überprüft zu zweit eure Stellungnahmen. Notiert in eurer Checkliste Stichwörter zum Inhalt und Tipps.

d) Überarbeite deine Stellungnahme.

> **Das habe ich gelernt**
>
> • Das Ziel einer schriftlichen Stellungnahme ist, …
>
> • Erstelle einen Schreibplan für eine Stellungnahme:
>
>
>
> • Was gehört in welchen Teil einer Stellungnahme? Ordne zu.
> *Ausblick in die Zukunft – Diskussionsfrage – eigene Meinung*
>
> • So kann man Argumente sinnvoll verknüpfen: …
>
> Schreibe in dein Heft oder Portfolio.

Schriftlich Stellung nehmen

Anwenden und vertiefen

1 Untersuche die folgende Stellungnahme.

a) Lies den Text. Um welche Diskussionsfrage geht es?

b) Gliedere die Stellungnahme in Einleitung, Hauptteil und Schluss.

c) Die Überleitung zwischen Einleitung und Hauptteil fehlt. Schreibe eine passende Überleitung, die die Diskussionsfrage enthält.

d) Welche Argumente und Beispiele werden verwendet? Schreibe sie in Stichwörtern heraus.

eine Stellungnahme untersuchen

eine Überleitung schreiben

Argumente und Beispiele suchen

> An vielen Schulen ist es selbstverständlich, aber noch nicht an allen: Die gesamte Klasse fährt einmal im Jahr eine Woche zusammen weg und wohnt in einer Jugendherberge.
>
> 5 Beim Planen und Vorbereiten einer Klassenfahrt lernen die Schülerinnen und Schüler, Verantwortung zu übernehmen. Bei unserer letzten Klassenfahrt haben wir zum Beispiel gemeinsam entschieden, wohin die Reise gehen soll, und in Kleingruppen geplant, was wir unternehmen wollen.
> 10 Ein weiteres Argument spielt für mich eine große Rolle: Auf einer Klassenfahrt kann man genauso viel lernen wie in der Schule. In anderen Städten gibt es viele interessante Sehenswürdigkeiten und Museen. Dort kann man spannende Dinge direkt vor Ort erfahren. Während unserer Klassenfahrt waren
> 15 wir zum Beispiel in einem Schiffsmuseum und wissen nun, wie Schiffe gebaut werden.
> Nicht zuletzt ist eine solche Fahrt eine wichtige Gelegenheit, die Klassengemeinschaft zu stärken. Die Schülerinnen und Schüler und ihre Lehrerinnen und Lehrer können sich einmal
> 20 außerhalb des Klassenraums kennen lernen. Dass dadurch ein neues Gemeinschaftsgefühl entsteht, hat sich bei unserer letzten Klassenfahrt gezeigt: Danach haben wir als Gruppe viel besser zusammengehalten.
> Die regelmäßige Durchführung von Klassenfahrten befürworte
> 25 ich. Ich halte gemeinsame Schulausflüge vor allem für eine wichtige Möglichkeit, um die Klassengemeinschaft zu stärken. Ich hoffe deshalb sehr, dass wir auch in Zukunft weiterhin einmal pro Schuljahr gemeinsam verreisen.

2 Übe das Formulieren von Argumenten zu verschiedenen Themen.

a) Überlegt euch zu zweit passende Argumente und Beispiele für die folgenden Thesen (Meinungen).

Argumente und Beispiele sammeln

| Sportunterricht ist wichtig. | Es sollte weniger Fernsehwerbung geben. | Ich brauche unbedingt mehr Taschengeld. |

Schriftlich Stellung nehmen

Schriftlich Stellung nehmen

Argumente und Beispiele in Stichwörtern notieren

b) Übertrage die Tabelle in dein Heft und ergänze für jede der drei Thesen ein Argument und ein Beispiel in Stichwörtern, z. B.:

Meinung (These)	Argument	Beispiel
Sportunterricht ist wichtig.	Bewegung fördert …	jeden Tag 6 Stunden …

Argumente ausformulieren

c) Wähle eine der Thesen aus und begründe sie mit einem Argument und einem Beispiel in ganzen Sätzen, z. B.:
– *Sportunterricht ist wichtig…, denn …*
– *Wir Schülerinnen und Schüler sitzen jeden Tag … Deshalb …*

Argumente verknüpfen

d) Suche zwei weitere Argumente. Schreibe sie zusammen mit einem passenden Beispiel auf und verknüpfe sie sinnvoll.

3 Was ist deine Meinung dazu?

wildes Lernen: Schülerinnen und Schüler verbringen 24 Stunden im Wald und lernen das Leben in der Natur kennen.

„Wildes Lernen*" einmal im Schuljahr als Pflichtveranstaltung?

Boxen als schulische Arbeitsgemeinschaft?

Wird Musik erst richtig gut, wenn sie laut ist?

Wähle eines der drei Themen für eine Stellungnahme aus und entscheide dich für Aufgabe a), b) oder c).

eine Stellungnahme schreiben
> sich eine Meinung bilden
> Argumente suchen
> die Argumente ordnen
> Beispiele ergänzen
> eine Argumentationskette entwickeln
> den Hauptteil ausformulieren
> die Einleitung schreiben
> den Schluss schreiben

a) Schreibe eine Stellungnahme mit Einleitung, Hauptteil und Schluss.

b) Arbeitet zu zweit. Sammelt gemeinsam Argumente und Beispiele. Schreibt dann allein jeweils eine Stellungnahme mit Einleitung, Hauptteil und Schluss.

c) Entwickle eine Argumentationskette für den Hauptteil einer Stellungnahme. Wähle dazu passende Stichwörter aus dem Kasten und ordne sie. Verbinde die Argumente anschließend mit passenden Überleitungen.

> ein echtes Naturerlebnis   Gemeinschaft wird gestärkt
> eigene Stärken und Schwächen kennen lernen
> nicht jeder überwindet seine Angst   leicht erkälten
> im Notfall schlecht zu erreichen

> Regeln einhalten lernen   den Gegner respektieren lernen
> Fairness   nicht jedes Mädchen mag diese Sportart
> Verletzungsgefahr   Kampfsportarten nicht an Schulen

> gut abschalten können   mit dem ganzen Körper Musik erleben
> Störung der anderen   schadet dem Gehör   kein echter
> Musikgenuss   manche Musikrichtungen bauen auf Lautstärke

Mit freundlichen Grüßen
Sachliche Briefe schreiben

Was weißt du schon?

- Lies den oben abgebildeten sachlichen Brief.
  In welcher Situation und mit welcher Absicht wurde er geschrieben?

- Wo hast du schon einmal einen Brief in dieser Art gesehen?
  Von wem und zu welchem Anlass wurde er verfasst? Berichte.

- Welche Vorteile hat ein Brief im Vergleich zu einem Telefonat?

- Wie unterscheidet sich der oben abgebildete Brief von einem Brief an eine Freundin / einen Freund?

- Worauf musst du beim Schreiben eines sachlichen Briefes achten?

- In welcher Situation könntest du selbst einen sachlichen Brief schreiben?

Schriftlich Stellung nehmen

Den Aufbau sachlicher Briefe kennen

1 Sieh dir die Werbeanzeige an und lies den folgenden Brief.

```
Klasse 7a                                          21.01.2010
Realschule Plus Altenglan
Schulstr. 14
66885 Altenglan


Jugendherberge „Sunshine"
Herrn Ingo May
Am Waldsteig 1
33452 Schönstein



Informationsmaterial für Klassenfahrt


Sehr geehrter Herr May,

wir planen eine Klassenfahrt in der zweiten Augustwoche
dieses Jahres. Deshalb würden wir gerne weitere Informa-
tionen zu Ihrem Angebot aus Ihrer aktuellen Werbeaktion
anfordern.
Bitte schicken Sie uns die Informationen zusammen mit
einer aktuellen Preisliste an die obige Adresse.

Vielen Dank für Ihre Bemühungen.

Mit freundlichen Grüßen

Klasse 7a
```

Besonderheiten eines sachlichen Briefes untersuchen

2 Sprecht zu zweit oder in Gruppen über die folgenden Fragen.
- **a)** Wer ist der Absender des Briefes? Wer ist der Empfänger?
- **b)** Welches Anliegen haben die Absender?
- **c)** Wie ist der Brief aufgebaut?
- **d)** Welche sprachlichen Besonderheiten fallen euch auf?

3 Der Aufbau eines sachlichen Briefes ist genau festgelegt.

den Aufbau eines sachlichen Briefes kennen

a) Ordne die folgenden Begriffe den Zahlen auf dem Briefbogen zu.

b) Warum gibt es einheitliche Festlegungen für sachliche Briefe? Sprecht über mögliche Vorteile für die Empfänger und die Absender.

> **Sachliche Briefe schreiben**
>
> Bei sachlichen Briefen muss eine bestimmte äußere Form eingehalten werden.
> - Oben links stehen Name und Adresse des **Absenders,** darunter Name und Adresse des **Empfängers.**
> - Oben rechts steht das **Datum.**
> - In der **Betreffzeile** wird knapp zusammengefasst, worum es in dem Brief geht.
> - Die **Anrede** lautet *Sehr geehrte Frau …,* oder *Sehr geehrter Herr …,*
>   Achtung: Setze hinter der Anredeformel ein Komma und schreibe klein weiter.
> - Am Ende des Briefes steht die **Grußformel:** *Mit freundlichen Grüßen*
>   Danach folgt die **Unterschrift** des Absenders.
>   Achtung: Nach der Grußformel wird kein Komma gesetzt!

INFO
Wenn der Name des Empfängers nicht bekannt ist, verwendet man diese Anrede: *Sehr geehrte Damen und Herren, …*

Einen sachlichen Brief schreiben

die Funktion der Betreffzeile kennen

1 In der Betreffzeile eines sachlichen Briefes wird möglichst knapp und genau angegeben, worum es in dem Brief geht, z. B.:
Rückgabe eines defekten Aufladegeräts, Bewerbung um …

a) Welchen Nutzen hat dies für den Empfänger des Briefes, z. B. in einer größeren Firma?

Betreffzeilen formulieren

b) Formuliere für die folgenden Situationen passende Betreffzeilen.
- **A** Familie Dreher hat einen Schreibtisch im Möbelhaus gekauft. Die Tischplatte ist beschädigt. Die Drehers wollen einen neuen Tisch haben.
- **B** Der unter der Nummer 0913/15 bestellte Pullover passt nicht und soll zurückgegeben werden.
- **C** Familie Kaloudis will nächsten Sommer nach Berlin reisen und möchte Informationen zu Veranstaltungen in der Stadt einholen.

c) Vergleicht eure Ergebnisse und gebt euch Tipps.

> ❗ **Die Betreffzeile in sachlichen Briefen: das Anliegen nennen**
>
> Die **Betreffzeile** soll den Empfänger möglichst rasch darüber informieren, worum es in dem Brief geht.
> Formuliere sie **aussagekräftig** und zugleich **knapp.**

Anredepronomen richtig verwenden

2 a) Lies das folgende Antwortschreiben zu einer Bestellung. Welche Anredepronomen fehlen?

b) Schreibe den Brief in dein Heft ab und setze passende Pronomen in die Lücken.

c) Ergänze eine passende Betreffzeile.

```
Sehr geehrte Frau Seibert,

danke für ▮ Bestellung. Wie gewünscht sende
ich ▮ das von ▮ bestellte Handy (Modell XL
2010). Ebenso erhalten ▮ anbei die Kopie ▮
Personalausweises zurück.
Ich wünsche ▮ viel Freude mit dem Gerät und
hoffe, ▮ sind mit unserem Service zufrieden.

Mit freundlichen Grüßen

Peter Koslow
```

> ❗ **Die höfliche Anrede mit „Sie" verwenden**
>
> In sachlichen Briefen verwendet man die höfliche Anrede mit „Sie".
> Die **höflichen Anredepronomen** *Sie, Ihnen, Ihr, Ihre, Ihren, Ihres* schreibt man immer **groß.**

Schriftlich Stellung nehmen

3 Die Sprache in sachlichen Briefen sollte immer höflich klingen. Überarbeite die folgenden Sätze mit Hilfe der Vorgaben im Kasten.

höfliche Formulierungen verwenden

- Ich habe schon vor Ewigkeiten das Buch bei Ihnen bestellt und frage mich langsam, wo es bleibt.
- Die Jacke kneift beim Tragen. Da habe ich mich wohl in der Größe vertan. Deshalb will ich sie umtauschen. Geht das? Danke.
- Sie wollten mir doch eine Preisliste mitschicken. Die war aber nicht dabei.

- *Bereits am ...*
- *Da ich bisher noch nichts erhalten habe, würde ich mich gern erkundigen, ...*
- *Bitte teilen Sie mir mit, ...*
- *... wann ich damit rechnen kann.*
- *Ich würde/möchte gerne ...*
- *Ist/Wäre es möglich, ...?*
- *Wir hatten vereinbart, dass ...*
- *Es wäre sehr nett, wenn ...*
- *Könnten/Würden Sie bitte ...?*
- *Ich bitte Sie ...*

TIPP
Wenn man einen Empfänger in einem sachlichen Brief um etwas bittet, kann man am Ende schreiben:
Vielen Dank für Ihre Bemühungen.

---

4 Der folgende Brief muss sprachlich und inhaltlich verbessert werden.

a) Wo gibt es Überarbeitungsbedarf? Tauscht euch zu zweit aus und notiert Stichwörter.

einen sachlichen Brief überarbeiten
- den Aufbau beachten
- eine passende Betreffzeile formulieren
- höfliche Formulierungen verwenden

```
                              Herr Strauß
                              Lindenstraße 33
                              60311 Frankfurt a.M.
Unser Geld

Hallo Herr Strauß,
es ärgert mich, dass ich immer noch nicht das Gerät
erhalten habe, das ich ersteigert habe. Das Geld
für das gute Stück habe ich doch schon überwiesen.
Ich will nun mal wissen, ob, wie und vor allem wann
ich den Player nun in die Hände bekomme!!?

Ayse Uysal
```

b) Schreibe den Brief neu. Achte dabei auf die passende Form, einen guten Schreibstil und prüfe, ob alle Angaben vollständig sind.

TIPP
Schreibe den Brief entweder ordentlich mit der Hand oder mit dem Computer.

Das habe ich gelernt

- Warum und in welchen Situationen schreibt man sachliche Briefe?
- Welche Angaben enthält ein sachlicher Brief?
- Das möchte ich mir besonders merken: ...
- Das möchte ich noch weiter üben: ...

Schreibe in dein Heft oder Portfolio.

Anwenden und vertiefen

einen sachlichen Brief überarbeiten

1 Bei dem folgenden Brief gibt es Überarbeitungsbedarf.

a) Lies den Brief genau und besprich mit einer Lernpartnerin / einem Lernpartner, was daran verändert werden muss.

b) Schreibe den überarbeiteten Brief mit der Hand oder am Computer auf.

```
21.10.2010
                                    Tim Schwartz
                                    Baumstr. 14
                                    44532 Lünen

Sehr geehrte Frau Nagel,
Vielen Dank für Ihre Bemühungen. Hiermit möchte
ich Sie bitten, die fehlenden Teile schnellst-
möglich nachzuliefern.
Der Lieferservice hat mir das Fehlen durch seine
Unterschrift bestätigt. Leider mussten wir
feststellen, dass zu unseren Tischtennisplatten
die dazugehörigen Netze fehlen.
Da es nicht unser Verschulden ist, gehe ich davon
aus, dass Sie auf Portokosten verzichten werden.
Betreff: Fehlende Netze der gelieferten Tisch-
tennisplatten (Bestell-Nr. 439a). Die von uns
bestellten Tischtennisplatten sind gestern bei uns
eingetroffen. Mit der von Ihnen organisierten
Anlieferung waren wir sehr zufrieden.

T. Schwartz
Mit freundlichen Grüßen

Firma Sportparadies
 Frau Nagel
 44135 Dortmund
```

einen sachlichen Brief schreiben

2 Bei einer Internet-Auktion haben deine Eltern eine Doppel-DVD ersteigert. Als die DVD eintrifft, ist jedoch nur eine Disc in der Hülle. Verfasse einen Brief an den Verkäufer Herrn Salzer, in dem du die Situation schilderst und bittest, die zweite Disc noch zu schicken. Herr Salzer wohnt in der Bergstraße 2 in 86169 Augsburg.

Als Hilfe kannst du die folgenden Angaben nutzen:
– *Betreff: Unvollständige Lieferung (Auktions-Nr.: 8765123)*
– *Sehr geehrter Herr Salzer, ...*
– *hiermit möchte ich Ihnen mitteilen, dass ...*
– *Nun möchte ich Sie darum bitten, ...*
– *Mit freundlichen Grüßen*

HILFEN
- *Vielen Dank für die Zusendung der ...*
- *Leider fehlt in Ihrem Schreiben ...*
- *Wir möchten Sie deshalb bitten, ...*

3 Die Klasse 7a hat einen Antwortbrief der Jugendherberge mit Informationsmaterial erhalten (Seite 74, Aufgabe 1), aber die Preisliste zu den Angeboten fehlt leider. Verfasse einen Brief, in dem du um die nachträgliche Zusendung der Preisliste bittest.

Fragen über Fragen
Sachtexte lesen und verstehen

Wer hat den Kaugummi erfunden?
Was ist ein Sapodilla-Baum?
Warum war Kaugummi in Singapur verboten?
Kann der Mensch im Schlaf lernen?

Was weißt du schon?

- Auf welche der Fragen oben hättest du gern eine Antwort?
- Wo könntest du die Antworten auf die Fragen finden?
- Welche Arten von Sachtexten kennst du?
- In welcher Schrittfolge erschließt du einen Sachtext?
- Welche Informationen markierst du in einem Sachtext?
- Wie kannst du die Bedeutung von unbekannten Wörtern in einem Text herausfinden?

Lesestrategien festigen

Vermutungen anstellen

einen Text überfliegen

HILFEN
- In dem Text geht es um ...
- Das Thema des Textes ist ...
- Der Text gibt Auskunft über ...
- Der Text enthält Informationen zu ...

Kolumbus: italienischer Seefahrer, der 1492 Amerika entdeckte

1 a) Lies die Überschrift und betrachte die Abbildung. Stelle Vermutungen an, worum es in dem Text gehen könnte.

b) Überfliege den Text und überprüfe deine Vermutungen. Nenne das Thema des Textes.

Kauvergnügen von der Steinzeit bis heute

Wer den Kaugummi wirklich erfunden hat, ist schwer zu sagen. Eins ist jedoch sicher: Kaugummikauen ist eine sehr alte Sitte. Aus archäologischen Funden weiß man, dass schon in der Steinzeit bestimmte Baumharze gekaut wurden.
5 In Südschweden fanden Archäologen bei der Ausgrabung einer 9000 Jahre alten Siedlung zwischen Walknochen und Apfelresten den angeblich ältesten Kaugummi aus Birkenpech.
Als die Spanier im 16. Jahrhundert auf die zentralamerikanischen Ureinwohner trafen, hatte das Kauen von „chictli" bei den Maya
10 und den Azteken bereits lange Tradition. Wie ältere Ausgrabungen zeigen, waren es die Maya, die das Kauen auf Gummi entdeckten. Bereits Kolumbus* brachte von seiner Entdeckungsreise einen dicken Klumpen dieses begehrten Gummis mit nach Hause. Chicle, so die spanische Variante des Nahuatl-Wortes „chictli",
15 wird aus dem Milchsaft des Sapodilla-Baumes gewonnen. Diese Bäume werden bis zu 3 Meter dick und fast 40 Meter hoch. Sie gedeihen im feuchtwarmen Klima des tropischen Regenwaldes und können nur alle 6–8 Jahre „gemolken" werden.
Der erste Kaugummifabrikant war der Seemann John Curtis
20 Jackson aus den USA. Er kam als Erster auf die Idee, dem Kaugummi Geschmack zu verleihen und ihn in
25 größeren Mengen herzustellen. 1848 begann er mit der Produktion seines Kaugummis und war
30 auf Anhieb erfolgreich. Wegen des Mangels an Chicle verwendete er das aus Rohöl gewonnene Paraffin als
35 idealen Ersatz für das Sapodilla-Harz.

Sachtexte lesen und verstehen

Der heute bekannteste und weltweit größte Hersteller von Kaugummis ist Wrigley's. William Wrigley senior war Seifenhersteller in Philadelphia. Sein Sohn stieg in die Firma seines Vaters ein und entwickelte sich schon bald zum Verkaufstalent. Sein größter Erfolg wurde der Verkauf von Kaugummis. 1893 stellte er Juicy Fruit her und ein Jahr später Wrigley's Spearmint, der schnell zur beliebtesten Sorte Amerikas wurde. […]

Mit dem Zweiten Weltkrieg eroberte der Kaugummi schließlich auch Europa. Als Professor H. L. Hollingworth von der Columbia Universität 1939 herausfand, dass das Kauen nicht nur entspannend wirkt, sondern auch die Konzentrationsfähigkeit steigert, versorgten die USA ihre Soldaten im Zweiten Weltkrieg so reichlich mit Kaugummi, dass der Stoff in der Heimat knapp wurde.

1950 kam schließlich der erste zuckerfreie Kaugummi auf den Markt. Und heute gibt es Kaugummis in allen nur denkbaren Variationen: vom Zahnpflege-Kaugummi über Kaugummi als Arzneimittel bis hin zum Energy Gum.

2 Wenn du einen Text gut verstehen möchtest, dann musst du ihn genau lesen. Dabei helfen dir Markierungen.

Informationen im Text markieren

a) Im ersten Textabschnitt (Z.1–7) wurden unterschiedliche Dinge markiert. Sieh dir die Markierungen genau an und ordne zu, welche Markierungszeichen wofür verwendet wurden.

1	einkreisen	A	wichtige Aussagen, Erklärungen zu den Schlüsselwörtern
2	farbig markieren	B	unbekannte Wörter
3	unterstreichen	C	Schlüsselwörter
4	Fragezeichen am Rand ?	D	Ende des Abschnitts
5	Ausrufezeichen am Rand !	E	überraschende oder besonders wichtige Aussagen
6	Abschnittszeichen ⌐	F	Textstellen, die ich nicht verstehe oder zu denen ich noch Fragen habe

b) Lies den Text noch einmal genau und bearbeite eine Kopie des Textes in folgenden Schritten:
- Teile den Text in Abschnitte ein und kennzeichne sie.
- Kreise unbekannte Wörter ein.
- Markiere Schlüsselwörter farbig.
- Unterstreiche wichtige Aussagen und Erklärungen zu den Schlüsselwörtern.
- Schreibe ein Fragezeichen an den Rand von Textstellen, die du nicht verstehst.

einen Text genau lesen

HILFEN
Wenn du nicht sicher bist, was im Text wichtig ist, dann fange mit dem Unwichtigen an: Streiche zuerst alle Wörter und Sätze durch, die keine wichtigen Informationen enthalten.

Unbekannte Wörter erschließen

unbekannte Wörter durch Nachdenken klären
- verwandte Wörter suchen
- die Wortbestandteile untersuchen
- den Textzusammenhang nutzen

TIPP
Nicht immer ist es wirklich notwendig, jedes unbekannte Wort im Text zu klären. Überlege zuerst, ob du den Satz auch ohne das Wort verstehst.

3 Unbekannte Wörter in einem Text kannst du manchmal schon klären, wenn du den ganzen Satz noch einmal in Ruhe liest und über die Wörter nachdenkst.

a) Versucht zu zweit, die Bedeutung der folgenden Wörter durch Nachdenken herauszufinden. Lest dazu die Beispiele unten.
die Ausgrabung (Z.5), *die Azteken* (Z.10), *Nahuatl* (Z.15), *die Konzentrationsfähigkeit* (Z.47)

unbekannte Wörter nachschlagen

b) Wenn du die Bedeutung eines unbekannten Wortes durch Nachdenken nicht erschließen kannst, dann hilft dir ein Wörterbuch oder ein Lexikon.
Schlagt zu zweit abwechselnd die folgenden Wörter nach und erklärt sie euch gegenseitig mit euren eigenen Worten.
die Sitte (Z.2), *die Harze* (Z.4), *das Pech* (Z.7)

c) Kläre die Bedeutung der Wörter, die du im Text eingekreist hast, durch Nachdenken oder Nachschlagen.

> **! Unbekannte Wörter erschließen**
> - Entscheide, ob es wirklich wichtig ist, das Wort an der Stelle im Text zu verstehen.
> - Wenn das Wort wichtig ist, dann lies den Satz noch einmal und denke über das Wort nach.
>   – Enthält das Wort einen Wortbaustein, den du kennst?
>   – Gibt es im Satz Informationen zu dem Wort?
> - Wenn du das Wort immer noch nicht verstehst, dann frage eine andere Person oder schlage es nach.

Stichwörter zum Text formulieren

4 Wenn du dir Stichwörter aufschreibst, kannst du Informationen aus einem Text besser wiedergeben und dir merken.

Überschriften zu Textabschnitten formulieren

a) Formuliere zu jedem Abschnitt des Textes auf Seite 80–81 eine Überschrift und schreibe sie auf. Lass zwischen den Überschriften immer fünf Zeilen frei.

b) Formuliere zu jedem Abschnitt Stichwörter mit Hilfe der Schlüsselwörter und der wichtigen Informationen im Text, die du markiert und unterstrichen hast. Schreibe sie jeweils unter die Überschrift des Textabschnitts.

Stichwörter aufschreiben
- kurze, klare Formulierungen wählen
- alles Unwichtige weglassen

> *Kauvergnügen von der Steinzeit bis heute*
> *1. Abschnitt (Z. 1–7): Älteste Kaugummis*
> *– Steinzeit: Baumharze gekaut*
> *– ...*
>
> *2. Abschnitt (Z. 8–13): Kaugummis bei den Indianern*
> *– ...*

TIPP
Du kannst die Wörter aus dem Text abschreiben oder eigene Wörter benutzen.

c) Vergleicht zu zweit eure Stichwörter.
– Welche Informationen habt ihr beide ausgewählt? Hakt sie auf eurem Stichwortzettel ab.
– Welche Stichwörter finden sich nur bei einem von euch? Begründet euch gegenseitig eure Auswahl.
– Was könnte bei jedem von euch noch ergänzt oder gestrichen werden? Überarbeitet eure Stichwörter.

5 a) Stellt euch abwechselnd mit Hilfe eurer Stichwörter zu jedem Textabschnitt Fragen und beantwortet sie, z. B.:
– Seit wann wird Kaugummi gekaut?
– Wo fand man den ältesten Kaugummi?

Fragen zum Text stellen und beantworten

b) Tauscht euch darüber aus, welche Informationen im Text für euch interessant waren und was euch überrascht hat.

HILFEN
- Ich fand interessant, dass ...
- Ich habe nicht gewusst, dass ...

Sachtexte lesen und verstehen

Lesestrategien gezielt anwenden

1 Zeitungsartikel enthalten oft schwierige Wörter. Du musst aber nicht jedes Wort verstehen, um das Thema zu erfassen.

a) Überfliege den folgenden Zeitungsartikel und erkläre, um welches Problem es in dem Artikel geht.

b) Was ist deine Meinung zu dem Problem? Begründe.

einen Text überfliegen

HILFEN
> Ich finde ...
> Meiner Meinung nach ...
> Ich bin der Ansicht ...

Kampf gegen Kaugummis – eine zähe Angelegenheit

Sie pflastern die Wege und Plätze der Stadt: Kaugummis. Die klebrigen Reste allerorten* regen die Berliner auf, auch der Bürgermeister Klaus Wowereit ärgert sich, doch die Beseitigung ist technisch sehr aufwändig und teuer.

5 Die einen ärgern sich täglich aufs Neue, während andere das Ärgernis wegen seiner Allgegenwart* kaum mehr wahrnehmen: Kaugummireste, die millionenfach auf den Wegen und Plätzen der Stadt kleben. Am Donnerstag hat sich der Bürgermeister über das Aussehen des Alexanderplatzes beklagt, wo die erst kürzlich
10 verlegten hellen Granitplatten von dunklen Flecken übersät sind. Der Bürgermeister kündigte Hilfe an. Doch die scheint problematisch – und zwar nicht nur am Alex*.

„Dieser helle Granit ist in jeder Hinsicht ein schwieriges Pflaster", sagt die Sprecherin der Berliner Stadtreinigung. Man könne nicht
15 mit dem Hochdruckreiniger* anrücken, sondern müsse die aufwändigste Variante wählen: erst jeden Kaugummi einzeln behandeln und dann den ganzen Platz schrubben. Immerhin gebe es Gespräche über das Thema mit den Anwohnern.

Wen man auch fragt, am Ende geht es darum, wie die Leute mit
20 ihrer Stadt umgehen. Dass die „vermeidbare Verschmutzung der Straßen" mit zehn Euro bestraft werden kann, ist Theorie*. „Da gibt's wirklich Wichtigeres", sagt der
25 Ordnungsstadtrat Marc Schulte (SPD), und außerdem müssten die Spucker in flagranti* erwischt werden.

Auch Frank Henkel (CDU) sieht nur
30 den Weg, „das Ordnungsbewusstsein der Menschen zu schärfen". Stadtentwicklerin Silke Fürstenau merkt an, „dass in anderen Ländern anders reagiert wird, wenn jemand
35 etwas fallen lässt". In Singapur war der Kaugummiverkauf jahrelang verboten, weil die Reste nicht nur die Stadt verunziert*, sondern durch blockierte Türsensoren auch U-Bahnen lahmgelegt hatten.

---

allerorten: überall

wegen seiner Allgegenwart: weil es überall ist

Alex: kurz für Alexanderplatz (in Berlin)

der Hochdruckreiniger: ein elektrisches Gerät, das mit Hilfe von Wasserdruck Flecken entfernt

ist Theorie: hier: ist eine gute Idee, die nicht funktioniert

in flagranti: auf frischer Tat

verunzieren: hässlich aussehen lassen

Sachtexte lesen und verstehen

2 a) Lies den Text noch einmal genau. Kreise auf einer Kopie des Textes unbekannte Wörter ein.

b) Welche Wörter sind wichtig, um den Text zu verstehen? Klärt zu zweit ihre Bedeutung.

unbekannte Wörter klären
> Nachdenken
> Nachfragen
> Nachschlagen

3 a) Welche Lösungsvorschläge für das Problem werden genannt? Suche sie im Text und unterstreiche sie.

b) Was ist mit dem Vorschlag in Z. 29–31 gemeint? Erkläre.

einen Text gezielt lesen

über Textstellen nachdenken

> **Verschiedene Lesestrategien anwenden**
>
> - **Überfliegendes Lesen:** Du willst herausfinden, worum es in dem Text geht. Dafür wandern deine Augen schnell über den Text, du liest nicht jedes Wort genau.
> - **Genaues Lesen:** Du willst alle Informationen im Text genau verstehen. Dafür liest du den Text langsam und genau, wenn nötig mehrmals.
> - **Gezieltes Lesen:** Du suchst eine ganz bestimmte Information im Text, der Rest ist nicht so wichtig. Dafür überfliegst du den Text an unwichtigen Stellen und liest genau an der Stelle, wo du die gesuchte Information vermutest.

4 In einem Leserbrief schreibt ein Leser zu dem Artikel:

Die beste Lösung liegt wohl darin, Kaugummis grundsätzlich abzuschaffen und nicht mehr zu verkaufen. Dann braucht man keine Gesetze, keine Überwachung und keine Strafverfolgung. Immense* Schäden könnten so vermieden werden. Und kaum
5 jemand würde die Kaugummis wirklich vermissen. *(Marcel, Berlin)*

immens: groß, riesig

a) Mit welcher Absicht schreiben Zeitungsleser Leserbriefe?

b) Welche Lösung schlägt Marcel vor? Nenne die Textstelle.

5 a) Welche der genannten Lösungen für das Kaugummiproblem findet ihr am überzeugendsten? Diskutiert in der Gruppe.

b) Welche Lösungsvorschläge habt ihr selbst? Tauscht euch aus.

> **Das habe ich gelernt**
>
> - Das habe ich in diesem Kapitel neu gelernt: …
> - So kann ich unbekannte Wörter in einem Text klären: …
> - Diese drei Lesestrategien kenne ich: …
> - Das möchte ich noch üben: …
>
> Sprich mit einer Lernpartnerin / einem Lernpartner oder schreibe in dein Portfolio.

Sachtexte lesen und verstehen

Anwenden und vertiefen

einen Text überfliegen

1 a) Lies die Überschrift. Welche Antwort vermutest du?

b) Überfliege den Text und überprüfe deine Vermutung.

Kann der Mensch im Schlaf lernen?

Forscher gehen davon aus, dass der Schlaf beim Lernen hilft. Schon vor 100 Jahren haben erste Experimente gezeigt, dass bereits Gelerntes im Schlaf in das Langzeitgedächtnis „eingebrannt" wird. Eine Reihe neuer Studien* bestätigt diese
5 Annahme.

die Studie: die Untersuchung

Schlafforscher in den USA fanden heraus, dass Versuchspersonen zuvor antrainierte Fähigkeiten
10 besser und länger beherrschten, wenn sie direkt nach der Lernphase zu Bett gingen und mindestens
15 acht Stunden schliefen.

Belgische Wissenschaftler stellten fest, dass in den kurzen, aber traumreichen REM-Phasen (Rapid Eye Movement*) unseres Schlafes die gleichen Bereiche im Gehirn aktiv sind, wie wenn wir neue Aufgaben bewältigen. Sie vermuten, dass Erlerntes während
20 der Träume im Gedächtnis abgespeichert wird.

Rapid Eye Movement: (engl.) schnelle Bewegung der Augen

Unser Gehirn ist nach einer durchschlafenen Nacht wesentlich leistungsfähiger als etwa nach einer nächtlichen Sitzung, bei der man sich den Unterrichtsstoff einer Woche in den Kopf gehämmert hat. Allerdings hilft ausgedehntes Schlafen nur,
25 Gelerntes besser zu behalten. Neue Inhalte müssen nach wie vor im Wachzustand gelernt werden.

Informationen im Text markieren

2 a) Arbeite mit einer Kopie des Textes. Teile den Text in drei Abschnitte ein und markiere unbekannte Wörter, Schlüsselwörter und wichtige Informationen. Kennzeichne auch schwierige Textstellen und besonders interessante Textstellen.

unbekannte Wörter klären
> Nachdenken
> Nachfragen
> Nachschlagen

b) Kläre mit einer Lernpartnerin / einem Lernpartner die unbekannten Wörter und die schwierigen Textstellen.

einen Text genau lesen

3 a) Arbeitet zu zweit. Lest den Text noch einmal genau und beantwortet die folgenden Fragen in eigenen Worten:
– Was fanden die Schlafforscher in den USA heraus?
– Welche Bereiche im Gehirn sind beim Träumen aktiv?
– Warum ist ausreichend Schlaf für das Gehirn nützlich?

Stichwörter formulieren

b) Notiert Antworten aus dem Text in Stichwörtern.

Kauf dich glücklich!
Werbung untersuchen

Was weißt du schon?

- Für welche Produkte wird hier geworben? Wer soll diese Produkte kaufen? Stellt Vermutungen an und begründet.

- Wo begegnet dir Werbung im Alltag?

- Welche Art von Werbung weckt deine Aufmerksamkeit am stärksten / am wenigsten? Warum? Nenne Beispiele.

- Warum kannst du dich an bestimmte Werbungen erinnern?

- Hast du dich beim Kauf eines bestimmten Produkts schon einmal durch die Werbung beeinflussen lassen? Berichte.

- Warum gibt es Werbung? Tragt verschiedene Gründe zusammen.

Werbeplakate untersuchen

BSR: Berliner Straßenreinigung

den ersten Eindruck beschreiben

1 Betrachte die beiden Werbeplakate.

a) Wofür wird jeweils geworben?

b) Was fällt dir beim Betrachten zuerst ins Auge?

c) Wie wirken die Plakate auf dich?

die Zielgruppe bestimmen

INFO
Zielgruppen sind z. B.:
- Jugendliche
- preisbewusste Kunden
- ältere Menschen
- sportbegeisterte Menschen
- die Bewohner einer Stadt

2 Werbung ist meistens für eine bestimmte Gruppe von möglichen Käufern gemacht: die Zielgruppe. An welche Zielgruppen richten sich die Werbeanzeigen? Begründe deine Meinung.

3 Beschreibe den Aufbau und die Gestaltung der Plakate.

  a) Was ist abgebildet? Beschreibe die Fotos.

  b) Welche Farben wurden verwendet? Wie wirken sie auf dich?

  c) Welche Textteile gibt es?

  d) Wie sind die Bilder und Texte angeordnet?

den Aufbau beschreiben

HILFEN
> Das Bild zeigt, dass ...
> Die Texte sagen aus, dass ...
> Dem Betrachter wird gezeigt, ...

4 Untersuche die Texte in den Werbungen genauer.

  a) Welche Textteile fallen besonders ins Auge?

  b) Welche Informationen liefern diese Textteile?

  c) Was ist sprachlich auffällig?

die Texte untersuchen

5 Die Schlagzeilen *We kehr for you* (BSR) und *Darauf sind alle scharf* (Media Markt) sind doppeldeutig. Betrachte Bild und Text und erkläre jeweils das Wortspiel.

TIPP
Übersetze den Spruch der BSR ins Deutsche.

6 Fast jede bekannte Firma hat ein Logo (Firmensymbol).

  a) Für welche Firmenmarken stehen die folgenden Logos?

  b) Was ist die Funktion eines Logos?

  c) Suche die Logos auf den Werbeplakaten auf Seite 88.

Logos untersuchen

INFO
Ein Logo ist ein leicht wiedererkennbares Symbol oder Zeichen.

7 Slogans sind einprägsame Werbesprüche, die fest zu einer Marke oder Firma gehören, z.B.: *Just do it!*

  a) Wie lauten die Slogans der Firmen auf Seite 88?

  b) Welche weiteren Slogans kennst du?

  c) Welche Eigenschaften muss ein guter Slogan haben?

Slogans untersuchen

8 a) Zu welchen Produkten könnten diese Slogans gehören?
  Traumhaft luftig, traumhaft fruchtig.   *So fängt Fahrfreude an.*
  Ernten Sie die Kraft der Sonne.   *Wenn Wolle wollig bleiben soll.*

  b) Welche sprachlichen Besonderheiten enthalten die Werbesprüche? Ordne die folgenden passend zu.

die Alliteration	die Wiederholung	der Imperativ
mehrere Wörter beginnen mit dem gleichen Buchstaben, z.B.: *Nur für freche Frauen*	ein Wort wird mehrmals verwendet, z.B.: *So neu, so gut*	Aufforderungsform, z.B.: *Greifen Sie schnell zu!*

Stilmittel der Werbesprache kennen
> die Alliteration
> die Wiederholung
> Verwendung von Imperativen

HILFEN
Kau, kau, Kaugummi!
Alles absolut Apfel!

  c) Erfindet zu zweit Slogans für verschiedene Produkte.

Die Ziele von Werbung kennen

die AIDA-Bausteine kennen

9 In der Werbung spielt die AIDA-Formel eine wichtige Rolle.

a) Wofür stehen die vier Bausteine AIDA? Lies dazu die folgenden Informationen.

> **Wie Werbung funktioniert: die AIDA-Formel**
>
> **A** = attention   **Aufmerksamkeit:** Die Aufmerksamkeit der Betrachter soll erregt werden, z. B. durch ein ungewöhnliches Bild.
>
> **I** = interest   **Interesse:** Das Interesse der Betrachter soll geweckt werden, z. B. durch einen witzigen Text.
>
> **D** = desire   **Wunsch:** Die Betrachter sollen den Wunsch entwickeln, das Produkt zu besitzen, z. B. indem bestimmte Vorteile des Produkts genannt werden.
>
> **A** = action   **Handlung:** Die Betrachter sollen dazu gebracht werden, aktiv zu werden und das Produkt bald zu kaufen, z. B. durch Sonderangebote.

die AIDA-Formel anwenden

b) Untersuche die Werbung von Media Markt. Wie werden die vier AIDA-Bausteine in dieser Werbung umgesetzt?

c) In der BSR-Werbung wurden nicht alle AIDA-Bausteine angewendet. Welche fehlen? Aus welchem Grund?

10 Die Vorteile des Produkts werden in der Werbung mit Hilfe der Texte oder der Bilder gezeigt.

HILFEN
> *Das Bild zeigt, dass bei der BSR ....*
> *Der Text verspricht, dass ...*

a) Wie soll der Betrachter überzeugt werden, dass es sich lohnt,
– der Berliner Straßenreinigung (BSR) zu vertrauen?
– eine Digitalkamera bei Media Markt zu kaufen?

b) Vergleiche, wie sich die beiden Werbungen unterscheiden.

11 Beurteile die beiden Werbungen. Was ist den Werbemachern gut gelungen? Was gefällt dir nicht?

> **Werbung untersuchen**
>
> - Werbetexte sind **appellative Sachtexte:** Sie wollen meist zum Kauf eines Produkts **auffordern.**
> - Werbeplakate sollen das Interesse der Betrachter wecken und einprägsam sein. Sie enthalten meist ein **Bild und Textteile,** die sich aufeinander beziehen, ein **Logo** (Firmensymbol) und einen **Slogan** (einprägsamer Werbespruch).
> - Durch die Verwendung auffälliger Sprache prägen sich die Werbetexte besser ein. Typische **Stilmittel** in Werbetexten sind z. B.: Wortspiel, Alliteration, Wiederholung.

Sich über die Wirkung von Werbung informieren

1 Erarbeite den folgenden Text.

a) Lies die Überschrift und stelle Vermutungen zum Textinhalt an.

b) Lies den Text und überprüfe deine Vermutungen.

c) Erarbeite den Text gründlich. Nutze die Schrittfolge am Rand.

Die Wirkung der Werbung – Warum Kinder den Big Mac lieben

Ein typisches Bild vor Supermarktkassen: Kleine Kinder betteln ihre hilflosen Eltern um Süßigkeiten an und zeigen überraschendes Wissen um Produktnamen und Marken. Kein Wunder, denn alleine in den USA investieren* Nahrungsmittel-
5 hersteller jährlich zehn Milliarden Dollar in die Werbung für Produkte mit Kindern als Zielgruppe.
Ein Forscherteam fand heraus, dass bereits das einmalige Anschauen eines Werbespots ausreicht, um die Produktwahl von Vorschulkindern zu beeinflussen.
10 Kürzlich untersuchten die Wissenschaftler, welche Auswirkungen die Werbeflut des täglichen Lebens auf das Geschmacks-empfinden hat: Sie servierten 63 Kindern im Alter zwischen drei und fünf Jahren zwei Fünf-Gänge-Menüs, bestehend aus je einem Geflügelbratling, dem Viertel eines Hamburgers, einer Portion
15 Pommes Frites sowie einem kleinen Becher Milch oder Apfelsaft – einmal in der typischen Verpackung des Fast-Food-Riesen McDonald's und einmal in neutraler Erscheinung*.
Entgegen der Erwartung schmeckten die Menüs den Nachwuchs-gourmets* nicht in gleicher Weise, wie sich besonders im Fall der
20 Kartoffelstäbchen zeigte: Über 76 Prozent der Befragten nahmen

einen Sachtext erarbeiten
> schwierige Wörter klären
> einander W-Fragen zum Text stellen
> Schlüsselwörter suchen
> Absätze zusammenfassen

investieren: (Geld) ausgeben

in neutraler Erscheinung: ohne einen Markennamen
die Nachwuchs-gourmets: *hier:* die Kinder

geschmacklich gleichwertig sein: gleich gut schmecken

die Fritten aus der Verpackung mit Markenlogo als schmackhafter wahr. Nur zehn Prozent empfanden beide Proben als geschmacklich gleichwertig*. Wie sich zeigte, bevorzugten besonders Kinder aus Haushalten mit mehr als einem Fernseh-
25 gerät, die häufig McDonald's-Restaurants besuchten, das Menü mit dem orange-gelben M.

den Text gezielt lesen

2 a) Arbeitet zu zweit. Erklärt einander die beschriebene Untersuchung in eigenen Worten.
– Was wurde untersucht?
– Wie lief die Untersuchung ab?
– Welches Ergebnis kam heraus?

b) Überprüft eure Antworten mit dem Text und nennt die passenden Textstellen.

Textaussagen in einem Diagramm darstellen

3 Stelle die Ergebnisse der Untersuchung in einem Diagramm dar. Übertrage das folgende Kreisdiagramm und ergänze es.

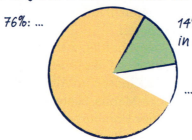

Schmeckt das Essen besser, wenn „McDonald's" draufsteht?
Untersuchungsteilnehmer: ... Kinder im Alter von ...

76%: ...
14%: Essen schmeckt besser in neutraler Verpackung
...%: schmeckt gleich

über den Text nachdenken

4 Denkt über den Text nach und tauscht euch in Gruppen aus.

a) Welche Aussagen des Textes haben euch überrascht? Warum?

b) Welchen Zusammenhang seht ihr zwischen dem Ergebnis der Untersuchung und dem Einfluss von Werbung?

über das Thema Werbung sprechen

5 Auch Jugendliche und Erwachsene lassen sich durch Markennamen beeinflussen. Sprecht in der Gruppe über eure Erfahrungen damit.

Das habe ich gelernt

- Das Ziel von Werbung ist es, ...
- Ein Werbeplakat enthält normalerweise: ...
- Besondere Kennzeichen der Werbesprache sind: ...
- Das Thema „Werbung" finde ich (nicht) interessant, denn ...
- Erkläre einer Person, die nicht in deiner Klasse ist, wie Werbung funktioniert. Nutze die AIDA-Formel.

Anwenden und vertiefen

1. Betrachte die abgebildete Werbeanzeige.

   a) Was fällt dir zuerst ins Auge? Beschreibe deinen ersten Eindruck.

   b) Wie wirkt die abgebildete Person auf dich? Suche passende Adjektive.

   c) Was ist ungewöhnlich an der Gestaltung der Werbung?

2. An welche Zielgruppe richtet sich die Werbung? Begründe.

3. Arbeitet zu zweit. Untersucht die Werbung genauer.

   a) Beschreibt den Aufbau und die Gestaltung der Werbung. Verwendet dabei auch die Begriffe Logo und Slogan.

   b) Welche der AIDA-Bausteine wurden angewendet? Begründet.

Werbesprache untersuchen

4 Untersuche den Werbetext.

a) Was ist auffällig am Satzbau der beiden Sätze? Welche gegensätzlichen Wörter enthalten sie?

b) Welche Werbebotschaft ist beabsichtigt?

5 Untersucht zu zweit den englischen Slogan.

a) Übersetzt den Slogan ins Deutsche und besprecht Auffälligkeiten.

b) Was haltet ihr von englischen Werbeslogans in deutscher Werbung? Warum werden sie wohl benutzt? Tauscht euch aus.

Werbeanzeigen und Werbespots untersuchen

6 Sieh dir eine Werbeanzeige in deiner Lieblingszeitschrift oder einen Werbespot im Fernsehen an.

a) Mache dir Notizen zu den folgenden Fragen:

> 1. Wofür wird geworben?
> 2. Welche Zielgruppe wird angesprochen?
> 3. Wie werden Aufmerksamkeit und Interesse geweckt?
> 4. Welche Gefühle werden angesprochen?
> 5. Welche Werbebotschaft ist beabsichtigt? Ergänze:
>   *Wenn du ... kaufst, dann ...*

b) Stellt eure Ergebnisse in Gruppen vor und vergleicht sie.

c) Erstellt eine Liste mit euren Lieblingswerbespots. Begründet, warum sie euch gefallen.

Slogans untersuchen

7 Testet die Wirksamkeit von Slogans. Schreibt bekannte Slogans auf und lest sie in der Klasse vor. Wie vielen Mitschülerinnen und Mitschülern fällt jeweils der Produktname ein?

ein Werbeplakat gestalten

HILFEN
Für folgende Produkte könntet ihr z. B. eine Werbung erfinden:
> Sportschuh
> Schokoriegel
> Erfrischungsgetränk
> Jeans

8 Gestaltet zu zweit oder in Gruppen ein Werbeplakat mit Bildern und Texten.

a) Einigt euch auf ein Fantasieprodukt, für das ihr werbt.

b) Überlegt euch eine Zielgruppe für eure Werbung.

c) Entscheidet, mit welcher Besonderheit des Produkts ihr das Produkt interessant machen wollt, z. B.:
besonders bequemer Schuh, extra großer Schokoriegel

d) Erfindet ein Logo und verfasst einen passenden Slogan.

e) Verfasst passende Werbetexte.

die Werbeplakate beurteilen

9 Stellt eure Werbeplakate in der Klasse aus und vergleicht sie.

a) Welche der AIDA-Bausteine wurden jeweils berücksichtigt?

b) Würdet ihr die beworbenen Produkte kaufen? Begründet.

Essen? Nein, danke!
Einen Jugendbuchauszug lesen und verstehen

Rebecca leckte an ihrem Brötchen, dann zerkrümelte sie es in der Hand. Als sie bemerkte, dass niemand hinsah, stopfte sie es in die Jackentasche ihres Blazers. Sie zog ihre Schuluniform immer erst nach dem Tee aus. Sie brauchte die Blazer-Tasche. Sie hatte vorgeschlagen, dass die ganze Familie zum Essen Servietten verwenden sollte, wie in manchen Fernsehshows, aber ihre Mutter hatte gesagt, sie könnten auch weiterhin Küchentücher nehmen. Was weiß die denn schon, dachte Rebecca. Essen in ein Küchentuch einwickeln – gar nicht so leicht.

„Iss deine Bohnen, Rebecca, anstatt sie anzustarren!", sagte ihre Mutter und bemühte sich vergeblich, der kleinen Hannah einen Löffel Gemüsebrei einzuflößen.

Rebecca schnitt ihre Bohnen vorsichtig mit dem Messer in drei Teile. Das dauerte eine Weile. Dann aß sie langsam das eine Drittel von den sieben Bohnen.

Sie wog jetzt vierzig Kilo, jedenfalls heute Morgen hatte sie genau vierzig Kilo gewogen. Zu viel, viel zu viel. Auf jeden Fall zu viel für jemanden, der 165 Zentimeter groß war. Sie konnte die Haut von ihrem Bauch abziehen und das schwabbelige Fett mit den Fingern tasten. Beim bloßen Gedanken daran wurde ihr übel.

[...]

Was weißt du schon?

- Worum könnte es in dem Jugendbuch „Essen? Nein, danke!" von Maureen Stewart gehen?
- Lies den Buchauszug aus „Essen? Nein, danke!" auf dieser Seite. Was geht wohl in Rebecca vor? Was könnte in ihrem Leben weiter passieren? Stelle Vermutungen an.
- Wozu ist es sinnvoll, die Figuren eines Textes genau zu untersuchen?

Literarische Texte lesen

Sich über das Thema eines Buches informieren

einen Klappentext lesen

INFO
Der **Klappentext** ist ein Informationstext, der auf den Umschlagklappen oder auf der Rückseite eines Buches abgedruckt ist. Er soll über den Inhalt eines Buches informieren und zum Lesen anregen.

seine Meinung zu einem Buch äußern

1 a) Lies den Klappentext des Jugendbuches „Essen? Nein, danke!"

„Neununddreißig Kilo!" Ihr Herz schlug schneller, ihr Kopf pulsierte. Das Leben war herrlich, es war großartig, endlich hatte sie's geschafft. Sie hatte sich unter Kontrolle. Sie hatte alles unter Kontrolle."
5 *Rebecca ist süchtig nach dem Gefühl, wieder ein Kilo weniger zu haben. Wochenlang isst sie fast gar nichts, aber eines Tages kippt sie um und landet mit 35 kg Gewicht im Krankenhaus.*

b) Was erfährst du im Klappentext über Rebecca, die Hauptfigur des Buches? Notiere Stichwörter.

c) Würdest du das Buch gern lesen? Tauscht euch zu zweit darüber aus und begründet eure Meinung.

2 a) Sprecht zu zweit darüber, was ihr bereits über Essstörungen wisst. Erstellt dazu einen Cluster und notiert Begriffe, die euch zum Thema „Essstörungen" einfallen.

b) Warum möchten manche Jugendliche unbedingt schlank sein? Überlegt zu zweit und notiert Gründe in Stichwörtern.

Informationen sammeln und auswerten

HILFEN
- beim Arzt / in Beratungsstellen Informationsmaterial besorgen
- in Lexika nachschlagen
- im Internet recherchieren

Mindmap ➜ S. 227

ein Plakat gestalten

3 Sammle Informationen zum Thema „Essstörungen".

a) Überlegt zu zweit, wo und von wem ihr Informationen zum Thema erhalten könnt.

b) Sammle Informationsmaterial und werte es aus:
– Formuliere Fragen zum Thema „Essstörungen".
– Überfliege das Informationsmaterial und wähle Texte aus, die deine Fragen beantworten und die dir interessant erscheinen.
– Markiere wichtige Informationen in den Texten und notiere Stichwörter.
– Ordne die Informationen. Dabei kann dir eine Mindmap helfen.
– Wähle Bilder und Diagramme zum Thema aus.

c) Gestaltet in kleinen Gruppen ein Plakat zum Thema „Essstörungen" und präsentiert es vor der Klasse.

4 **a)** Lies die folgenden Fragen und notiere deine Vermutungen.
- In welchem Alter treten bei Mädchen die meisten Essstörungen auf?
- In welchem Alter treten bei Jungen die meisten Essstörungen auf?
- Bei welchem Geschlecht kommt es häufiger zu Essstörungen?

b) Überprüfe deine Vermutungen mit Hilfe der beiden Diagramme unten und schreibe die richtigen Antworten in Sätzen auf.

c) Was erstaunt dich an diesen Ergebnissen? Tauscht euch zu zweit aus.

HILFEN
> *Bei Mädchen/Jungen treten im Alter von … Jahren die meisten Essstörungen auf.*
> *Bei … kommt es häufiger zu Essstörungen als bei …*

Informationen aus Diagrammen entnehmen

Häufigkeit von Hinweisen auf Essstörungen
(von 100 Personen)

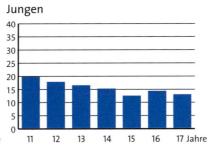

5 Was erfährst du aus dem folgenden Kreisdiagramm über den Verlauf der Krankheit Magersucht? Schreibe vier Sätze auf, z. B.:
Das Diagramm zum Verlauf von Essstörungen zeigt, dass nur 43 von 100 Betroffenen dauerhaft geheilt werden.

sich über die Krankheit Magersucht informieren

Todesfolge: Die häufigste Todesursache bei Magersüchtigen sind Infektionen, Unterernährung, Wasserverlust oder Selbstmord.
Chronifizierung: Die Essstörung entwickelt sich zu einer dauerhaften Krankheit.

6 Zu welchen Erkrankungen kann die Essstörung „Magersucht" führen?

a) Sieh dir das Schaubild an und notiere die medizinischen Begriffe, die du nicht kennst.

b) Schlage die Wörter in einem Lexikon nach oder suche nach Erklärungen dazu im Internet.

INFO
Magersucht (Anorexie) ist eine Krankheit, bei der Menschen so lange sehr wenig essen und ihr Gewicht so stark kontrollieren, bis sie untergewichtig sind. Trotzdem finden sie sich zu dick.

TIPP
Informationen und Beratung zu Essstörungen findest du im Internet unter: www.anad-pathways.de

Literarische Texte lesen

Die Hauptfiguren kennen lernen

einen Jugendbuch-auszug lesen

1 Lies den folgenden Ausschnitt aus dem Jugendbuch „Essen? Nein, danke!" und notiere die Namen der Figuren, die darin vorkommen.

Rebecca bekam Angst. Sie setzte sich; sie fühlte sich schwach und zittrig. Nicht so frei und leicht wie sonst. Sie war sauer, sauer auf ihren Körper, der sie im Stich gelassen hatte. Vielleicht hätte sie doch heute Morgen etwas Brot essen sollen. Nun würde es wohl
5 eher ein schwarzer Tag für sie, zumindest, wenn ihr Vater wütend wurde, wenn er verstand, was wirklich los war.
Aber er war nicht wütend, nur besorgt. „Was ist denn passiert? Wie geht's dir, Becky*?"
Rebecca lächelte und hoffte, dass es halbwegs natürlich wirkte.
10 „Es geht schon wieder, Dad. Tut mir leid, ich muss irgendwie … umgekippt sein oder so."
„Sie isst nichts, Mr Massoni. Sehen Sie sie doch bloß an, sie ist nur noch Haut und Knochen! Ich sag ihr immer wieder, dass sie spinnt, in der Schule isst sie den ganzen Tag fast gar nichts, kein
15 Wunder, dass sie zusammengeklappt ist. Ich wette, sie hat vorhin wieder nichts zu Mittag gegessen."
„Nein, sie ist vor dem Mittagessen gegangen. Wir dachten, sie würde mit dir zusammen Mittag essen, Jess.*"
„Von wegen! Das wäre das erste Mal, dass sie mit jemandem
20 essen gehen würde!"
Rebeccas Vater sah seine Tochter aufmerksam an – sorgfältiger als in den letzten Monaten.
„Du siehst schlimm aus, Becky. Was hat das denn zu bedeuten, dass du nichts essen willst? Wir müssen darüber reden. Aber
25 nicht hier, sondern zu Hause. Komm. Kannst du allein gehen? Jess, du kannst mitfahren. Ich lass dich unterwegs raus, wenn du willst."
„Nein, danke. Ich möchte mitkommen, wenn ich darf. Ich will mit Ihrer Frau sprechen."

Becky: Abkürzung für Rebecca

Jess: Abkürzung für Jessie

Literarische Texte lesen

98

30 Rebecca erhob sich schwankend. „Nein, Dad, lass sie unterwegs raus. Es geht mir schon wieder gut. Ich brauche nur ein bisschen Ruhe."

35 Ihr Vater sah nachdenklich aus. „Nein, Jess soll ruhig mitkommen. Ich habe den Eindruck, wir müssen mal ein ernstes Wort miteinander reden, mein Kind."

40 Während der Heimfahrt sagte Rebecca kein Wort. Jessie redete dafür umso mehr. „Wissen Sie, Mr Massoni, ich mache mir schon seit langem Sorgen um Becky. Sie ist so dürr. Wenn sie in der
45 Mittagspause überhaupt was isst, dann höchstens einen Apfel – manchmal auch nur einen halben. Ich habe meiner Mum davon erzählt, und sie wollte schon mit Ihrer Frau darüber sprechen, aber dann hat sie's doch nicht getan. Sie wollte sich nicht einmischen. Aber ich hätte es richtig gefunden. Deshalb möchte
50 ich selbst mit Ihrer Frau darüber sprechen. Ich glaub nämlich, mit Becky stimmt etwas nicht. Vielleicht hat es was mit dieser blöden Werbung zu tun, all die schlanken Models, die man im Fernsehen sieht und so.
Das bewirkt doch, dass manche mit ihrem Körper nicht mehr
55 zufrieden sind. Jedenfalls hab ich das mal irgendwo gelesen. Ich schätze, das ist es, was Becky hat – Magersucht. Die soll zurzeit ziemlich verbreitet sein, hab ich gehört. Ich finde, sie sollte mal zum Arzt."
Das alles sagte Jessie, und als sie zu Hause bei Massonis
60 ankamen, wiederholte sie es vor Rebeccas Mutter noch einmal – das und noch mehr. […]
Rebecca zählte die Erbsen auf ihrem Teller. Fünfundzwanzig! Wie sollte sie es schaffen, fünfundzwanzig Erbsen zu essen – und dazu noch zwei Röstkartoffeln, ein großes Stück gerösteten
65 Kürbis und drei Scheiben Lammbraten mit Unmengen von Bratenfett und Soße? Ihr Hals war wie zugeschnürt.
Vorsichtig schnitt sie ein Stück Lammfleisch in acht Stücke und steckte ein Stück in den Mund. Sie kaute es zwölfmal, bevor sie es hinunterschluckte. Zwölf war heute die Zahl. Also wollte sie auch
70 zwölf Erbsen essen und dazu ein Stück Kartoffel, zwölfmal durchgekaut.
„Na, schmeckt's dir, Becky? Du musst wieder ein bisschen was auf die Rippen kriegen, Mädchen, du siehst ja aus wie die armen Hungerkinder in Afrika, du weißt schon, die aus der Zeitung.
75 Du kennst die Bilder doch?"
Rebecca nickte stumm. Natürlich kannte sie die Bilder. Also so wie die sah sie nicht aus, ganz und gar nicht. Sie konzentrierte sich darauf, ihr zweites Stück Lamm zwölfmal zu kauen. […]

eine Figurenskizze erstellen

2 Was erfährst du in dem Buchauszug über die Hauptfigur Rebecca und ihre Freundin Jessie?

a) Zeichne eine Figurenskizze in dein Heft.

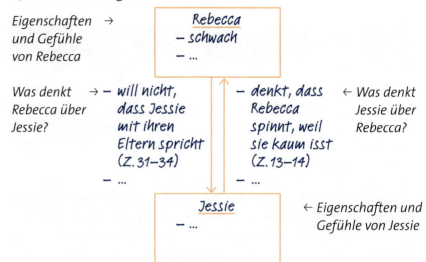

b) Ordne die folgenden Eigenschaften den beiden Mädchen zu und schreibe sie jeweils in den richtigen Kasten.

stark schwach unehrlich ehrlich ängstlich besorgt direkt

c) Was denkt Rebecca über Jessie? Notiere Stichwörter auf der linken Seite der Figurenskizze und belege deine Angaben mit passenden Textstellen.

d) Was denkt Jessie über Rebecca? Notiere Stichwörter auf der rechten Seite der Figurenskizze und belege deine Angaben mit passenden Textstellen.

über die Hauptfigur nachdenken

3 a) Lies den Buchauszug auf den Seiten 98–99 noch einmal. Was findest du an den Gedanken und an dem Verhalten von Rebecca ungewöhnlich? Formuliere kurze Sätze und notiere die Zeilenangaben.

> *Rebeccas Gedanken und Verhalten:*
> *– Rebecca ist sauer auf ihren Körper. (Z. 2–3)*
> *– ...*

HILFEN
Die Mutter
Der Vater
Jessie
Ihre Lehrerin
Der Arzt
Rebecca

könnte ...
müsste ...
sollte ...

b) Rebecca braucht dringend Hilfe. Wer könnte Rebecca helfen? Was sollte sie/er tun? Formuliere fünf Sätze und notiere sie.

c) Was könnte Rebecca selbst tun, um wieder gesund zu werden? Schreibe deine Vorschläge auf.

d) Setzt euch zu zweit oder in Gruppen zusammen und tauscht euch über eure Vorschläge aus Aufgabe 3 b) und 3 c) aus.

Die Entwicklung der Hauptfigur untersuchen

1 Lies einen weiteren Auszug aus dem Jugendbuch „Essen? Nein, danke!" Gliedere den Textauszug in Abschnitte und schreibe nach jedem Abschnitt eine Frage auf, die dir zum Text einfällt, z.B.:
1. Abschnitt (Z. 1–4): Warum hatte Rebecca so lange keinen Hunger?

Fragen an den Text stellen

Rebecca sah das Tablett an. Sie hatte Hunger.
Sie konnte es nicht glauben. Sie hatte tatsächlich Hunger! Zum ersten Mal seit ewiger Zeit! Sie bekam Gemüsebrei, eine Art Gelee und ein Brötchen.
5 Brötchen. Ich weiß noch, dass ich Brötchen immer versteckt habe, dachte sie. Aber das ist vorbei. Ich möchte einfach nur essen und wieder zurückkehren in meine Welt, zurück zu Mum und Dad und Oliver und Hannah und Jess und den anderen aus der Schule. Einfach nur zurück. Und einfach leben. Aber ich weiß, ich muss
10 bis dahin noch einen weiten Weg gehen. So, wie ich jetzt aussehe, mit hervorstehenden Knochen und blauen Zehen und riesengroßen Augen, kann ich noch nicht in die Schule gehen. Erst muss ich noch gesund werden. Und ich will gesund werden! Dann kann ich Sharon* und all die anderen sehen. Autsch, mein Hals tut
15 weh! Und das hier schmeckt kaum nach was. Aber mit dem Gelee geht es besser. Am besten ess ich erst mal das Gelee auf. So. Und jetzt das Gemüse. Schön langsam. Au, tut das weh!
Das Brötchen konnte sie nicht mehr aufessen, aber alles andere, und sie spülte es mit einem ganzen Glas Milch herunter.
20 Rebecca fühlte sich sehr satt. Aber irgendwie auch glücklich. Sie hatte sich wieder unter Kontrolle, aber diesmal war es eine andere Art von Kontrolle. Ohne Lügen und Geheimnisse. […]
Während sie kaute, fiel ihr Blick auf
25 Jessie. In gewisser Weise beneidete sie ihre Freundin sogar. Als sie sich dessen bewusst wurde, war
30 es wie ein kleiner Schock für sie. Jessie war bei allen beliebt. Sie war witzig, sie war
35 mollig, hatte einen richtigen Freund und liebte alles – das Essen und das Leben.

Sharon: Rebeccas Freundin im Krankenhaus, die eine ähnliche Krankheit hat

40 Und ich bin ihre beste Freundin, dachte Rebecca. Ausgerechnet ich! Sie hätte so viele andere haben können, aber sie wollte mich! Und dabei habe ich sie so oft im Stich gelassen! So oft! Und trotzdem ist sie immer wieder gekommen, hat mir Aufgaben aus der Schule mitgebracht, hat mich hier besucht, hat sich um
45 Hannah gekümmert, damit meine Eltern herkommen konnten. „Jessie, du bist einfach spitze! Du bist wirklich voll gut!", hörte Rebecca sich sagen. Sie fühlte, wie ihr Gesicht dabei rot wurde. Es fiel ihr nicht leicht, so was zu sagen.
„Ich weiß. Asfid* und Mum sagen das auch, also wird wohl was
50 dran sein. Aber du bist auch okay, Becky, wenn du nur endlich wieder so wirst wie früher, bevor du dir diese bescheuerte Magersucht eingefangen hast."
Rebecca wollte schon einhaken und sagen, dass man sich so etwas wie Magersucht nicht einfach „einfängt". Aber dann dachte
55 sie, was soll's. [...]

Asfid: Freund von Jess

eine Lesekonferenz durchführen
- sich zu dritt oder zu viert zusammensetzen
- gemeinsam über den Inhalt des Textes sprechen

HILFEN
Vermutungen äußern:
- *Ich vermute, ...*
- *Ich denke, ...*
- *Ich glaube, ...*
- *Vermutlich ...*

HILFEN
- *Rebecca beneidet Jessie, weil diese ...*
- *Rebecca möchte auch gern ...*
- *Sie wünscht sich ...*

2 a) Führt eine Lesekonferenz zu diesem Buchauszug durch. Lest euch dabei gegenseitig eure Fragen vor und versucht, sie gemeinsam zu beantworten.

b) Beantwortet anschließend die folgenden Fragen zum Text und äußert eure Vermutungen:
– Wo befindet sich Rebecca?
– Wie hat Rebecca ihr Verhalten geändert?
– Was könnten ihre Gründe dafür sein?

3 Für Rebecca ist es sehr wichtig, sich unter Kontrolle zu haben. Lies noch einmal den Klappentext auf Seite 95 und die Zeilen 21–23 auf Seite 101. Vergleiche die zwei unterschiedlichen Arten von Kontrolle.

4 a) Worum beneidet Rebecca ihre Freundin Jessie? Suche die passende Textstelle und beantworte die Frage in einem Satz.

b) Was wünscht sich Rebecca wohl für ihr Leben? Schreibe dazu vier Sätze in deinen eigenen Worten auf.

> **❗ Eine literarische Figur untersuchen (Figurenanalyse)**
>
> Die meisten literarischen Texte handeln von **erfundenen Figuren**, die etwas Besonderes erleben oder mit einem Problem umgehen müssen.
> Diese Fragen helfen dir, eine Figur zu untersuchen:
> - Was erfährst du über **Alter, Aussehen, Tätigkeit/Beruf** der Figur?
> - Welche Eigenschaften kannst du ihr zuordnen?
> - Was **denkt die Figur** über andere Figuren im Text? Und was denken diese über sie?
> - Was ist das **Besondere** an der Figur? Wie unterscheidet sie sich von den anderen Figuren?
> - Wie **verändert** sich die Figur im Verlauf der Handlung?

Literarische Texte lesen

5 Am Abend nach dem Besuch von Jessie bei Rebecca im Krankenhaus schreiben beide Mädchen über den Tag in ihr Tagebuch. Was könnte in ihren Tagebüchern stehen?

einen Tagebucheintrag vorbereiten
- den Text genau lesen
- Handlungen der Figur notieren
- Gefühle der Figur ableiten
- mögliche Gedanken und Fragen der Figur notieren

a) Wähle ein Mädchen, Rebecca oder Jessie.
Lies den Text auf Seite 101–102 noch einmal und überlege:
– Was hat das Mädchen an dem Tag erlebt?
– Was hat sie besonders gefreut, geärgert oder nachdenklich gemacht?
– Welche Gedanken und Fragen gehen ihr dazu durch den Kopf?

b) Schreibe zu diesen Fragen Stichwörter in dein Heft, z. B.:

Rebecca		Gedanken und Fragen
Das hat Rebecca heute erlebt:	– bekam Besuch von Jessie – …	„Warum interessiert sich Jessie noch für mich?"
Das hat Rebecca gefreut ☺:	– hatte zum ersten Mal Hunger und konnte essen – …	„Werde ich es schaffen, wieder normal zu sein?"
Das hat Rebecca geärgert / nachdenklich gemacht ☹:	– beneidete Freundin – …	…

c) Schreibe mit Hilfe deiner Stichwörter einen Tagebucheintrag von Rebecca oder Jessie. Denke daran, in der Ich-Form zu schreiben.
Liebes Tagebuch, heute war ein besonderer Tag. Ich …

einen Tagebucheintrag verfassen

Das habe ich gelernt

- Würdest du das Buch „Essen? Nein, danke!" gern lesen? Begründe deine Meinung.

- Schreibe Fragen auf, die du bei der Untersuchung einer literarischen Figur beantworten solltest.

- Wie kannst du vorgehen, wenn du einen Tagebucheintrag für eine literarische Figur schreiben sollst?
Notiere die Schritte in dein Heft.

- Ergänze den folgenden Satz:
Ich fand die Aufgabe, einen Tagebucheintrag zu schreiben, nützlich / weniger nützlich, weil …

Literarische Texte lesen

Anwenden und vertiefen

1 a) Lies den folgenden Textausschnitt aus dem Roman „Essen? Nein, danke!", in dem Rebecca sich mit Schwester Jill unterhält.

„Ich glaube, du bist auf dem besten Weg, zu dir zu finden, Becky. Immerhin wolltest du wissen, was draußen in der Welt los ist, nicht wahr? […] Im letzten Monat sind bei uns auf der Station zwei Mädchen gestorben. Irgendwie spüre ich, dass wir dich nicht
5 verlieren werden. Jetzt nicht mehr." „Ich hoffe, nicht – ehrlich", flüsterte Rebecca.
„Ich habe dein Gedicht gelesen", fuhr Jill fort. „Ich hoffe, du nimmst es mir nicht übel, aber es lag ganz offen da. Du musst total down gewesen sein, als du es geschrieben hast."
10 „Ich weiß es nicht. Ich weiß nicht mal mehr, wann ich es geschrieben habe und wie es mir dabei ging. Die ganzen letzten Tage … keine Ahnung, wie viele es waren … hab ich gar nicht bewusst mitgekriegt, Jill."
„Du warst auch sehr, sehr krank […] Aber jetzt, wo du wieder
15 ausreichend trinkst, wird es mit dir bald wieder bergauf gehen. Deine Eltern werden so froh sein! Du kannst dir gar nicht vorstellen, was sie in der letzten Zeit durchgemacht haben. Es war schlimm für sie, Rebecca."
„Ich weiß", sagte Rebecca leise. „Für mich aber auch."

einen Textauszug verstehen

b) Besprich mit einer Lernpartnerin / einem Lernpartner diese Fragen:
– Wie geht es Rebecca in diesem Textausschnitt?
– Was erfährst du über ihre Eltern?

2 Was könnte Rebecca an diesem Tag in ihr Tagebuch geschrieben haben? Schreibe ihre Gedanken aus ihrer Sicht auf.

ein Gedicht untersuchen

3 a) Lies das folgende Gedicht, das Rebecca im Krankenhaus verfasst hat.

> Eine zerbrochene Schale.
> Das Symbol für ein
> zerbrochenes Leben.
> Man kann sie aufheben,
> man kann sie wegwerfen.
>
> Wie kann man eine
> zerbrochene Schale reparieren,
> wenn man die Teile
> nicht mehr findet?

b) Wie wirkt das Gedicht auf dich? Beschreibe die Stimmung.

c) Welches sprachliche Bild verwendet Rebecca? Was möchte sie damit wohl zum Ausdruck bringen? Notiere deine Gedanken.

in der Gruppe diskutieren
* Befragt wurden Jungen und Mädchen zwischen 11 und 17 Jahren.

4 75 von 100 Jugendlichen* in Deutschland haben ein normales Gewicht. Jedoch sind nur 40 davon der Meinung, sie hätten „genau das richtige Gewicht." Diskutiert in Gruppen:
– Wie beurteilt ihr das Umfrageergebnis?
– Welche Ursachen könnte es geben?

Mit Mut und Zauberkraft
Balladen verstehen und szenisch darstellen

Was weißt du schon?

- Was weißt du über Balladen (Erzählgedichte)?
- Nenne Balladen, die du schon kennst.
- Wie gehst du vor, wenn du eine Ballade genau verstehen willst?
- Betrachte das Bild auf dieser Seite zu der Ballade „Nis Randers". Worum könnte es in der Ballade gehen? Stelle Vermutungen an.

Die Handlung einer Ballade verstehen

eine Ballade lesen
> Vermutungen überprüfen

Nis: norddeutscher Jungenname
berstende Nacht: Umschreibung für starkes Gewitter
die Brandung: Meerwasser, das an das Ufer schlägt
das Wrack: kaputtes Schiff

er lugt: er schaut
ohne Hast: langsam

Momme: norddeutscher Jungenname
verschollen sein: vermisst werden

gemach: langsam

hohes, hartes Friesengewächs: starke Friesen, (Einwohner Frieslands an der Nordseeküste)

mit feurigen Geißeln: wie mit Peitschen aus Feuer (Bezug auf Blitze)
die Rosse: die Pferde
die Hast: die Eile

1 Lies die Ballade über den Seemann Nis Randers.

Otto Ernst (1862–1926)
Nis* Randers

Krachen und Heulen und berstende Nacht*,
Dunkel und Flammen in rasender Jagd –
Ein Schrei durch die Brandung*!

Und brennt der Himmel, so sieht man's gut:
5 Ein Wrack* auf der Sandbank! Noch wiegt es die Flut;
Gleich holt sich's der Abgrund.

Nis Randers lugt* – und ohne Hast*
Spricht er: „Da hängt noch ein Mann im Mast;
Wir müssen ihn holen."

10 Da fasst ihn die Mutter: „Du steigst mir nicht ein:
Dich will ich behalten, du bliebst mir allein,
Ich will's, deine Mutter!

Dein Vater ging unter und Momme*, mein Sohn;
Drei Jahre verschollen* ist Uwe schon,
15 Mein Uwe, mein Uwe!"

Nis tritt auf die Brücke. Die Mutter ihm nach!
Er weist nach dem Wrack und spricht gemach*:
„Und *seine* Mutter?"

Nun springt er ins Boot, und mit ihm noch sechs:
20 Hohes, hartes Friesengewächs*;
Schon sausen die Ruder.

Boot oben, Boot unten, ein Höllentanz!
Nun muss es zerschmettern …! Nein: es blieb ganz! …
Wie lange? Wie lange?

25 Mit feurigen Geißeln* peitscht das Meer
Die menschenfressenden Rosse* daher;
Sie schnauben und schäumen.

Wie hechelnde Hast* sie zusammenzwingt!
Eins auf den Nacken des andern springt
30 Mit stampfenden Hufen!

Drei Wetter zusammen! Nun brennt die Welt!
Wie da? – Ein Boot, das landwärts hält –
Sie sind es! Sie kommen! – –

Und Auge und Ohr ins Dunkel gespannt …
35 Still – ruft da nicht einer? – Er schreit's durch die Hand:
„Sagt Mutter, 's ist Uwe!"

2 a) Wie wirkt die Ballade auf dich? Beschreibe.

b) Nenne Adjektive, die die Stimmung deutlich machen.

die Wirkung der Ballade beschreiben

3 Lies die Ballade noch einmal. Klärt zu zweit Wörter, die ihr nicht verstanden habt, durch Nachdenken, Nachfragen oder Nachschlagen.

4 a) Formuliere W-Fragen an den Text und schreibe sie auf, z. B.:
Welche Figuren kommen in der Ballade vor?

b) Sprecht zu zweit über den Inhalt der Ballade. Beantwortet dazu abwechselnd eure W-Fragen.

c) Zu welchen Strophen passt das Bild auf der Auftaktseite (Seite 105)? Gib die Strophen an und begründe.

W-Fragen formulieren

HILFEN
W-Fragen:
Wann? Wo? Wer? Was? Warum? Wie?

5 a) Erschließt zu zweit oder in der Gruppe die genaue Handlung der Ballade „Nis Randers". Wählt dazu eine der folgenden Vorgehensweisen aus.

den Inhalt erschließen

TIPP
Schreibt oder zeichnet eure Ergebnisse auf Folie oder auf Papier im DIN-A3-Format. Dann könnt ihr sie bei der Auswertung am Overheadprojektor zeigen oder in der Klasse aushängen.

- Für jede Strophe eine passende Überschrift aufschreiben
  *Strophe 1: Gewitter in der Nacht
  Strophe 2: ...*

- Die Handlung in einem Comic oder einer Bildergeschichte darstellen

- Die wichtigsten Handlungsschritte der Ballade in Stichwörtern aufschreiben
  *1. Gewitter in der Nacht, jemand schreit
  2. ...*

- Zu der Handlung ein Storyboard* erstellen

- Die Handlung aus der Sicht einer Figur nacherzählen
  Nis: „Ich stand am Strand und blickte auf das Meer. Es war tiefe Nacht und es gewitterte stark. Plötzlich ..."

Storyboard:
gezeichnete Form eines Drehbuchs

- Den Inhalt jeder Strophe zusammenfassen und in kurzen Sätzen aufschreiben
  *Strophe 1: Es ist Nacht und es gibt ein starkes Gewitter. Man hört jemanden in der Brandung schreien.
  Strophe 2: ...*

b) Stellt eure Ergebnisse in der Klasse vor und wertet sie aus.

6 Was ist das Überraschende am Ende der Ballade? Erkläre das Ende mit eigenen Worten.

HILFEN
Stellt euch bei der Auswertung folgende Fragen:
▸ *Wurde der Inhalt richtig wiedergegeben?*
▸ *Sind alle wichtigen Informationen enthalten?*

Literarische Texte lesen

Merkmale und Sprache einer Ballade untersuchen

Merkmale einer Ballade überprüfen

1 Erkläre, warum das Gedicht „Nis Randers" von Otto Ernst eine Ballade ist.

a) Lies den Merkkasten und prüfe, welche Merkmale von Balladen auf das Gedicht zutreffen.

b) Schreibe eine Begründung in dein Heft.
Bei dem Gedicht „Nis Randers" von Otto Ernst handelt es sich um eine Ballade, denn es erzählt ...

> **❗ Merkmale einer Ballade**
> - Eine Ballade (ein Erzählgedicht) erzählt eine Geschichte über ein **ungewöhnliches oder spannendes Ereignis.**
>   Dieses Ereignis kann erfunden oder wirklich passiert sein.
> - Im Mittelpunkt steht oft eine **Figur, die eine Situation meistern muss.**
> - Balladen sind meist **gereimt** und in **Strophen** unterteilt.
> - Balladen enthalten oft **wörtliche Rede.**
> - Sie sind **unterhaltsam** und manchmal auch **belehrend.**

2 Beschreibe den Aufbau und die Reimform der Ballade „Nis Randers".
- Aus wie vielen Strophen besteht die Ballade?
- Wie viele Verse haben die einzelnen Strophen?
- Welche Verse reimen sich in den einzelnen Strophen?

die Sprache einer Ballade untersuchen

3 Untersuche die Sprache der Ballade „Nis Randers".

a) Vergleiche die erste Strophe der Ballade mit dem Text daneben. Was ist das Besondere an der Sprache, die in der Strophe verwendet wird?

| Krachen und Heulen und berstende Nacht, Dunkel und Flammen in rasender Jagd – Ein Schrei durch die Brandung! (V. 1–3) | Es gewittert stark. Es ist dunkel und es blitzt. In der Brandung hört man einen Schrei. |

b) Lies die Strophe und den Text daneben noch einmal laut vor und achte auf die Betonung. Was unterscheidet beide Texte?

sprachliche Bilder deuten

4 In Balladen werden häufig sprachliche Bilder verwendet.

a) Lies noch einmal die Strophen 9 und 10. Wer oder was ist mit „menschenfressenden Rossen" gemeint?
Tipp: Das Bild auf Seite 105 hilft dir.

b) Ordne auch den folgenden sprachlichen Bildern (1–3) die richtigen Erklärungen (A–C) zu.

1 Und brennt der Himmel, so sieht man's gut: … (V. 4)
2 „Sie schnauben und schäumen." (V. 27)
3 „Eins auf den Nacken des anderen springt / Mit stampfenden Hufen!" (V. 29–30)

A Die Wellen machen viel Lärm. Sie bilden Schaum und spritzen.
B Eine Welle stürzt laut auf die nächste Welle.
C Blitze erleuchten den Himmel.

> **Sprachliche Bilder**
>
> In Gedichten werden oft **sprachliche Bilder** verwendet. Dabei werden Dinge miteinander **verglichen** (z. B. springende und stampfende Pferde mit Wellen). Auf diese Weise kann man sich die beschriebenen Dinge (die gefährlichen, lauten Wellen) besonders gut vorstellen.

5 Erkläre, wodurch die Ballade „Nis Randers" spannend wirkt.

a) Lies die Ballade noch einmal. Sprecht zu zweit darüber, wodurch Spannung entsteht, und notiert eure Beobachtungen.

b) Gliedere die Ballade in Einleitung, Hauptteil und Schluss.

c) Zeichne einen Spannungsbogen in dein Heft und ergänze Stichwörter zu Einleitung, Hauptteil, Höhepunkt und Schluss.

eine Ballade gliedern

den Handlungsaufbau beschreiben
› einen Spannungsbogen zeichnen
› Einleitung, Hauptteil mit Höhepunkt, Schluss markieren
› Stichwörter ergänzen

Einleitung: (Strophe 1–3)
Zeit: Nacht
Ort: stürmisches Meer
Figuren: Mann in Seenot, Nis Randers will ihn retten

Hauptteil: (Strophe 4– …)
– …
Höhepunkt: (Strophe …)
…

Schluss: (Strophe …)
– …

> **Handlungsaufbau einer Ballade / Spannungsbogen**
>
> Viele Balladen haben einen typischen **Handlungsaufbau,** den man mit Hilfe eines **Spannungsbogens** darstellen kann.
> - Die **Einleitung** führt Zeit, Ort und Figuren ein und macht die Leserin / den Leser neugierig.
> - Der **Hauptteil** baut die Spannung bis zum **Höhepunkt** auf.
> - Zum **Schluss** folgt die Auflösung.
> - Durch eine besondere Sprache wird die spannende Wirkung noch verstärkt.

das Verhalten einer Figur beurteilen
› „Nis verhält sich leichtsinnig. Auch er hätte ertrinken können!"
› „Nis ist mutig, weil er sein eigenes Leben riskiert, um …"

6 Beurteile das Verhalten von Nis und begründe deine Meinung.

Literarische Texte lesen

Eine Ballade lesen und spielen

In der folgenden Ballade erzählt ein Zauberlehrling von seinem Versuch, einmal ohne seinen Lehrer, den alten Hexenmeister, zu zaubern.

Vermutungen anstellen und überprüfen

1 a) Sieh dir das Bild zur Ballade an. Was könnte passiert sein?

b) Lies die Ballade und überprüfe deine Vermutungen.

Johann Wolfgang von Goethe (1749–1832)
Der Zauberlehrling

sich wegbegeben: weggehen

merkt' ich: merkte ich mir
der Brauch: *hier:* die Zauberregel
Wunder tun: zaubern
wallen: sprudeln, fließen

der Schwall: größere Wassermenge

Nimm die schlechten Lumpenhüllen: Zieh die alten Kleider an!
der Knecht: der Diener

der Guss: Nomen zu gießen
schwillt (Infinitiv schwellen): *hier:* volllaufen
wir haben voll gemessen: wir haben genug
das Wort: *hier:* das Zauberwort, mit dem man die Zauberei beenden kann
behände: schnell

Hat der alte Hexenmeister
Sich doch einmal wegbegeben*!
Und nun sollen seine Geister
Auch nach meinem Willen leben.
5 Seine Wort' und Werke
Merkt' ich*, und den Brauch*,
Und mit Geistesstärke
Tu ich Wunder* auch.

Walle*! walle!
10 Manche Strecke,
Dass zum Zwecke
Wasser fließe
Und mit reichem, vollem Schwalle*
Zu dem Bade sich ergieße.

15 Und nun komm, du alter Besen!
Nimm die schlechten Lumpenhüllen*.
Bist schon lange Knecht* gewesen;
Nun erfülle meinen Willen!
Auf zwei Beinen stehe,
20 Oben sei ein Kopf,
Eile nun und gehe
Mit dem Wassertopf!

Walle! walle!
Manche Strecke,
25 Dass zum Zwecke
Wasser fließe
Und mit reichem, vollem Schwalle
Zu dem Bade sich ergieße.

Seht, er läuft zum Ufer nieder;
30 Wahrlich! ist schon an dem Flusse,
Und mit Blitzesschnelle wieder
Ist er hier mit raschem Gusse*.
Schon zum zweiten Male!
Wie das Becken schwillt*!
35 Wie sich jede Schale
Voll mit Wasser füllt!

Stehe! stehe!
Denn wir haben
Deiner Gaben
40 Voll gemessen*! –
Ach, ich merk es! Wehe! wehe!
Hab ich doch das Wort* vergessen!

Ach! das Wort, worauf am Ende
Er das wird, was er gewesen.
45 Ach, er läuft und bringt behände*!
Wärst du doch der alte Besen!
Immer neue Güsse
Bringt er schnell herein,
Ach! und hundert Flüsse
50 Stürzen auf mich ein.

110

Nein, nicht länger
Kann ich's lassen;
Will ihn fassen.
Das ist Tücke*!
55 Ach! nun wird mir immer bänger*!
Welche Miene! welche Blicke!

O du Ausgeburt der Hölle!
Soll das ganze Haus ersaufen?
Seh ich über jede Schwelle
60 Doch schon Wasserströme laufen.
Ein verruchter* Besen,
Der nicht hören will!
Stock, der du gewesen,
Steh doch wieder still!

65 Willst's am Ende
Gar nicht lassen?
Will dich fassen,
Will dich halten,
Und das alte Holz behände
70 Mit dem scharfen Beile spalten.

Seht, da kommt er schleppend wieder!
Wie ich mich nur auf dich werfe,
Gleich, o Kobold*, liegst du nieder;
Krachend trifft die glatte Schärfe*.
75 Wahrlich! brav* getroffen!
Seht, er ist entzwei*!
Und nun kann ich hoffen,
Und ich atme frei!

Wehe! wehe!
80 Beide Teile
Stehn in Eile
Schon als Knechte
Völlig fertig in die Höhe!
Helft mir, ach! ihr hohen Mächte*!

85 Und sie laufen! Nass und nässer
Wird's im Saal und auf den Stufen.
Welch entsetzliches Gewässer!
Herr und Meister! hör mich rufen! –
Ach, da kommt der Meister!
90 Herr, die Not ist groß!
Die ich rief, die Geister,
Werd ich nun nicht los.

„In die Ecke,
Besen! Besen!
95 Seid's gewesen.
Denn als Geister
Ruft euch nur, zu seinem Zwecke,
Erst hervor der alte Meister."

die Tücke: die Gemeinheit
mir wird bänger: ich bekomme immer mehr Angst

verrucht: *hier:* ungezogen, aufmüpfig

der Kobold: der Hausgeist
die glatte Schärfe: das scharfe Beil
brav: *hier:* gut
entzwei: in zwei Teile gespalten
hohe Mächte: Geistermächte

2 a) Lies die Ballade „Der Zauberlehrling" noch einmal.

b) Beantwortet zu zweit abwechselnd die folgenden W-Fragen:
– Wer ist der Erzähler der Ballade?
– Wo befindet er sich?
– Was passiert?
– Wie endet die Ballade?

c) Erklärt euch gegenseitig schwierige Textstellen aus dem Zusammenhang oder mit Hilfe eines Wörterbuches.

W-Fragen beantworten

unbekannte Wörter klären
TIPP
Du musst nicht jedes Wort kennen, um die Handlung zu verstehen.

Literarische Texte lesen

111

den Inhalt einer Ballade wiedergeben

HILFEN
So können deine Sätze beginnen:
Zuerst / Als Nächstes / Dann / Danach / Schließlich / Endlich / Zum Schluss

Merkmale einer Ballade beschreiben

den Handlungsaufbau beschreiben

ein szenisches Spiel planen

HILFEN
ängstlich, ärgerlich, erleichtert, erschrocken, froh, neugierig, panisch, staunend, überrascht, verzweifelt, wütend

Gefühle darstellen

3 Erschließe nun den genauen Inhalt der einzelnen Strophen.

a) Schreibe die wichtigen Handlungsschritte in Stichwörtern auf, z. B.:

1. Meister ist weg, Zauberlehrling allein im Haus
2. möchte Zauberkünste probieren
3. übt Zauberspruch
4. …

b) Setzt euch zu zweit zusammen und gebt abwechselnd mit eigenen Worten wieder, was genau in der Ballade passiert. Nutzt dazu die Stichwörter und formuliert ganze Sätze.

4 Welche Merkmale einer Ballade treffen auf den Text „Der Zauberlehrling" zu? Lies noch einmal den Merkkasten auf Seite 108 und nenne die zutreffenden Merkmale.

5 Zeichne einen Spannungsbogen zu der Ballade und beschrifte ihn.

Eine Ballade szenisch darstellen

Die Ballade vom Zauberlehrling könnt ihr wie ein Theaterstück spielen. Bildet 4er- oder 5er-Gruppen und geht schrittweise vor.

Schritt 1: Einen Spielplan erstellen

6 a) Besprecht in der Gruppe die folgenden Fragen:
– Welche Figuren und verzauberten Gegenstände müssen von Personen gespielt werden?
– An welchen Orten spielt die Handlung?
– Welche Requisiten (Gegenstände) benötigt ihr?

b) Schreibt eine Spielplan-Tabelle für die Ballade.

Spielplan für „Der Zauberlehrling"			
Strophe	**Figuren**	**Ort**	**Requisiten**
1.	Lehrling, (Meister)	Zauberkeller	–
2.	Lehrling	Zauberkeller	–
3.	Lehrling, verzauberter Besen	Zauberkeller	Eimer, …
4.	…	…	…

Schritt 2: Sich in die Hauptfigur einfühlen

7 a) Überlegt in der Gruppe, wie sich der Zauberlehrling im Verlauf der Ballade fühlt. Notiert für jede Strophe passende Ausdrücke.

1. Strophe: selbstbewusst, freudig

b) Stellt die unterschiedlichen Gefühle des Zauberlehrlings in den einzelnen Situationen pantomimisch (ohne Worte) dar.

Schritt 3: Die Rollen verteilen, das Spiel üben

8 a) Bestimmt, wer welche Requisiten (Gegenstände) besorgt und wer welche Rolle spielt.

b) Entscheidet euch in der Gruppe für eine dieser Möglichkeiten, die Ballade zu spielen, oder entwickelt eine eigene Idee.

A: Ein Schüler liest den Balladentext vor. Die anderen spielen dazu die Handlung pantomimisch (ohne Worte) nach.

B: Lernt den Balladentext auswendig und tragt ihn im Chor vor. Der Zauberlehrling, der Besen und der Hexenmeister spielen dazu pantomimisch (ohne Worte).

C: Ihr spielt die Handlung der Ballade und sprecht dabei euren eigenen Text, den ihr euch passend zur Ballade ausgedacht habt.

TIPP
Schritte zum Auswendiglernen eines Gedichtes findet ihr auf Seite 229.

c) Probt das Spielen der Ballade mehrmals. Dabei könnt ihr auch die Rollen wechseln und verschiedene Gesichtsausdrücke und Bewegungen ausprobieren.

eine Ballade spielen

Schritt 4: Vorspielen und Rückmeldungen geben

9 a) Bereitet einen Rückmeldebogen vor. Macht euch nach jeder Vorführung Notizen dazu, was gut gemacht wurde und was noch verbessert werden könnte.

b) Spielt die Ballade in der Klasse vor.

c) Wertet die Vorführung jeder Gruppe in der Klasse aus.

Gruppe / Namen	☺	☹
...	Handlung richtig dargestellt	zu leise gesprochen
...	...	...

10 Am Ende der Ballade „Der Zauberlehrling" spricht der Meister und beendet die Zauberei. Was könnten Meister und Lehrling danach zueinander sagen?

a) Sammelt zu zweit Ideen und schreibt einen Dialog zwischen Meister und Zauberlehrling.
Meister: ...
Zauberlehrling: ...
Meister: ...

einen Dialog schreiben und präsentieren

b) Übt den Dialog und präsentiert ihn vor der Klasse.

Literarische Texte lesen

Balladenfiguren untersuchen

das Verhalten einer Balladenfigur bewerten

1 a) Was denkst du über das Verhalten des Zauberlehrlings? Schreibe deine Meinung mit Begründung auf ein Blatt Papier und hänge es an die Tafel.

> Meiner Meinung nach verhält sich der Zauberlehrling leichtsinnig, denn …

> Ich finde den Zauberlehrling mutig, denn …

> Ich denke, der Lehrling hat ein Recht darauf, …

b) Ordnet die verschiedenen Meinungen an der Tafel. Hängt dabei ähnliche Meinungen zusammen.

eine Diskussion führen → S. 210

c) Führt eine Klassendiskussion zu der Frage: Hat der Zauberlehrling sich richtig verhalten?

Balladenfiguren vergleichen

2 Vergleiche die Balladenfiguren Nis Randers und Zauberlehrling.

a) Übertrage das Diagramm in dein Heft.

Nis Randers   **Zauberlehrling**

erfahren — *mutig* — *unerfahren*

b) Ergänze Gemeinsamkeiten der beiden Figuren dort, wo die Kreise übereinanderliegen.

c) Schreibe Adjektive oder Stichwörter zu Unterschieden links und rechts in die Kreise.

Das habe ich gelernt

- Schreibe die Merkmale einer Ballade in Stichwörtern auf.
  Balladen
  – handeln von …

- Erkläre einer Lernpartnerin / einem Lernpartner mit Hilfe eines Beispiels, was ein sprachliches Bild ist und was es bewirkt.

- Ergänze die folgende Liste:
  Diese Schritte haben mir geholfen, eine Ballade besser zu verstehen: 1. … / 2. … / 3. …

- Welche der beiden Balladen hat dir besser gefallen? Schreibe deine Meinung auf und begründe sie.
  Mir hat die Ballade „…" von … besser gefallen, weil …

Literarische Texte lesen

Anwenden und vertiefen

Die folgende Ballade erzählt eine alte Geschichte über die Lorelei, eine schöne Frau, die auf einem hohen Felsen am Rhein sitzt.

INFO
Den „Lorelei"-Felsen gibt es wirklich. Es ist ein 125 m hoher Felsen über dem Rhein in Rheinland-Pfalz.

1 a) Sieh dir das Bild zu der Ballade an. Schreibe auf, worum es in der Ballade gehen könnte.

b) Lies die Ballade und überprüfe deine Vermutungen.

Vermutungen anstellen und überprüfen

HILFEN
In der Ballade „Lorelei" geht es vermutlich um …

Heinrich Heine (1797–1856)
Lorelei

Ich weiß nicht, was soll es bedeuten,
Dass ich so traurig bin;
Ein Märchen aus alten Zeiten,
Das kommt mir nicht aus dem Sinn*.

5 Die Luft ist kühl und es dunkelt,
Und ruhig fließt der Rhein;
Der Gipfel des Berges funkelt
Im Abendsonnenschein.

Die schönste Jungfrau sitzet
10 Dort oben wunderbar,
Ihr goldnes Geschmeide* blitzet,
Sie kämmt ihr goldenes Haar.

Sie kämmt es mit goldenem Kamme
Und singt ein Lied dabei;
15 Das hat eine wundersame,
Gewaltige Melodei*.

Den Schiffer im kleinen Schiffe
Ergreift es mit wildem Weh*;
Er schaut nicht die Felsenriffe*,
20 Er schaut nur hinauf in die Höh.

Ich glaube, die Wellen verschlingen
Am Ende Schiffer und Kahn;
Und das hat mit ihrem Singen
Die Lorelei getan.

kommt mir nicht aus dem Sinn: ich kann es nicht vergessen

das Geschmeide: der Schmuck

die Melodei: die Melodie

das Weh: der Schmerz
die Felsenriffe: die Felsenklippen im Fluss

Literarische Texte lesen

2 a) Wie wirkt die Ballade „Lorelei" auf dich? Notiere Adjektive, die die Stimmung beschreiben.

b) Kläre unbekannte Wörter durch Nachdenken, Nachfragen oder Nachschlagen.

die Wirkung der Ballade beschreiben

unbekannte Wörter klären

W-Fragen formulieren und beantworten

3 a) Schreibe W-Fragen zu der Ballade auf.

b) Tauscht eure W-Fragen aus und beantwortet sie euch gegenseitig schriftlich.

Überschriften ordnen

4 a) Schreibe die folgenden Überschriften für die einzelnen Strophen in der richtigen Reihenfolge auf.

Die Jungfrau mit goldenem Haar	Untergang des Schiffers
Warum so traurig?	Der unachtsame Schiffer
Blick auf den Rhein	Die singende Jungfrau

den Inhalt mündlich wiedergeben

b) Erzähle einer Lernpartnerin / einem Lernpartner mit Hilfe der Überschriften den Inhalt der Ballade.

den Inhalt erschließen

5 Erarbeite die Handlungsschritte der Ballade. Wähle dazu eine der sechs Möglichkeiten von Seite 107, Aufgabe 5.

Aufbau und Reimform der Ballade untersuchen

INFO
Reimformen:
> Paarreim: aa bb
> Kreuzreim: ab ab

6 Untersuche den Aufbau und die Reimform der Ballade und notiere deine Ergebnisse.
Anzahl der Strophen: …
Anzahl der Verse pro Strophe: …
Reimform: …

Merkmale einer Ballade überprüfen

7 Welche Merkmale einer Ballade treffen auf das Gedicht „Lorelei" zu? Überprüfe und notiere die Merkmale.

8 Was bedeutet „die Wellen verschlingen / Am Ende Schiffer und Kahn;" (V. 21–22)? Erkläre das sprachliche Bild mit deinen Worten.

9 In der Ballade heißt es „Und das hat mit ihrem Singen / Die Lorelei getan." (V. 23–24). Erkläre den Zusammenhang zwischen dem Ertrinken des Schiffers und dem Singen der Lorelei schriftlich mit deinen eigenen Worten.

eine Ballade vorlesen und vortragen

10 Bereite einen Vortrag der Ballade „Lorelei" vor.

a) Übe das Lesen der Ballade erst einmal für dich. Kopiere den Balladentext und unterstreiche auf der Kopie schwierige Wörter. Übe diese besonders.

TIPP
Betonungszeichen
> Betonungen: __
> Pausen: |
> Stimme heben: ↗
> Stimme senken: ↘

b) Trage Betonungszeichen in den Text ein.

c) Lies die Ballade vor der Klasse vor.
Achte dabei auf dein Publikum und halte Blickkontakt.

d) Lerne die Ballade auswendig und trage sie vor.

Teste dich selbst!
Einen literarischen Text lesen

Erwin Strittmatter
Die Macht des Wortes

Jedes Jahr setzte Großvater vorgezogene Kürbispflanzen in Kompost* und zog große gelbe Kürbisse für den Winter. Der Komposthaufen war auf dem Felde. Durch die Felder schlichen zuweilen redliche
5 Menschen, wenn man den Worten der Bibel trauen kann: Sie säten nicht und sie ernteten doch*, und deshalb nächtigte Großvater, wenn die Kürbisse reiften, draußen.
Er breitete seine blaue Schürze aus, legte sich hin und schlief im Raingras,
10 und da er beim Schlafen schnarchte, waren die Diebe gewarnt.
Eine Weile ging's gut, aber Großmutter war noch eifersüchtig. Sie wollte kein Mannsbild, das nachts „umherzigeunerte". „Denk an den Winter! Denk an dein Rheuma. Ich reib dich nicht ein, wenn es dich wieder quält. Im Grase liegen – bist doch kein Rehbock!"
15 Großvater nahm seine Schürze und ging zur Großmutter in die Kammer, doch bevor er das Feld verließ, nahm er sein Messer und ritzte in alle Kürbishäute: „Gestohlen bei Kulka".
Die Kürbisse wuchsen. Großvaters Schrift wuchs mit. GESTOHLEN BEI KULKA. Die Diebe umschlichen den Komposthaufen und ließen die
20 Kürbisse, wo sie waren. Großvaters Buchstaben wirkten wie Zauberrunen*.

der Kompost: Küchenabfälle, die man auf einem Haufen im Garten lagert, um fruchtbare Erde daraus zu gewinnen

redliche Menschen, wenn man den Worten der Bibel trauen kann: Sie säten nicht und sie ernteten doch: gemeint sind Diebe

die Zauberrune: verzauberte Buchstaben, Zauberschrift

1 Welche Bedeutung trifft im Text zu? Erschließe die Bedeutung der folgenden schwierigen Wörter aus dem Textzusammenhang. Notiere den Begriff und den jeweiligen Großbuchstaben in dein Heft.

zog Kürbisse (Z. 2)	A bereitete zu C züchtete	B trug davon D verkaufte
nächtigte (Z. 7)	A träumte C baute ein Zelt	B schlief D passte auf
umherzigeunerte (Z. 12)	A mit Zigeunern umherzog C ausging	B sich verirrte D sich herumtrieb
das **Rheuma** (Z. 13)	A Albtraum C Zahnweh	B Gelenk- und Knochenschmerzen D Haarausfall
sie **umschlichen** (Z. 19)	A sie liefen leise vorbei C sie stellten sich im Kreis auf	B sie beobachteten von Weitem D sie näherten sich schnell

2 Beantworte die folgenden Fragen zum Text in jeweils einem Satz.

a) Welches Problem hat Großvater Kulka?

b) Was tut er dagegen?

c) Wie reagiert seine Frau darauf?

d) Welche neue Idee hat der Großvater?

e) Wie ist das Ergebnis?

3 Ordne den Überschriften die passenden Abschnitte zu. Notiere zu jedem Buchstaben die richtigen Zeilenangaben.

> **A** Der Trick hilft
> **B** Großvater pflanzt Kürbisse
> **C** Die Reaktion der Großmutter
> **D** Schnarchen vertreibt Diebe

4 Welche der folgenden Inhaltszusammenfassungen ist richtig?

A Herr und Frau Kulka ärgern sich darüber, dass jedes Jahr so viele Kürbisse gestohlen werden, deshalb kennzeichnet der Großvater alle Kürbisse.

B Da die Großmutter sich darüber ärgert, dass ihr Mann nächtelang die Kürbisse vor Dieben bewacht, ritzt der Großvater in jede Kürbishaut den Satz „Gestohlen bei Kulka". Die Schrift wächst mit den Kürbissen und zeigt Wirkung: Die reifen Kürbisse werden nicht mehr gestohlen.

C Um zu verhindern, dass Diebe die Kürbisse stehlen, bewacht der Großvater sie. Dies wird ihm mit der Zeit zu viel. Deshalb kennzeichnet er alle Kürbisse mit der Aufschrift „Gestohlen bei Kulka". Von diesem Zeitpunkt an werden die Kürbisse nicht mehr gestohlen.

5 Untersuche die beiden Hauptfiguren genauer.

a) Entwirf eine Figurenskizze zu den beiden Hauptfiguren und beschrifte sie mit passenden Eigenschaften, z. B.:

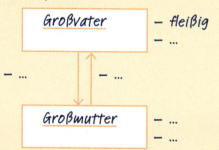

b) Begründe je zwei von dir notierte Eigenschaften jeder Figur, z. B.:
fleißig: Der Großvater zieht jedes Jahr Kürbispflanzen hoch, pflegt sie, setzt sie aus und erntet sie.

6 Wieso heißt die Erzählung „Die Macht des Wortes"? Erkläre in zwei bis drei Sätzen den Zusammenhang zwischen Überschrift und Ende der Erzählung.

Was willst du eigentlich?
Gespräche untersuchen

Was weißt du schon?

- Betrachte das erste Bild des Comics. Erkläre, warum die Mutter mit der Antwort nicht zufrieden sein kann.

- Was könnten Mutter und Sohn sagen, um das Missverständnis zu klären? Schreibe auf, was in den beiden leeren Sprechblasen in den Bildern stehen könnte.

- Hast du eine ähnliche Situation selbst schon erlebt? Berichte.

- In Gesprächen spielt es nicht nur eine Rolle, *was* jemand sagt, sondern auch, *wie* er es sagt.
  Was weißt du darüber? Nenne verschiedene Beispiele.

Aussagen verstehen

"Hast du das liegen gelassen?"

verschiedene Betonungen einer Aussage erproben

1 a) Wie musst du die Frage in der Sprechblase aussprechen, damit sie zu dem jeweiligen Gesicht passt? Probiert es in Partnerarbeit aus und stellt eure Ergebnisse der Klasse vor.

b) Beschreibe die Situationen, in denen die Fragen jeweils gestellt werden könnten.

Absicht und Wirkung von Aussagen vergleichen

c) Wie wird die angesprochene Person auf die jeweilige Frage reagieren? Spielt mögliche Reaktionen zu zweit nach.

d) Erkläre, wie es dazu kommen kann, dass die gleiche Frage ganz unterschiedliche Reaktionen hervorrufen kann.

2 Was passiert, wenn du in die Aussage oben eines der folgenden Wörter einfügst?

die Wortwahl untersuchen
> die Wirkung von Signalwörtern erproben

| vielleicht | etwa | wieder | zufällig | möglicherweise | eben |

Erprobt zu zweit verschiedene Möglichkeiten und beschreibt die Unterschiede. Welche Aussage wirkt besonders freundlich, welche besonders unhöflich?

INFO
Typische Signalwörter in Sprecheraussagen:
> *etwa*
> *vielleicht/eventuell*
> *(schon) wieder*
> *aus Versehen*
> *überhaupt*

❗ Was ein Sprecher will – die Sprechabsicht

- Jeder Sprecher verbindet mit seiner Aussage eine bestimmte Absicht oder bestimmte Absichten, z. B.:

  „Ich kann das nicht!" → Sprecher zeigt, dass er etwas nicht kann.
  → Sprecher möchte, dass man ihm hilft.
  → ...

- Wie eine Aussage bei einem Hörer ankommt, hängt von der **Betonung** ab. Auch **Gestik** (Bewegungen der Hände und Arme) und **Mimik** (Bewegungen des Gesichts) spielen eine Rolle.
- Bestimmte Wörter (**Signalwörter**) können die Bedeutung einer Aussage verändern, z. B.:
  „Hast du das ***etwa*** vergessen?" → Verärgerung/Verblüffung
  „Ich kann ***leider*** nicht kommen." → Bedauern

Nachdenken über Sprache

3 a) Überlege, was die beiden Sprecherinnen mit ihren Aussagen mitteilen wollen.

Sprecheraussagen einschätzen

b) Wie könnte die angesprochene Person jeweils reagieren? Ergänzt in Partnerarbeit passende Antworten.

Hörerreaktionen ergänzen

c) Spielt die Gespräche in der Klasse vor.

4 Manchmal werden gesprochene Aussagen absichtlich oder unbeabsichtigt missverstanden.

a) Lies die folgenden Ausschnitte aus Gesprächen.

Gesprächsausschnitte untersuchen

> **Mutter:** „Es ist kalt draußen."
> **Tochter:** „Ich weiß."

> **Gast:** „Können wir zahlen?"
> **Kellner:** „Das kann ich Ihnen leider nicht sagen."

> **Kunde:** „Die Erdbeeren kosten heute genau zwei Euro mehr als gestern."
> **Verkäufer:** „Das stimmt."

b) Erkläre, was die Mutter, der Gast und der Kunde ausdrücken wollen.

Sprecheraussagen einschätzen

c) Welche Folgen hat die jeweilige Antwort für den weiteren Verlauf des Gesprächs? Beschreibe.

Gründe für Missverständnisse erkennen

Das habe ich gelernt

- In Gesprächen können Missverständnisse entstehen, wenn …

- Hinter jeder gesprochenen Aussage steckt eine bestimmte Absicht. Welche Aufgabe in diesem Kapitel hat dir besonders geholfen, diesen Zusammenhang zu verstehen?

- In welchen Situationen in Schule und Alltag kann dir das Wissen aus diesem Kapitel helfen?

- Worauf möchtest du in Zukunft bei Gesprächen besonders achten?

Sprich mit einer Lernpartnerin / einem Lernpartner und begründe deine Meinung.

Nachdenken über Sprache

Anwenden und vertiefen

verschiedene Betonungen erproben

1 a) Lest einander die Fragen zu zweit abwechselnd vor. Probiert verschiedene Möglichkeiten der Betonung aus. Welche Betonung passt jeweils am besten?

Sprecheraussagen einschätzen

b) Bei welchen der Fragen oben schwingt ein Vorwurf mit? Welche Fragen sind eher vorsichtig formuliert? Übertrage die Tabelle und schreibe die Aussagen in die passende Tabellenspalte.

vorwurfsvolle Frage	vorsichtige Frage
…	…

Signalwörter erkennen

c) Unterstreiche in jeder Aussage das Signalwort, das den Vorwurf oder die Vorsicht ausdrückt.

Gründe für Missverständnisse erkennen

2 Erkläre, wodurch es zu dem Missverständnis im folgenden Gespräch kommt. Schreibe die Erklärung auf.

A: Hast du mal kurz Zeit für mich?
B: Kannst du nicht einmal alleine aufräumen?
A: Wie bitte?
B: Das nervt total! Immer möchtest du, dass ich dir dabei helfe.
A: Ich wollte dir eigentlich nur die CD geben, nach der du schon so lange gesucht hast.
B: Echt? Oh …

einen Dialog mit einem Missverständnis schreiben

3 a) Denke dir zusammen mit einer Lernpartnerin / einem Lernpartner ein Gespräch aus, in dem es wie in Aufgabe 2 zu einem Missverständnis kommt, und schreibe es auf.

einen Dialog vorspielen

b) Spielt das Gespräch in der Klasse vor.

Gründe für das Missverständnis erkennen

c) Lasst eure Mitschülerinnen und Mitschüler erklären, wodurch das Missverständnis zustande kommt.

Nachdenken über Sprache

Was Wörter bedeuten
Die Bedeutung von Wörtern erschließen

Gerät zum Aufzeichnen gesprochener Nachrichten (1877)

Kleinhubschrauber auf Grundlage eines Fahrrads (1936)

Messgerät zur Winkelmessung am Sternenhimmel (1588)

Was weißt du schon?

- Welche Erfindungen sind hier abgebildet? Ordne die Beschreibungen zu.

- Wie würdest du die Erfindungen nennen? Schreibe Bezeichnungen auf.

- Untersuche die Wörter, die du für die Gegenstände erfunden hast. Wie bist du vorgegangen, um Bezeichnungen zu finden? Beschreibe.

- Lies die tatsächlichen Namen der Erfindungen und ordne sie passend zu:
  das Helicycle   der Fonograf   das Astrolabium
  Erkläre, welche Wortbestandteile dir bei der Zuordnung geholfen haben.

- Wie kann man aus einem Wort ein neues bilden? Nenne verschiedene Möglichkeiten, z. B.: *lachen – das Lachen, lehren – der Lehrer, das Auto + der Reifen → der Autoreifen*

- Das Wissen über die Entstehung von Wörtern kann dir helfen, unbekannte Wörter zu verstehen. Erkläre, warum.

Schwierige Wörter verstehen: Wortbausteine nutzen

1 Sachtexte enthalten oft Fremdwörter. Dies sind Wörter, die aus anderen Sprachen übernommen wurden. Wenn du sie nicht verstehst, hilft es dir, ihre Bestandteile genauer zu untersuchen.

a) Lies die Fremdwörter in der linken Spalte.

Fremdwörter	Erklärung
1 die Astronomie	**A** Gerät zum Messen der Geschwindigkeit strömenden Wassers
2 die Hydrosphäre	**B** Sprachrohr, das die Stimme lauter macht
3 der Astrograf	**C** Wissenschaft von den Himmelskörpern
4 das Hydrometer	**D** Wasserhülle um die Erdkugel (Meer, Seen, Flüsse usw.)
5 das Megafon	**E** Gerät zum Zeichnen von Sternkarten

die Bedeutung von Fremdwörtern erschließen

b) Versuche, jedem Wort eine Erklärung aus der rechten Spalte zuzuordnen. Begründe deine Entscheidung mit Hilfe der Informationen im Merkkasten.

❗ Fremdwörter erschließen: auf die Wortbausteine achten

- Ein Wort, das du nicht kennst, kannst du in seine **Bausteine** zerlegen. Oft gibt dir der Wortstamm oder ein anderer Wortbaustein Hinweise auf die Bedeutung des Wortes, z. B.:
 das Thermometer? → *therm = warm, meter = Maß*
 (das Thermometer = Gerät zum Messen der Wärme)
- Folgende **Wortbausteine aus dem Griechischen** kommen häufig in Fremdwörtern vor:

  astro- → Stern   **mega-** → groß
  hydr- → Wasser   **-meter** → das Maß (messen)
  -fon → die Stimme, der Klang   **-sphäre** → der Ball, die Kugel
  -graf → schreiben, aufzeichnen   **therm-** → warm

INFO
Im Griechischen schreibt man für den *f*-Laut φ (*ph*) statt *f*. Diese Schreibung kannst du in Wörtern wie „Sphäre" noch erkennen.

2 a) Suche aus dem Wörterbuch je ein weiteres Wort mit den Wortanfängen *astro-, hydr-, mega-* und *therm-* heraus.

b) Was fällt dir auf? Beschreibe.

Wortbausteine von Fremdwörtern kennen

3 a) Schreibt in Partnerarbeit zu den Wortbausteinen *-fon, -graf, -meter* und *-sphäre* je ein weiteres Wort auf.

b) Schreibt zu jedem Wort eine kurze Erklärung auf. Schlagt im Wörterbuch oder Lexikon nach, wenn ihr Hilfe benötigt.

Schwierige Wörter in Texten erschließen

Beim Erschließen schwieriger Wörter hilft dir der Satzzusammenhang.

1 a) Wie entstehen Farben? Stelle Vermutungen an und lies dann den folgenden Sachtext, in dem schwierige Wörter markiert sind.

Wie Farben entstehen

Willst du ein ==purpurnes== Herz malen, kannst du deinen Tuschkasten nehmen und einfach anfangen. Aber wie entsteht Farbe eigentlich? Eine Farbe kann man sich direkt aus dem Kamin holen: ==Ruß== ist
5 hervorragend dafür geeignet. Pflückt man ==Galläpfel==, z. B. von der Unterseite von Blättern, hat man noch etwas, womit man diese Farbe herstellen kann. Im 17. Jahrhundert benutzte man dafür auch die „Knochenkohle", ein ==Pigment== aus Knochen von Rindern und Lämmern. Eine andere Farbe fand man in der
10 Welt der Meere: Aus ==Sepia== produzierte man Tinte.

b) Welche vier Möglichkeiten der Farbherstellung werden genannt? Sprich mit einer Lernpartnerin / einem Lernpartner darüber.

> das Textverständnis sichern

c) Versucht zu zweit, die Bedeutung der markierten Wörter aus dem Textzusammenhang zu erschließen, z. B.:

> unbekannte Wörter aus dem Zusammenhang klären

Eine Farbe kann man sich direkt aus dem Kamin holen: ==Ruß== ist hervorragend dafür geeignet. (Z. 3–5)

> Im Kamin liegt verbranntes Holz. Dadurch entsteht Ruß. Daraus lässt sich bestimmt schwarzes Farbpulver herstellen.

d) Beschreibt, wie euch der Satzzusammenhang jeweils geholfen hat, die Bedeutung der schwierigen Wörter herauszufinden.

2 a) Schlagt die markierten Wörter in einem Wörterbuch nach und notiert die Worterklärungen.

> unbekannte Wörter im Wörterbuch nachschlagen

b) Vergleicht die Einträge mit euren eigenen Worterklärungen. Welche Wortbedeutungen konntet ihr ohne Wörterbuch richtig erschließen?

> **❗ Schwierige oder unbekannte Wörter in einem Text erschließen**
>
> Der **Satzzusammenhang** kann dir helfen, schwierige oder unbekannte Wörter in einem Text zu verstehen. Oft gibt der Satz, in dem das Wort steht, oder auch der vorangehende oder nachfolgende Satz einen Hinweis auf die Wortbedeutung.

Die richtige Bedeutung zuordnen

Wörter mit unterschiedlichen Wortbedeutungen untersuchen

1 a) Manchmal hat ein Wort mehrere Bedeutungen. Lies dazu das folgende Beispiel aus dem Wörterbuch.

> ♦ kon|zen|trie|ren, **1.** zusammenballen, zusammendrängen, -ziehen **2.** anreichern, sättigen, verdichten (Lösung) **3.** *refl.* sich k.: seine Aufmerksamkeit anspannen

b) Mit welcher Bedeutung wird „konzentrieren" im folgenden Satz verwendet? Begründe.
Das Rot konzentrierte sich in der Mitte des Bildes.

c) Bilde einen Satz, in dem „konzentrieren" in einer anderen Bedeutung verwendet wird.

Wortbedeutungen unterscheiden

HILFEN
Mehrdeutige Wörter sind z. B.:
> der Absatz
> der Ball
> die Bank
> die Erde
> das Fach
> die Note
> das Schloss

2 Welche weiteren Wörter kennst du, die verschiedene Bedeutungen haben? Schreibe sie mit passenden Beispielsätzen auf, z. B.:

der Artikel
— 1. Begleitwort für ein Nomen
— 2. Bericht in einer Zeitung

1. Oft erkennt man ein Nomen am Artikel, der davorsteht.
2. Gestern habe ich einen lustigen Artikel in der Zeitung gelesen.

Wörter mit ähnlichen Wortbedeutungen kennen

INFO
Ein **Wortfeld** besteht aus mehreren Wörtern mit einer ähnlichen Bedeutung, z. B.:
laufen, rennen, rasen

3 Die gleiche Sache kann man oft mit unterschiedlichen Wörtern ausdrücken. In einem Wörterbuch der sinnverwandten Wörter findest du verschiedene Wörter zu einem Wortfeld, z. B.:

> **malen,** pinseln · *unsauber:* klecksen, schmieren (abwertend) · *mit Wasserfarben:* aquarellieren · *ein Porträt:* porträtieren; ↑ anmalen, ↑ schminken, ↑ streichen, ↑ zeichnen; ↑ Bild, ↑ Malerei

auf eine treffende Wortwahl achten

a) Lies die folgenden Sätze. Suche für jede Lücke ein passendes Wort aus dem Wortfeld „malen" aus dem Wörterbuchauszug.
– Ein kleines Kind kleckst bunte Farbtupfer auf das Papier.
– Ein Maler ▒ die Wand in hellem Grün.
– Der Künstler ▒ Farbe auf die Leinwand.
– Der Architekt ▒ einen genauen Plan des Gebäudes.
– Vor jedem Auftritt ▒ sich der Clown.

b) Schreibe die Sätze vollständig ab.

Nachdenken über Sprache

4 Um die richtige Wortwahl zu treffen, musst du den Satzzusammenhang beachten.

a) Lies zunächst den Text. Um welche Erfindung geht es?

b) Welches der Wörter in den Klammern passt jeweils am besten? Lies den Text noch einmal und wähle treffende Wörter aus.

Wörter mit ähnlicher Bedeutung richtig verwenden

Schwärzer als schwarz?

Schwarz ist nicht gleich Schwarz – das merkt jeder, der etwa einen schwarzen Pulli zu ...... (einer schwarzen
5 Jeans / einem schwarzen Beinkleid) trägt.
Jetzt aber haben amerikanische ...... (Tüftler / Forscher / Entdecker / Physiker) das schwärzeste Schwarz
10 aller ...... (Tage / Zeiten / Jahrhunderte) entwickelt. Das ist fast dreimal dunkler als der bisherige Rekordhalter! Dazu ...... (entwickelten / entwarfen / entfalteten / erfanden) die Forscher eine Art Teppich aus ...... (megakleinen / klitzekleinen / winzig kleinen) Kohlenstoff*-Röhrchen; ein Bündel von 400 Stück ist gerade mal
15 so ...... (breit / fett / dick) wie ein menschliches Haar. Zwischen den Röhrchen verfängt sich das einfallende Licht, das nur noch ganz gering* ...... (zurückgeworfen / reflektiert / widergespiegelt) wird.

der Kohlenstoff: ein chemischer Grundstoff

gering: wenig

c) Schreibe den Text ab und setze dabei immer das Wort in die Lücke, das deiner Meinung nach am besten passt.

d) Vergleiche dein Ergebnis mit einer Lernpartnerin / einem Lernpartner. Begründet eure Wortwahl, falls es Unterschiede gibt.

Das habe ich gelernt

- *Wie kann ich die Bedeutung unbekannter Wörter erschließen?* Verfasse zu dieser Überschrift eine Liste mit Tipps.

- Erkläre die folgenden Begriffe und nenne Beispiele.

  | mehrdeutige Wörter | Wörter mit ähnlicher Bedeutung |

- Beim Schreiben von Texten ist die Wortwahl wichtig, weil ...

- Beim Lernen hat mir am besten die Aufgabe ...... geholfen, weil ... Weniger hilfreich war für mich Aufgabe ......, weil ...

- Das fand ich in diesem Kapitel interessant: ...

Schreibe die Antworten in dein Heft oder Portfolio und vergleiche sie mit einer Lernpartnerin / einem Lernpartner.

Anwenden und vertiefen

die Bedeutung von Fremdwörtern erschließen

TIPP
Überprüft die Rechtschreibung und die Bedeutung der Wörter in einem Fremdwörterbuch oder einem Lexikon.

1 Die folgenden Wortbausteine aus dem Griechischen kommen häufig in Fremdwörtern vor.

mikro- → klein **tele-** → fern
mono- → ein, einzig, allein **-logie** → Lehre

a) Schreibt in Partnerarbeit verschiedene Nomen auf, die diese Wortbausteine enthalten.

b) Erklärt gemeinsam ihre Bedeutung.

Wörter aus dem Textzusammenhang erschließen

TIPP
Arbeite mit einer Lernpartnerin / einem Lernpartner zusammen.

die Plantage: ein großes Stück Land, auf dem man Pflanzen anbaut
die Kakteen: Plural von: der Kaktus

2 Im folgenden Sachtext fehlen einige Wörter.

a) Lies den Text und erschließe aus dem Zusammenhang, welche Wörter in die Lücken passen.

Der Farbendieb

Seit Jahrhunderten berühmt ist eine ganz besondere ......: „Spanisch Rot". Wie diese ...... allerdings hergestellt wurde, war lange ein Rätsel. Das ...... wurde 1777 schließlich gelüftet: Der Franzose Thierry de Menonvilles schlich sich nach Mexiko ein,
5 das die Spanier zur damaligen ...... besetzt hielten. Er gelangte auf eine Plantage* für Kakteen* und erfuhr dort, dass die ...... aus dem Blut von Schildläusen ...... wurde. Mit einer Kiste voller Krabbeltierchen und stacheliger ...... konnte der Farbendieb entkommen.

b) Schreibe den Text ab und ergänze die fehlenden Wörter.

c) Unterstreiche die Informationen im Text, die dir einen Hinweis auf das gesuchte Wort gegeben haben.

3 In den folgenden Sätzen sind Wörter markiert, die zwar nicht falsch sind, aber nicht gut passen. Schreibe die Sätze neu auf. Wähle Aufgabe a) oder b).
– **A** Thierry de Menonvilles <mark>raubte</mark> Schildläuse und Kakteen.
– **B** „Spanisch Rot" war damals sehr <mark>erwünscht</mark>.
– **C** Man konnte Schwarz aus Knochenkohle <mark>hervorbringen</mark>.
– **D** Es ist erwiesen, dass Farben die Stimmung <mark>verwandeln</mark>.

Wörter mit ähnlicher Bedeutung richtig verwenden

a) Ersetze jedes markierte Wort durch eines mit einer ähnlichen Bedeutung, das besser in einen Sachtext passt.

b) Wähle für die Sätze A–D je ein passendes Wort aus dem Kasten.

A stahl	**B** gefragt	**C** erschaffen	**D** umstoßen
klaute	gesucht	erzeugen	abwandeln
nahm weg	gängig	anfertigen	beeinflussen
entwendete	angesehen	machen	ändern

Nachdenken über Sprache

128

Nomen, Pronomen, Adjektive und Verben
Wortarten kennen und unterscheiden

Was weißt du schon?

- Die Schlagzeilen vermelden berühmte Erfindungen. Welche könnten gemeint sein? Begründe.
- Nenne die Adjektive, die in den Schlagzeilen verwendet werden. Woran hast du sie erkannt?
- In den Schlagzeilen kommen keine Nomen vor. Welche Vor- und Nachteile hat das?
- Schreibe die Schlagzeilen um, indem du passende Nomen verwendest. Vergleiche beide Versionen. Welche gefällt dir besser? Begründe.
- Welche Wortarten kennst du? Wie kannst du sie unterscheiden?

Nomen und Pronomen verwenden

Nomen untersuchen

1 Was passiert, wenn du das Nomen in der folgenden Überschrift streichst? Beschreibe.

Steckdosen bald verschwunden?

2 a) Stelle Vermutungen zum Textinhalt an und lies anschließend den Text.

Handy-Akku leer? Ein kleiner Spaziergang könnte helfen. Vorausgesetzt, ihr habt euch den Knie-Dynamo umgeschnallt, den kanadische Forscher entwickelt haben. Der nämlich wandelt Bewegungsenergie in elektrischen Strom um. Beim Gehen,
5 genauer: beim Schwingen und Abbremsen des Beins. Stöpselt ihr nun ein Handy oder einen MP3-Spieler an dieses Knie-Kraftwerk, werden die Gerätebatterien im Nu aufgeladen – schon nach einer Minute Gehzeit könntet ihr zehn Minuten telefonieren. Einziger Nachteil: Der Dynamo wiegt 1,6 Kilogramm. Leichter zu tragen
10 sind da die Power-Shirts aus China. Sie sind aus einem Garn gewebt, das aus speziellen Drähten gesponnen wird. Geraten diese winzigen Drähte beim Tanzen, Laufen oder durch Wind in Bewegung, erzeugen auch sie Strom.

b) Gib kurz wieder, um welche beiden Erfindungen es im Text geht, und beantworte die Frage aus der Überschrift.

c) Schreibe fünf Nomen mit ihren Begleitwörtern aus dem Text auf. Ergänze einen Artikel, wenn ein Begleitwort fehlt.

d) Ergänze bei Nomen, die im Singular stehen, die passende Form im Plural, bei Nomen im Plural die passende Form im Singular.

> **TIPP**
> Schlage den Artikel im Wörterbuch nach, wenn du unsicher bist.
>
> **INFO**
> **Nomen** verwendet man im **Singular** (in der Einzahl) oder im **Plural** (in der Mehrzahl).

3 Im Text tauchen fünf Nominalisierungen von Verben auf. Notiere sie zusammen mit dem Begleitwort, das im Text verwendet wird.

Nominalisierungen erkennen

> **INFO**
> **Nominalisierungen:**
> Wenn ein Begleitwort vor einem Verb verwendet wird, wird das Verb zum Nomen, z. B.: *lesen* → **Das Lesen** *macht mir Spaß.*

4 a) Lies den folgenden Merkkasten.

> **❗ Besondere Pluralformen**
>
> - Viele Wörter kommen aus dem Englischen. Den Plural von Wörtern, die auf *-y* enden, bildet man anders als im Englischen mit *-ys*, z. B.: *das Baby – die Babys, die Lady – die Ladys*
> - Fremdwörter aus anderen Sprachen haben oft besondere Pluralformen, z. B.:
>   *der Atlas – die Atlanten, der Kaktus – die Kakteen,*
>   *das Konto – die Konten/Kontos, das Lexikon – die Lexika/Lexiken,*
>   *das Museum – die Museen, die Pizza – die Pizzen/Pizzas,*
>   *das Zentrum – die Zentren*

> **INFO**
> Das Wort „*Handy*" klingt englisch, ist aber eine deutsche Erfindung. Im Englischen sagt man *"mobile phone"*.

b) Der Text enthält ein englisches Wort im Plural. Welches?

Nachdenken über Sprache

5 a) Sucht in Partnerarbeit passende Nomen zum Oberbegriff „technische Geräte" und schreibt sie mit ihrem Artikel in einem Cluster auf. Berücksichtigt dabei auch Nomen aus dem Text auf Seite 130.

Wörter zu einem Oberbegriff suchen

INFO
Ein **Oberbegriff** umfasst verschiedene Wörter (Unterbegriffe), die in eine Gruppe gehören, z. B.:
Schreibwerkzeuge:
> der Kugelschreiber
> der Füller
> der Bleistift

b) Welcher Oberbegriff passt jeweils zu den folgenden Nomengruppen?

| Tasse, Teller, Glas, Schüssel | Hammer, Bohrer, Schraubenzieher |

| Rom, Paris, Berlin, London | März, April, Mai | ARD, ZDF, ARTE, 3SAT |

Oberbegriffe zuordnen

6 a) Nach welchen Erfindungen wird hier gefragt? Arbeitet zu zweit. Lest abwechselnd die folgenden Sätze vor und zeigt auf das passende Bild.

- Diese konnte bis zu zehn Kohlewagen hinter sich herziehen.
- Jenes half schon etwa 5000 v. Chr., den Transport zu vereinfachen.
- Dieses erfanden die Herren Maybach, Benz und Daimler.
- Mit diesem spielten sportbegeisterte Chinesen bereits 2700 v. Chr.
- Dieses Kleidungsstück hat die Hosenmode wirklich verändert.
- Mit jenem wurden Knöpfe auf einmal überflüssig.

die Funktion von Demonstrativpronomen kennen

b) Welchen „Platzhalter" haben die Erfindungen in jedem Satz? Schreibe sie auf, z. B.:
diese – die Dampflokomotive
jenes – ...

INFO
Personalpronomen können Nomen ersetzen, z. B.:
ich, du, er/sie/es
Possessivpronomen geben an, wem etwas gehört, z. B.:
mein/meine, dein/deine, sein/seine

❗ Demonstrativpronomen

- Mit Hilfe von Demonstrativpronomen (hinweisende Fürwörter) kann man auf etwas besonders hinweisen, z. B.:
  dieser/diese/dieses, jener/jene/jenes, dasjenige, der (da)
- Demonstrativpronomen werden besonders betont:
  Das da hätte ich gerne! **Dieses** ist richtig.
  Jenes können wir gut gebrauchen.

Nachdenken über Sprache

7 Mit Hilfe passender Pronomen kannst du Texte abwechslungsreicher formulieren.

a) Lies die Überschrift und betrachte die Abbildung. Stelle Vermutungen an, worum es in dem Text gehen könnte.

b) Lies den Text und überprüfe deine Vermutungen.

Schnelldenker vor 4500 Jahren

Computer aus dem Jahr 1954

Einer der ersten Computer war bereits 2500 v. Chr. im Einsatz. Der babylonische* Abakus war ein einfaches Zähl- und Rechengerät. Das Rechengerät bestand
5 aus Kieselsteinen, die man auf einem Brett hin- und herschob. Etwas ausgefeilter* war die 1642 vom französischen Mathematiker Blaise Pascal erfundene Rechenmaschine. Die Rechenmaschine konnte
10 allerdings nur addieren. 1951 entwickelte man den ersten verkäuflichen Computer. Der Computer war riesengroß und nahm einen ganzen Raum ein. Das Raumproblem wurde 20 Jahre später gelöst. Mikroprozessoren vereinten Schaltkreise auf winzigen Chips. Die Chips waren kleiner, billiger und leistungsstärker.

babylonisch: aus der Stadt Babylon (heute Irak)

ausgefeilt: durchdacht, gut ausgearbeitet

Nomen durch Demonstrativpronomen ersetzen

8 a) Überprüfe, mit welchen Demonstrativpronomen du die markierten Nomen ersetzen kannst.

b) Überarbeite den Text, indem du passende Demonstrativpronomen einsetzt, und schreibe die Sätze neu auf, z. B.:
Einer der ersten Computer war bereits 2500 v. Chr. im Einsatz. Der babylonische Abakus war ein einfaches Zähl- und Rechengerät. Dieses bestand aus Kieselsteinen, die man auf einem Brett hin- und herschob. Etwas ...

Pronomen verwenden

HILFEN
- Personalpronomen, z. B.: *ich, du, es, ihn*
- Demonstrativpronomen, z. B.: *dieser, diesem, jenes*
- Possessivpronomen, z. B.: *mein, dein, sein, unser*

9 Im folgenden Kasten sind einige bedeutende Erfindungen aufgeführt.

> der Airbag, das Display, das Fernrohr, der Motor, der (das) Laptop, das Modem, der Satellit, der Telegraf, das Ventil

a) Erkläre die Erfindungen, indem du sie umschreibst. Schlage im Wörterbuch nach, wenn du Hilfe benötigst. Verwende passende Pronomen und unterstreiche sie, z. B.:
– *Durch diesen wird man bei einem Autounfall geschützt.*
– *Man braucht ihn, um bei einem Autounfall geschützt zu sein.*
– *Mit Hilfe dieser Erfindung kann man ...*
– *An meinem Fahrrad ...*

b) Lest die Erklärungen in der Klasse vor. Stellt fest, welche Erfindung jeweils gemeint ist.

Pronomen unterscheiden

c) Bestimmt, welches Pronomen verwendet wurde.

Adjektive verwenden

1 Eines Tages entdeckte der Amerikaner Charles Goodyear zufällig etwas, was die Welt veränderte.

a) Lies dazu den Text.

1839 in Philadelphia: Der Zufall als Erfinder

„Ich habe wieder eine neue Mischung hergestellt! Diesmal habe ich den Kautschuk* mit Schwefel* versetzt*."
5 „Na und? Wird wieder genauso klebrig sein wie beim letzten Mal."
„Aber die Masse ist trocken. Weich, aber trocken. Fühlen Sie selbst!"
10 „Kein Bedarf. Da fühl ich lieber das Leder, das es in diesem Laden zu kaufen gibt. Das ist fest und geschmeidig. He, was machen Sie da?"
„Mir reicht's mit meinen Experimenten! Weg damit!"
„Ihre Mischung ist auf der heißen Ofenplatte gelandet. Die wird
15 schmelzen wie Butter an der Sonne."
„Aber sehen Sie nur, sie schmilzt nicht! Sie zieht sich zusammen und wird hart."
„Tatsächlich. Sieht jetzt aus wie Leder."
„Und fühlt sich auch so an. Das war's! Auf die Hitze kam es an."

der Kautschuk: geronnener Milchsaft einiger tropischer Pflanzen
der Schwefel: chemischer Grundstoff
versetzen: vermischen

b) Stelle Vermutungen an, um welche Erfindung es sich handelt.

2 Lies die Zeilen 5–12 des Textes ohne Adjektive vor. Vergleiche anschließend mit dem Original. Beschreibe den Unterschied.

3 Mit welchen Adjektiven könntest du die folgenden Materialien am besten beschreiben? Sammelt in Partnerarbeit für jedes Material passende Adjektive und schreibt sie auf.

| das Leder | das Papier | die Erde | das Holz | das Eisen | das Eis |

4 a) Manchmal ist weniger mehr! Auf welche Adjektive kann man im folgenden Text verzichten? Begründe.

b) Schreibe den Text mit wenigen passenden Adjektiven auf.

Charles Goodyear sorgte in der großen, weiten Welt mit seiner tollen, wahnsinnigen und zufälligen Erfindung für großes, endloses Aufsehen. Nach dem fantastischen, ungewöhnlichen und berühmten Material wurde schließlich eine Reifenmarke benannt.

---

die Funktion von Adjektiven erkennen

HILFEN
Adjektive zum Beschreiben von Materialien:
- feucht
- rissig
- glatt
- schwer
- hart
- trocken
- kalt
- warm
- leicht
- weich
- rau
- wellig

Adjektive angemessen einsetzen

Nachdenken über Sprache

Präpositionen verwenden

die Funktion von Präpositionen kennen

1 a) Welche Präpositionen werden in dieser Überschrift verwendet?

Extremklettern: An der Schlucht und durch die Schlucht

b) Welche Aufgabe erfüllen Präpositionen? Beschreibe.

canyon *(engl.)*: die Schlucht

2 a) Lies nun den Text über das Extremklettern. Welche Präpositionen passen in die Lücken?

Das Canyoning* fordert jeden heraus: Der Sportler klettert ▭ einer Spezialausrüstung ▭ eine Schlucht. ▭ Mut allein ist das sicher nicht zu schaffen und nur ▭ geschicktes Verhalten kann ein Absturz vermieden werden. Man muss sich ▭ Vorsprüngen
5 und ▭ Wasserfällen abseilen, ▭ Wildwassern schwimmen und ▭ Felsrinnen entlangrutschen.

b) Schreibe den Text (mit Überschrift) ab und ergänze die Lücken.

Präpositionen richtig verwenden

> ### Präpositionen
>
> - **Präpositionen** geben das Verhältnis zwischen Lebewesen und Gegenständen oder Sachverhalten an, z.B.:
>   *Sie klettert ohne Furcht mit einem Helm an einer Felswand.*
> - Nach einer Präposition folgt immer ein ganz bestimmter Fall:
>   – **Präpositionen mit Dativ:** *aus, bei, mit, nach, seit, von, zu*
>   – **Präpositionen mit Akkusativ:** *durch, für, gegen, ohne, um*
>   – **Wechselpräpositionen mit Dativ** (Wo?) **oder Akkusativ** (Wohin?): *in, an, auf, über, unter, vor, hinter, neben, zwischen*

3 a) Untersuche, ob der Akkusativ oder der Dativ auf die Präpositionen im Text folgen muss. Stelle bei den Wechselpräpositionen die passenden Fragen.

Möglichst schnell an ▭ (den/dem) Start zurück

Extremskifahrer stürzen sich von ▭ (einen/einem) abgelegenen Hang hinunter. Auf dem Weg zu ▭ (das/dem) Ziel jagt man über ▭ (einen/einem) Felsvorsprung, saust durch ▭ (ein/einem) Tiefschneefeld, schlittert haarscharf an ▭ (einen/einem)
5 Eisbrocken vorbei, stößt fast gegen ▭ (einen/einem) Baumstamm und fährt schließlich mit ▭ (eine/einer) letzten Kraftanstrengung ins Ziel.

b) Schreibe den Text ab und ergänze den richtigen Fall.

4 a) Informiere dich z.B. im Internet über eine andere Extremsportart, z.B. Freeclimbing oder Ultramarathon.

b) Schreibe eine Kurzbeschreibung und unterstreiche zum Schluss alle Präpositionen, die du verwendet hast.

Verben verwenden

1 Viele Gegenstände, die heute alltäglich sind, wurden irgendwann einmal erfunden.

a) Lies die Texte.

Die Chinesen machten die ersten Schirme, die Schatten machten.

Vor 4000 Jahren machten die Sumerer* Seife.

die Sumerer: Volk in Mesopotamien (heute zum Irak, zur Türkei und zu Syrien gehörig)

Die Ägypter machten vor 4000 Jahren z. B. aus Dornen und Fischgräten Nadeln. 1625 machte John Tilsby die ersten Nadeln in einer Fabrik in England.

b) Wie könntest du das Verb „machen" sinnvoll ersetzen? Schreibe die Texte neu, indem du abwechslungsreiche und passende Verben verwendest, z. B.:
Die Chinesen erfanden ...

abwechslungsreiche Verben verwenden

2 a) Lies den Text und setze in Gedanken die passende Personalform der Verben in die Lücken.

b) Schreibe den Text ab und ergänze die Lücken.

Verben konjugieren

Erfindungen im Alltag

Du *verwendest* (verwenden) täglich Ideen großer Erfinder: wenn du das elektrische Licht ⎯⎯ (einschalten), wenn
5 du eine Freundin oder einen Freund ⎯⎯ (anrufen) oder mit dem Computer ⎯⎯ (arbeiten).
Jede Erfindung ⎯⎯ (erleichtern) dir das Leben. Eine Person, die etwas ⎯⎯ (erfinden), ⎯⎯ (lassen) sich ihr Werk patentieren
10 und ⎯⎯ (erwerben) damit das Recht, die Erfindung zwanzig Jahre lang allein zu ⎯⎯ (nutzen). Danach ⎯⎯ (dürfen) jeder mit der Erfindung Geld ⎯⎯ (verdienen).

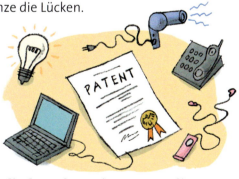

c) Was bedeutet es, sich eine Erfindung patentieren zu lassen? Erkläre es einer Lernpartnerin / einem Lernpartner in eigenen Worten.

Nachdenken über Sprache

Mit Verben Zeitformen bilden

1 Unsere heutige Schrift hat sich über Jahrtausende entwickelt.

a) Lies die Sätze im Kasten und ordne sie sinnvoll, indem du auf die Zeitformen der Verben achtest.

die Opfergabe: Geschenke für die Götter

> **A** … konnten sie Opfergaben* für den Tempel auf Tontafeln festhalten.
> **B** Vielleicht werden in Zukunft immer mehr Computer mündlich Gesprochenes in Wörter umwandeln.
> **C** Nachdem die Sumerer vor rund 4500 Jahren die erste Silbenschrift erfunden hatten, …
> **D** Heute gehören die Schrift und das Schreiben zu unserem Alltag.

b) Übertrage die folgende Tabelle in dein Heft.

Zeitformen der Verben

Plusquamperfekt	Präteritum	Präsens	Futur I
…	…	…	…

c) Schreibe die Sätze bzw. Teilsätze aus dem Kasten in die richtigen Spalten der Tabelle. Unterstreiche die Personalform der Verben.

d) Woran hast du die Zeitformen erkannt? Nenne Kennzeichen.

Zeitformen bestimmen

2 a) Nenne alle Zeitformen, die du kennst.

b) Wann wird welche Zeitform verwendet? Nenne zu jeder Zeitform eine kurze Regel.

die Zeitformen des Verbs kennen
→ S. 217

3 Schreibe den folgenden Text ab und ergänze das konjugierte Verb in der richtigen Zeitform (Präsens, Präteritum oder Plusquamperfekt).

Zeitformen verwenden

Die Entdeckung der Schrift

Heute *weiß* (wissen) man, dass die erste Schrift der Sumerer aus Bildzeichen ...... (bestehen). Man ...... (bezeichnen) sie als „Keilschrift". Im Laufe der Zeit ......
5 (geraten) die alten Schriften aber fast in Vergessenheit. Erst im 19. Jahrhundert ...... (finden) Gelehrte im heutigen Irak Tontafeln und Steine mit merkwürdigen Zeichen. Nachdem man die Funde ......
10 (ausgraben), ... (entziffern) der Engländer Henry Rawlinson die sumerische Keilschrift in mühevoller Arbeit.

4 a) Lies den Text, stelle W-Fragen zum Inhalt und beantworte sie.

Verbreitung des Wissens durch den Buchdruck

Im 15. Jahrhundert entstand der Buchdruck. Man schrieb Bücher nicht mehr aufwändig per Hand ab, sondern vervielfältigte sie schnell und in größeren Mengen. Der Goldschmied Johannes Gutenberg stellte dafür Metallstempel her, die man in einen
5 Rahmen einsetzte. Mit einer zur Druckerpresse umgewandelten Weinpresse bedruckte man nun sogar beide Seiten eines Blattes.

b) In welcher Zeitform ist der Text geschrieben? Warum?

die Zeitform bestimmen

c) Schreibe alle Verben aus dem Text auf und ergänze den Infinitiv, z. B.:
entstand – entstehen

5 a) Lies, was Gutenberg über seine Erfindung erzählen könnte.

b) Ergänze passende Verbformen im Perfekt und schreibe sie auf.

Verben im Perfekt bilden
> *haben* + Partizip II
  (ich habe gearbeitet)
> *sein* + Partizip II
  (ich bin gefahren)

„Ich *habe* 1452 in Straßburg als Schreiber *gearbeitet* (arbeiten). Dort ... ich eines Tages in einer Bibliothek auf etwas Neues und
5 Ungewöhnliches ...... (stoßen): mit Holzschnitten gedruckte Bücher. Allerdings ... mir das Druckbild* überhaupt nicht ...... (gefallen). Ich ... viel ...... (experimentieren)
10 und irgendwann die Lösung ......
(finden): bewegliche Lettern, also Buchstaben auf Metallstempeln! Schon bald ... ich mir eine Druckerwerkstatt ...... (einrichten) und die ersten Drucke ...... (herstellen). Mit der Druckerpresse ... ich dann ein sehr berühmtes Buch ...... (drucken): die Bibel."

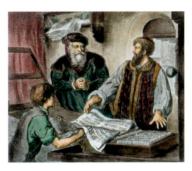

das Druckbild: Aussehen/Qualität des Drucks

c) Wieso ist das Perfekt hier die passende Zeitform?

6 Du schreibst heute noch mit einem Stift in ein Heft. In der Zukunft wird es vielleicht Computer geben, die Sprache erkennen und automatisch schreiben werden.

a) Welche Rolle wird wohl der Computer in Zukunft noch spielen? Sammelt zu zweit Ideen im Cluster.

b) Schreibe Sätze im Futur I auf, die beschreiben, welche Rolle der Computer in Zukunft vermutlich spielen wird. Unterstreiche die Formen des Futurs I, z. B.:
Vermutlich wird es in der Zukunft auch in anderen Ländern immer mehr Haushalte mit Computern geben.

Den „Täter" nennen oder verschweigen – Aktiv und Passiv verwenden

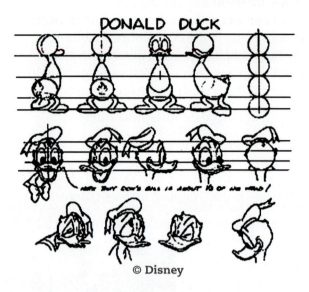
© Disney

Wie kommt Donald aufs Papier?

Aktiv- und Passivsätze vergleichen

1 Vergleiche die Subjekte und Prädikate in den beiden folgenden Texten. Was fällt dir auf? Beschreibe.

Zuerst wird Donald Duck als Motiv für das Titelblatt vorgezeichnet. Danach wird die Vorzeichnung auf ein anderes Papier übertragen.

Zuerst zeichnet der Comiczeichner Donald Duck als Motiv für das Titelblatt vor. Danach überträgt er die Vorzeichnung auf ein anderes Papier.

2 Schreibe die beiden folgenden Sätze so um, dass nicht mehr erkennbar ist, wer etwas tut.
– *Der Comiczeichner entwickelt erste Ideen für den Comic.*
  Erste Ideen für …
– *Er bringt erste Entwürfe auf das Papier.*
  …

❗ Aktiv und Passiv

- In Sätzen, in denen das Subjekt etwas tut, steht das Prädikat im **Aktiv.** Der **„Täter"** / Die **handelnde Person** wird betont, z. B.: **Der Comiczeichner** überträgt die Vorzeichnung auf ein anderes Papier.
- Sätze, in denen das Subjekt (der „Täter") verschwiegen wird, stehen im **Passiv.** Dieses wird mit *werden* + Partizip II des Verbs gebildet. **Der Vorgang / Die Handlung** wird betont, z. B.: Die Vorzeichnung **wird** auf ein anderes Papier **übertragen.**

INFO
In einem Passivsatz kann der „Täter" / die handelnde Person hinzugefügt werden, z. B.: *Die Vorzeichnung wird vom Comiczeichner auf ein anderes Papier übertragen.*

Nachdenken über Sprache

3 Die folgende Übersicht gibt an, wie man einen Comic zeichnet.

Schritt für Schritt zum Comic
1. Ideen sammeln
2. Aussehen des Helden oder der Heldin festlegen
3. Handlung für jede Comic-Seite ausdenken
4. Vorzeichnung mit dem Bleistift anfertigen
5. Fehler wegradieren
6. Linien mit Tusche oder einem schwarzen Filzstift ausmalen
7. Comic bunt anmalen

a) Bilde zu jedem Verb das Partizip II und schreibe es auf, z. B.:
sammeln – gesammelt, festlegen – …

b) Was muss getan werden, um einen Comic zu Papier zu bringen? Beschreibe im Passiv, z. B.:
Zuerst werden Ideen gesammelt. Dann …

4 Wer könnte hier was getan haben? Setze die Sätze ins Aktiv, indem du passende Berufe nennst. Am Rand findest du Hilfen.
- Die Unterwasserwelt wird erkundet.
- Wälder werden geschützt und gepflegt.
- Tiere werden gefüttert.
- Autos werden repariert.

5 a) Wähle fünf Berufe aus und schreibe im Aktiv auf, wer etwas tut.

b) Was wird getan? Lass deine Sätze von einer Lernpartnerin / einem Lernpartner ins Passiv umformen.

das Partizip II bilden

HILFEN
Sätze abwechslungsreich einleiten:
Zuerst …
Anschließend …
Schließlich …
Zum Schluss …

Sätze im Passiv bilden

HILFEN
der/die Tierpfleger/in,
der/die Kfz-Mechatroniker/in,
der/die Meeresforscher/in,
der/die Forstwirt/in

Das habe ich gelernt

- Erkläre einer Lernpartnerin / einem Lernpartner, welche Wortarten du kennst und wie man sie unterscheiden kann.
- Demonstrativpronomen braucht man, um …
- Schreibe einen Beispielsatz im Präsens auf. Setze ihn dann in alle weiteren Zeitformen, die du kennst.
- Übertrage die Tabelle und ergänze Informationen zur Bildung, zur Verwendung und zu Besonderheiten. Nenne Beispiele.

	Aktiv	Passiv
Bildung	…	…

Nachdenken über Sprache

Anwenden und vertiefen

das Präteritum verwenden

der Harz: klebrige Flüssigkeit, die Bäume absondern

TIPP
Wenn du unsicher bist, schlage die Präteritumformen im Wörterbuch nach.

1 Hier stimmen die Formen im Präteritum nicht.

Die ersten Schreibwerkzeuge

Die Ägypter *schreibten* früher mit einer Feder oder einem Pinsel aus Schilfrohr auf Papyrus. Dieses *herstellte* man aus einer Pflanze, die am Nil *wachste*. Für die Tinte *auflöste* man Ruß und Harz* in Wasser. Später *schreibte* man auf Pergament. Dieses
5 *herstellte* man aus gewaschener und geglätteter Schafshaut. Ab dem 10. Jahrhundert *verschwindete* Pergament langsam, weil Papier *entstehte*. Erst im 19. Jahrhundert *gibte* es die ersten Füllfederhalter.

a) Korrigiere die markierten Prädikate und schreibe sie mit dem jeweils zugehörigen Subjekt auf, z. B.:
   die Ägypter schrieben

b) Vergleicht eure Ergebnisse zu zweit.

Ereignisse in der richtigen Zeitform wiedergeben

2 Welche Stationen markieren den Weg zum heutigen Auto?

a) Sprich mit einer Lernpartnerin / einem Lernpartner. Gebt die Informationen aus der Zeitleiste in der richtigen Zeitform wieder, z. B.:
1769 produzierte Nicolas J. Cugnot ...

b) Schreibe die Ereignisse von 1769 bis 1959 im Präteritum auf.

1769: Nicolas J. Cugnot entwickelt den ersten Dampfwagen.

1886: Karl Benz meldet das erste Benzinauto zum Patent an.

1889: Gottlieb Daimler und Wilhelm Maybach zeigen den ersten Viertaktmotor auf der Weltausstellung in Paris.

1913: Henry Ford produziert erste Autos vom Fließband.

1959: Nils Bohlin erfindet den heutigen Sicherheitsgurt.

2010: ...

2030: ...

c) Was kannst du über Autos in der heutigen Zeit und in der Zukunft sagen? Schreibe Sätze in den passenden Zeitformen auf.

das Plusquamperfekt und das Präteritum verwenden

3 Drücke mit Hilfe des Plusquamperfekts aus, dass ein Ereignis auf dem Zeitstrahl vor dem anderen stattgefunden hat, z. B.:
Nachdem Nicolas J. Cugnot den ersten Dampfwagen produziert hatte, ...

Mit Sätzen umgehen
Sätze gliedern und Sätze verbinden

Sieg nach zwei Jahren!

Das größte Handballturnier Deutschlands gewann mit großem Einsatz nach einem langen und atemberaubenden Spiel inmitten tobender Fans in der neu ausgebauten Sporthalle das Team von Trainer Jörg Müller.

Sieg nach zwei Jahren!

Das Team von Trainer Jörg Müller gewann mit großem Einsatz nach einem langen und atemberaubenden Spiel inmitten tobender Fans in der neu ausgebauten Sporthalle das größte Handballturnier Deutschlands.

Was weißt du schon?

- Lies die beiden Zeitungsnachrichten. Worin unterscheiden sie sich?
- Welche Nachricht würdest du eher in der Vereinszeitung abdrucken? Begründe deine Meinung.
- Was versteht man unter der Umstellprobe? Erkläre.
- Welche Satzglieder kennst du? Mit Hilfe welcher Fragen kannst du sie jeweils bestimmen? Erstelle eine Liste.
- Schreibe eine der beiden Zeitungsnachrichten ab, bestimme alle Satzglieder und unterstreiche sie verschiedenfarbig.
- Schreibe einen der beiden Texte so um, dass zwei oder drei Sätze entstehen. Vergleiche mit dem Original. Welcher Text gefällt dir besser? Begründe deine Meinung.

Nachdenken über Sprache

Satzglieder bestimmen

Satzglieder mit der Umstellprobe ermitteln

1 a) Lies die folgende Überschrift und ermittle die Satzglieder darin mit Hilfe der Umstellprobe.

Seit 1982 spielen Elefanten in Thailand Polo

b) Ordne die Satzglieder neu. Schreibe alle sinnvollen Möglichkeiten auf.

c) Welche Satzstellung gefällt dir am besten? Begründe.

Satzglieder erfragen

2 Mit welcher Frage kannst du die Satzglieder jeweils ermitteln? Schreibe die Fragen auf und benenne das erfragte Satzglied, z.B.:
Wer ...? → Subjekt
Was ...? → ...

3 a) Lies nun den Text zu der Überschrift.

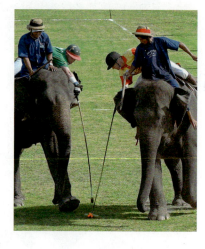

Elefanten rennen über das Spielfeld und tragen Männer auf ihren Rücken. Mit langen Schlägern versuchen diese, einen
5 Ball in Richtung Tor zu schlagen. Diese etwas ungewöhnliche Sportart ist zwei Engländern vor über zwanzig Jahren eingefallen. 1982 entstand der Elefantenpolo-
10 Verband. Seither kommen die besten Mannschaften zu den Meisterschaften. Bei jedem Spiel spielen pro Team vier Elefanten mit jeweils zwei Spielern gegen-
15 einander. Vorn sitzt der Elefantenführer und dahinter der Jockey, der den Ball schlägt. Der Zeitvertreib hat auch einen guten Zweck. Das eingespielte Geld dient arbeitslosen Elefanten.

b) Erkläre einer Lernpartnerin / einem Lernpartner, was du über Elefantenpolo in Thailand erfahren hast.

Satzglieder bestimmen

INFO
Das **Prädikat** gibt im Satz an, was geschieht oder was jemand tut. So erfragst du die übrigen Satzglieder:
› **Subjekt:** *Wer/Was?*
› **Dativ-Objekt:** *Wem?*
› **Akkusativ-Objekt:** *Wen/Was?*

4 Übertrage die folgende Tabelle in dein Heft und sortiere die unterstrichenen Satzglieder aus dem Text passend ein.

Subjekt	Prädikat	Dativ-Objekt	Akkusativ-Objekt
Elefanten	rennen	...	...
...	...		

Tipp: Du kannst dir helfen, indem du die Satzglieder erfragst, z.B.:
Wer/Was rennt über das Spielfeld? → die Elefanten
Wen/Was tragen die Elefanten? → ...

5 Baumstammwerfen – was ist das? Lies dazu den Text.

Anleitung zum Baumstammwerfen

Schottland ist ein raues Land mit vielen Bergen, Wind und Regen. [...] <u>Zum Kräftemessen</u> stoßen bullige* Männer in karierten Röcken Steinbrocken <u>durch die Gegend</u> oder
5 schleudern einen Hammer <u>über einen Acker</u>, so weit sie können. Doch nichts bringt mehr Bewunderung ein als ein Sieg im Baumstammwerfen! Bei diesem Wettkampf wuchten* die Teilnehmer einen vier bis fünf Meter langen
10 Stamm <u>an einem Ende</u> hoch, laufen an – und schleudern das schwere Teil <u>mit aller Kraft</u> weg: Das Holz dreht sich <u>in der Luft</u>, prallt <u>auf sein anderes Ende</u> und kippt <u>nach vorn</u>. [...] Sieger ist derjenige, dessen Baumstamm <u>nach dem Fallen</u> <u>am geradesten</u> von ihm weg zeigt.

bullig: kräftig

(hoch)wuchten: mit viel Kraft anheben

a) Stellt einander zu zweit Fragen zum Textinhalt und beantwortet sie.

b) Erstelle mit Hilfe der Informationen im Merkkasten eine Tabelle und sortiere die unterstrichenen adverbialen Bestimmungen ein.

adverbiale Bestimmungen unterscheiden

❗ Adverbiale Bestimmungen

Adverbiale Bestimmungen sind Satzglieder, mit denen man nähere Angaben zu einem Geschehen machen kann.
Folgende adverbiale Bestimmungen gibt es:
- zum **Ort** (z. B. *auf dem Spielfeld*) – Wo? Wohin? Woher?
- zur **Zeit** (z. B. *am Samstag*) – Wann? Wie lange? Wie oft?
- zur **Art und Weise** (z. B. *mit guter Laune*) – Wie? Womit?
- zum **Grund** (z. B. *wegen des Regens*) – Warum? Wozu?

6 Lies den folgenden Text über eine weitere ungewöhnliche Sportart. Es fehlen allerdings einige adverbiale Bestimmungen.

Wenn Gummistiefel fliegen

Seit 1975 wird der Gummistiefelweitwurf in Finnland als offizieller Mannschaftssport ausgetragen. Um ...... (stets/ständig/regelmäßig) Wettbewerbe durchzuführen, gründete man einen Weltverband. Die Zahl der aktiven Gummi-
5 stiefelwerfer wuchs ...... (massiv/schnell/großartig). Das Ziel dieses Sports ist es, den Stiefel ...... (möglichst weit/möglichst endlos/möglichst fern) zu werfen. Die Schwierigkeit besteht darin, dass der Stiefel in der Luft ...... (minutenlang/innerhalb weniger Sekunden/augenblicklich) an Geschwindigkeit verliert.

a) Überlege, welche adverbiale Bestimmung in Klammern jeweils am besten passt. Schreibe den Text ab und fülle die Lücken.

b) Benenne die Art der eingefügten adverbialen Bestimmung.

adverbiale Bestimmungen passend verwenden

Sätze verbinden

1 a) Wann und wo wurde der Fußball erfunden? Stelle Vermutungen an.

b) Lies den Text und gib kurz wieder, was du über Fußball erfährst.

Viele vermuten den Ursprung des Fußballs in England. Schon 2700 v. Chr. kickten chinesische Soldaten Lederkugeln in Netze.
5 Heute weiß man einiges über die Anfänge des englischen Fußballs. 1846 wurden dort die ersten Fußballregeln festgehalten. Die Fußballer
10 mussten früher Mützen und knielange Hosen tragen. Dann durften sie in der Mannschaft mitspielen.

c) Der Text besteht nur aus Hauptsätzen. Woran erkennt man diese?

d) Was kennzeichnet im Unterschied dazu einen Nebensatz? Erkläre.

2 a) Verbinde immer zwei aufeinanderfolgende Sätze des Textes so, dass insgesamt drei Satzgefüge entstehen. Verwende passende Konjunktionen und schreibe die Satzgefüge auf, z. B.:
Viele vermuten den Ursprung des Fußballs in England, (Hauptsatz)
obwohl .... (Nebensatz)

b) Vergleiche deinen Text mit dem Text oben. Welcher gefällt dir besser? Begründe.

3 Verbinde die ersten vier Sätze (Z. 1–9) so, dass zwei Satzreihen entstehen. Schreibe sie auf.

4 a) Lies den folgenden Bandwurmsatz über das „Wunder von Bern". Was fällt dir auf?

Der 4. Juli 1954 steht für „das Wunder von Bern", weil die deutsche Mannschaft im Endspiel der Fußball-Weltmeisterschaft völlig unerwartet den Favoriten Ungarn mit 3:2 besiegte, obwohl Ungarn zuvor viereinhalb Jahre kein Länderspiel verloren hatte
5 und außerdem über viele sehr gute Spieler verfügte.

b) Streiche die Konjunktionen und erstelle einen Text, der aus vier Hauptsätzen besteht. Schreibe die Sätze auf.

c) Überprüfe abschließend die Position des Prädikats in jedem Satz und unterstreiche es.

Haupt- und Nebensätze erkennen
→ S. 219

INFO
Satzgefüge:
Hauptsatz + Nebensatz
Wichtige Nebensatz-Konjunktionen:
weil
da
während
wenn
als
obwohl
damit
sobald

INFO
Satzreihe:
Hauptsatz + Hauptsatz
Wichtige Hauptsatz-Konjunktionen:
doch
aber
denn
und
oder

INFO
Bei den Hauptsatz-Konjunktionen *und* und *oder* muss man kein Komma setzen.

5 Den folgenden Satz kannst du viermal sinnvoll ergänzen.

Adverbialsätze verwenden

1954 geschah in Bern ein Wunder, …
… obwohl Ungarn Favorit für den Sieg war.
… weil die deutsche Mannschaft unerwartet Weltmeister wurde.
… als Helmut Rahn das erlösende 3:2 schoss.
… indem sechs Minuten vor dem Schlusspfiff ein Tor fiel.

Wie kannst du den Nebensatz jeweils erfragen? Schreibe Fragen auf, z. B.: *Trotz welcher Gegengründe geschah 1954 in Bern ein Wunder?*
→ *…, obwohl Ungarn Favorit für den Sieg war.*

> **❗ Adverbialsätze (adverbiale Nebensätze)**
>
> Nebensätze, in denen adverbiale Bestimmungen umschrieben werden, nennt man Adverbialsätze. Man unterscheidet z. B. diese:
> *Das Fußballspiel begeisterte die Zuschauer, …*
> - … **weil** *die Mannschaften fair spielen.* → Frage nach dem **Grund:** Warum? (Kausalsatz)
> - … **obwohl** *oft gefoult wurde.* → Frage nach den **Gegengründen:** Trotz welcher Gegengründe? (Konzessivsatz)
> - … **indem** *alle Spieler hervorragend spielten.* → Frage nach der **Art und Weise:** Wie? (Modalsatz)
> - … **als** *in der 84. Minute noch ein Tor fiel.* → Frage nach der **Zeit:** Wann? Wie lange? (Temporalsatz)

6 Ergänze die Nebensätze, indem du passende Konjunktionen verwendest. Schreibe die Satzgefüge auf und unterstreiche die Konjunktionen.

Viele Fans kamen heute ins Stadion, *weil* ……. (Kausalsatz)
Dem Stürmer gelang ein Tor, ……. (Modalsatz)
Der Trainer tobte, ……. (Temporalsatz)
Die Mannschaft gewann das Spiel, ……. (Konzessivsatz)

7 Bist du ein Fußballfan? Hier sind einige Meinungen dazu:

dass-Sätze bilden

INFO
dass oder *das*?
Kannst du *dieses* oder *welches* einsetzen, schreibst du *das*.
Ist dies nicht möglich, schreibst du *dass*.
Vor der Konjunktion *dass* steht immer ein Komma! Oft stehen diese Verben davor: *sagen, glauben, denken, meinen, wissen*

Was ist deine Meinung? Formuliere passende *dass*-Sätze und schreibe sie auf, z. B.:
Ich bin (nicht) der Ansicht, dass … / Ich denke (nicht), dass … / Meiner Meinung nach ist es (nicht) richtig, dass …

Nachdenken über Sprache

Relativsätze verwenden

Satzgefüge untersuchen

1 a) Lies die beiden Kurzbeschreibungen. Was unterscheidet sie?

In dem Buch „Kick it like Beckham" geht es um ein indisches Mädchen. Das Mädchen spielt für sein Leben gern Fußball.

In dem Buch „Kick it like Beckham" geht es um ein indisches Mädchen, das für sein Leben gern Fußball spielt.

b) Welche der Beschreibungen gefällt dir besser? Begründe.

c) Beschreibe, wie im zweiten Text die Sätze verknüpft werden.

einen Klappentext verstehen

INFO
Der **Klappentext** ist ein Informationstext, der auf den Umschlagklappen oder auf der Rückseite eines Buches abgedruckt ist.

Jura: Wissenschaft, die sich mit Gesetz und Recht beschäftigt

2 a) Lies den Klappentext des Buches.

In dem Buch „Kick it like Beckham" von Narinder Dhami spielt Jess, Tochter einer in Großbritannien lebenden Familie mit indischen Wurzeln, leidenschaftlich gerne Fußball. Ihre Eltern allerdings haben ganz andere Vorstellungen von der Zukunft ihrer
5 Tochter: Sie soll einen netten indischen Mann heiraten und Jura* studieren. Doch Jess will nur eins: Fußball spielen. Sie lernt die Engländerin Juliette kennen und schließt sich ihrer Frauenfußballmannschaft an. Jess überzeugt bald mit ihren sehr guten Leistungen und verliebt sich Hals über Kopf in Trainer Joe. Ihren
10 Eltern gegenüber verheimlicht Jess allerdings, dass sie Fußball spielt. Am Tag des wichtigen Endspiels findet unglücklicherweise die Hochzeit ihrer Schwester Pinky statt. Jess weiß, dass sie bei dieser wichtigen Familienfeier nicht fehlen kann ...

b) Gib kurz in eigenen Worten wieder, worum es in dem Buch geht.

c) Wie könnte die Geschichte ausgehen? Stelle Vermutungen an.

Hauptsätze und Relativsätze verknüpfen

3 Verknüpfe folgende Hauptsätze in der linken Spalte mit passenden Nebensätzen aus der rechten Spalte und schreibe sie auf, z.B.:
In dem Buch „Kick it like Beckham" geht es um ein Mädchen, das sehr gerne Fußball spielt.

– In dem Buch „Kick it like Beckham" geht es um ein Mädchen, ...	– ... die sie zu ihrer Frauenfußballmannschaft mitnimmt.
– Jess hat ein Problem mit ihren Eltern, ...	– ... das am Hochzeitstag ihrer Schwester stattfindet.
– Sie lernt Juliette kennen, ...	– ... das sehr gerne Fußball spielt.
– Trainer der Frauenfußballmannschaft ist Joe, ...	– ... die ganz andere Pläne mit ihrer Tochter haben.
– Jess fiebert dem Endspiel entgegen, ...	– ... der von Jess' Talent begeistert ist.

❗ Relativsätze

- Nebensätze, die ein Nomen (Bezugswort) näher erklären, nennt man **Relativsätze.** Sie folgen dem Nomen meistens direkt und beginnen mit einem **Relativpronomen,** z. B.:
  der/die/das oder *welcher/welche/welches.*
- Ein Relativsatz wird immer durch ein Komma vom Hauptsatz abgetrennt, z. B.:

  *Fußball ist ein Sport, **der** Mädchen und Jungen begeistert.*
     Hauptsatz   Relativsatz

- Wird ein Relativsatz in einen Satz eingeschoben, dann setzt man vor und hinter dem Relativsatz ein Komma, z. B.:

  *Die Fußballweltmeisterschaft, **die** alle vier Jahre stattfindet,*
      Hauptsatz   Relativsatz
  ist auf der ganzen Welt beliebt.
      Hauptsatz

4 Relativpronomen können in verschiedenen Fällen verwendet werden. Schreibe die Sätze ab. Unterstreiche die Relativpronomen und markiere mit einem Pfeil, auf welches Nomen sie sich jeweils beziehen.

Relativpronomen in verschiedenen Fällen verwenden

- Franz Beckenbauer, den man unter dem Spitznamen „Der Kaiser" kennt, gilt als einer der besten deutschen Fußballspieler aller Zeiten.
- Pelé, dem dreifachen brasilianischen Fußballweltmeister, wurde der Titel „Sportler des Jahrhunderts" verliehen.
- Diego Maradona ist ein argentinischer Fußballer, dessen großartige Karriere aufgrund von Drogenskandalen endete.

5 Schreibt in Partnerarbeit Relativsätze auf, mit denen ihr berühmte Personen oder Gegenstände näher erklärt, z. B.:
*Beckham ist ein Fußballer, der bei Manchester United gespielt hat.
Tischtennis ist eine Sportart, die mir überhaupt nicht gefällt.*

Relativsätze formulieren

Das habe ich gelernt

- Bestimme die Satzglieder im folgenden Satz und begründe.
  Am Montag fiel unser Sportfest wegen Glätte aus.

- „Auf jede Präposition folgt ein bestimmter Fall."
  Erkläre diesen Satz und schreibe zwei Beispielsätze dazu auf.

- Welche Adverbialsätze kennst du? Woran erkennt man sie?

- Ein Relativsatz ist ein Nebensatz, der …

- Das kann ich schon gut: … / Das möchte ich mir merken: …

Schreibe in dein Heft oder Portfolio.

Anwenden und vertiefen

dass-Sätze bilden

HILFEN
- Ich finde, dass …
- Ich meine, dass …
- Ich bin der Ansicht, dass …
- Ich glaube, dass …

1 a) Lies den Text.

Kicker als Gärtner

Fußballspieler kennen das. Im Frühjahr sind viele Plätze wochenlang gesperrt. Der Rasen muss gemäht, gewässert und gedüngt werden. Das ärgerte Daniel
5 Wilhelms so sehr, dass sich der 26-jährige Freizeitkicker und Design-Student etwas ganz Besonderes ausdachte: Fußballschuhe mit eingebautem Rasendünger! In die Stollen unter der Sohle sind Kapseln mit Nährstoffen eingebaut. Beim Herumlaufen bohren sich die Stollen zunächst in den Rasen
10 und lockern so die Oberfläche. Die Stollen bohren den Dünger in die Erde. Sie sorgen dafür, dass die Grashalme „Futter" bekommen.

b) Wie gefällt dir die Idee von Daniel Wilhelms? Drücke deine Meinung mit Hilfe von *dass*-Sätzen aus.

Satzglieder bestimmen

Satzglieder umstellen

2 a) Bestimme alle Satzglieder der beiden markierten Sätze im Text.

b) Es gibt mehrere Möglichkeiten, die Satzglieder der Sätze sinnvoll zu ordnen. Schreibe alle auf.

Satzgefüge und Satzreihen bilden

INFO
- **Satzgefüge:** Hauptsatz + Nebensatz
- **Satzreihe:** Hauptsatz + Hauptsatz

3 a) Verbinde Satz 2 und 3 (Z. 1–3) so, dass ein Satzgefüge mit einem Kausalsatz entsteht.

b) Forme das Satzgefüge in eine Satzreihe um, ohne dass sich der Sinn verändert.

c) Verbinde die beiden letzten Sätze sinnvoll und schreibe sie auf.

Relativsätze bilden

TIPP
Achte auf die Kommasetzung.

4 a) Verbinde jeweils zwei Sätze so, dass ein Satzgefüge mit einem Relativsatz entsteht, z. B.:

Es gibt jetzt einen neuartigen Fußballschuh, der …

Es gibt jetzt einen neuartigen Fußballschuh.	Der Schuh kann noch mehr als Tore schießen.
Daniel Wilhelms erfand besondere Fußballschuhe.	Die Fußballschuhe düngen den Rasen beim Laufen.
Die Stollen bohren sich in die Oberfläche.	Die Oberfläche wird dadurch gelockert.
In den Kapseln befinden sich Nährstoffe.	Die Nährstoffe gelangen in die Erde.

Relativpronomen und Relativsätze bestimmen

b) Umkreise in jedem Satzgefüge das Relativpronomen und unterstreiche den Relativsatz. Markiere mit einem Pfeil das Nomen, das durch den Relativsatz näher bestimmt wird.

Teste dich selbst!
Sprache und Sprachgebrauch untersuchen

Schlafen Fische?

Wie der Mensch oder andere Tierarten muss auch der Fisch regelmäßig ausruhen. Augenlider hat er nicht, weshalb es nicht ganz einfach zu erkennen ist,
5 ob ein Fisch schläft, tot ist oder wach auf der Stelle dümpelt. Wissenschaftler haben es leichter. Sie messen den Stoffwechsel* der Tiere und wissen, dass dieser im Schlaf deutlich herabgesetzt wird. Die Stoff-
10 wechselfunktionen machen Pause. In freier Wildbahn können Taucher die Erfahrung machen, dass ein Fisch tot zu sein scheint und sich sogar anfassen lässt. Von der Berührung erwacht er und ergreift
15 die Flucht. Er hat einfach tief geschlafen. Aquarianer*, die nachts in ihr Fischbecken leuchten, werden die meisten Bewohner zwischen Pflanzen oder auf Blättern ruhend und oft auf der Seite liegend vorfinden. Außerdem kann es sein, dass einige Fische ihre schöne Farbe verloren haben und zum
20 Schlafen grau geworden sind. Damit wären sie in der Freiheit besser vor ihren Feinden geschützt. Einige Meeresbewohner haben sich ganz besondere Techniken einfallen lassen, um schlafend im Wasser zu überleben. So kann etwa der Thunfisch seine Gehirnhälften im Wechsel abschalten, um sie ausruhen zu lassen.

der Stoffwechsel: die Aufnahme und Umwandlung von Nahrung in andere Stoffe bei Lebewesen
der Aquarianer: Besitzer eines Aquariums

1 Welche Bedeutung haben die folgenden Wörter im Text?

dümpeln (Z.6):	**A** hin- und herschaukeln	**B** stark zittern	**C** flitzen
herabgesetzt werden (Z.9):	**A** weniger werden	**B** sich verändern	**C** steigen
in freier Wildbahn (Z.11):	**A** im Jagdgebiet	**B** in der Natur	**C** in der Wildnis
die Bewohner (Z.17):	**A** die Fische im Aquarium	**B** die Pflanzen im Aquarium	**C** die Besitzer der Fische

a) Schreibe das Wort und die richtige Erklärung auf.

b) Nenne jeweils die Textstelle, die dir geholfen hat, die richtige Bedeutung zu erschließen.

2 Bilde aus den folgenden Satzbausteinen „dass"-Sätze, die zum Text passen. Achte auf die richtige Zeichensetzung.

| Wissenschaftler haben herausgefunden | Es ist erstaunlich |

| Für schlafende Fische besteht in der Natur die Gefahr |

3 Tempusformen – richtig oder falsch? Korrigiere falsche Antworten.
 – **A** Von der Berührung erwacht er ... *Präteritum*
 – **B** ... und ergreift die Flucht. *Präsens*
 – **C** Er hat einfach tief geschlafen. *Plusquamperfekt*
 – **D** ... werden die meisten Bewohner auf der Seite liegend vorfinden. *Futur I*

4 Bestimme alle Satzglieder in diesem Satz.

Einige Meeresbewohner haben ganz besondere Techniken zu ihrem Schutz entwickelt.

5 Untersuche den folgenden Satz aus dem Text genauer.

Sie messen den Stoffwechsel der Tiere und wissen, dass dieser im Schlaf deutlich herabgesetzt wird.

 a) Bestimme die Wortarten der sieben markierten Wörter.

 b) Satzreihe oder Satzgefüge? Bestimme die Satzart und begründe.

 c) Wie lautet das Prädikat im zweiten Teilsatz? Es steht in einer besonderen grammatischen Form. Nenne sie.

6 Bestimme die Satzart des unterstrichenen Nebensatzes und die Wortart des markierten Wortes.

Aquarianer, die nachts in ihr Fischbecken leuchten, werden die meisten Bewohner [...] auf der Seite liegend vorfinden.

7 Verbinde die beiden folgenden Sätze so, dass einmal ein Satzgefüge und einmal eine Satzreihe entsteht.

Der Thunfisch kann sich im Schlaf vor Angreifern schützen.
Der Thunfisch kann seine Gehirnhälften abwechselnd abschalten.

8 a) Forme den folgenden Aktiv-Satz ins Passiv um:

Wissenschaftler untersuchten die Schlafgewohnheiten von Fischen.

 b) Forme den folgenden Passiv-Satz ins Aktiv um.

Durch eine graue Färbung werden manche Fische vor Angreifern geschützt.

Wörter deutlich aussprechen
Auf deutliches Sprechen achten

ab, man, der Garten, warten, schwarz, barsch, klatschen, du hast, er hat, das Bad

ihr habt, gehabt, die Jagd, die Magd, der Wal, fahrbereit, der Spaß, atemlos, seelenlos

der Tiger, die Rippe, ihr irrt, das Geschirr

die Rosen, die Rosse, das Ross, die Nase, die Nässe, nass, wachsam, das Kochsalz, der Rucksack, das Salz, der Hals

rauben, loben, geben

wir lobten ihn, es wurde geraubt, er gibt es gerne her, eine unbedeutende Stadt

Was weißt du schon?

- Die oben aufgeführten Wörter stammen aus einem Buch für Schauspieler, die die richtige Aussprache üben sollen. Probiert es selbst aus: Sprecht reihum ein oder zwei Wörter deutlich aus.
  Achtet dabei auf die deutliche Aussprache von
  – langen und kurzen Vokalen,
  – s-Lauten,
  – Endungen, die leicht „verschluckt" werden,
  – ähnlich klingenden Konsonanten wie d/t, b/p oder g/k.

- Berichtet, wo ihr Schwierigkeiten gehabt habt. Welche Wörter werden im Dialekt anders ausgesprochen als im Hochdeutschen?

- Eine deutliche Aussprache hilft dir bei der Rechtschreibung. Erkläre, wie.

- Wie funktioniert die Verwandtschaftsprobe und wobei kann sie helfen? Wann wendet man die Verlängerungsprobe an? Erkläre.

Richtig schreiben

Wörter mit langen Vokalen richtig schreiben

1 Lies den Text und gib wieder, worum es geht.

Boxen – nur für Jungs? Von wegen!

Gerade noch rechtzeitig konnte Lisa zur Seite hüpfen, da flog schon eine Faust haarscharf an ihren Ohren vorbei ins Leere. Der Angreifer gab nicht nach: Schon jagte seine Linke nach vorn. Lisa hatte keine Wahl und duckte sich. Sie betrachtete ihren Partner,
5 einen gleichaltrigen Jungen, der aber viel kräftiger war als sie –, und strahlte. Boxen machte sehr viel Spaß! Sprechen war nicht einfach, denn in ihrem Mund steckte ein Zahnschutz aus Gummi. Aber Lisa wollte auch nicht reden, sie musste sich schließlich wehren. Rasch hob sie die Fäuste, die in großen roten
10 Handschuhen steckten, warf mutig den Arm nach vorn und traf ihren Gegner an der Schulter.

a) Suche aus dem Text Wörter mit betonten langen Vokalen heraus. Lege eine Liste an und schreibe für jeden Vokal mindestens drei Wörter heraus. Kennzeichne die Vokallänge mit einem Strich.

Wörter mit betonten langen Vokalen
- *a-Vokale: gerade, haarscharf, nach, …*
- *e-Vokale: wegen, …* — *u-Vokale: …*
- *o-Vokale: flog, …* — *i-Vokale: …*

b) Wie kann ein langer Vokal geschrieben werden? Markiere die unterschiedlichen Schreibungen in deiner Liste mit verschiedenen Farben, z. B.: *gerade, haarscharf, nach*

c) Schreibe die Tabelle ab und ergänze für jede Schreibung mehrere Beispiele aus deiner Liste, z. B.:

Schreibung für betonte lange Vokale			
einfacher Vokal	Dehnungs-h	Doppelvokale	ie
gerade	wehren	haarscharf	sie
…	…	…	…

2 Diese Wörter werden mit einem Dehnungs-h geschrieben.

> die Erzählung nehmen zahm gähnen die Belohnung lehnen
> die Führung die Bohrung fehlen die Fähre das Gefühl
> ehrlich die Wahl sich wehren die Ermahnung ähnlich

a) Vor welchem Konsonanten steht das *h* jeweils? Liste auf, z. B.:

h vor *l*:	*h* vor *m*:	*h* vor *n*:	*h* vor *r*:
die Erzählung	nehmen	…	…

Wörter mit langen Vokalen hören und richtig schreiben

TIPP
Wenn du dir nicht sicher bist, schlage in einem Wörterbuch nach. Betonte lange Vokale sind darin mit einem Strich gekennzeichnet, z. B.: *gerade*

verschiedene Schreibweisen für betonte lange Vokale kennen

INFO
Die meisten Wörter mit betontem langem Vokal schreibt man mit einem einfachen Vokal, z. B.: *das Leben, schmal*

Wörter mit Dehnungs-h üben

INFO
Ein **Dehnungs-h** steht nur vor den Buchstaben *l, m, n* oder *r*, z. B.: *die Zahl, nehmen, der Lohn, bewahren*

Richtig schreiben

b) Fünf der Wörter im Kasten sind Verben. Bilde auch aus den anderen Wörtern Verben und schreibe sie auf, z. B.:
die Erzählung → erzählen, ehrlich → ehren

c) Bilde zu drei der Verben Wortfamiliensterne, indem du zu jedem Verb möglichst viele verwandte Wörter suchst. Unterstreiche den Wortstamm, z. B.:

die Erz<u>äh</u>lerin   die Erz<u>äh</u>lung
erz<u>äh</u>len

mit Wortfamilien arbeiten

INFO
Schreibst du ein Wort mit einem Dehnungs-*h*, so weißt du, dass alle Wörter aus dieser Wortfamilie mit einem Dehnungs-*h* geschrieben werden.

3 Ergänze in deiner Tabelle aus Aufgabe 1c) weitere Wörter mit den Doppelvokalen *aa*, *ee* und *oo*. Überprüft eure Ergebnisse in Partnerarbeit mit Hilfe eines Wörterbuches.

Lernwörter mit *aa*, *ee* und *oo* kennen
INFO
Die Vokale *i* und *u* werden nie verdoppelt.

Wörter mit *ie* üben

4 a) Lies den Text.

b) Schreibe alle Wörter mit *ie* aus dem Text heraus. Lies sie laut vor.

Lisa ist Boxerin und liebt das Kämpfen. Seit sieben Monaten geht sie jeden Dienstag in die Boxschule und lernt hier, richtig zu boxen. Da ziehen so manche die Augenbrauen hoch, denn Lisa sieht hübsch aus, ist zierlich – und schließlich ein Mädchen. Viele
5 Leute haben ein anderes Bild im Kopf, wenn sie an Boxer denken: riesige Kerle wie die siegreichen Klitschko-Brüder, mit Händen wie Tigerpranken und Armen, dicker als mancher Oberschenkel.

5 Die folgenden Verben schreibt man im Präteritum mit *ie*.
Notiere zu jedem Verb alle Personalformen im Präteritum, z. B.:
schreiben – ich schrieb, du schriebst, er schrieb,
wir schrieben, ihr schriebt, sie schrieben

TIPP
Du kannst auch eigene Beispiele ergänzen.

| bleiben   steigen   schreien   stoßen   halten   schweigen   verlassen |

❗ Verben mit langem *ie*
- Hörst du im Inneren eines Wortes einen langen betonten *i*-Vokal, musst du fast immer *ie* schreiben, z. B.:
  lieb, verdienen, fliegen, das Sieb
- Manche Verben werden im Präteritum mit *ie* geschrieben, z. B.:
  schreiben – ich schrieb, du schriebst; treiben – ich trieb, du triebst

6 a) Einige Wörter mit langem betontem *i*-Vokal schreibt man mit *i* statt mit *ie*. Suche die zwei Beispiele im Text von Aufgabe 4.

b) Welche Lernwörter mit *i* verstecken sich hier? Liste sie auf.

| ONIK → *das Kino*   LEBIB   PURIS   ESIRP   NIMAK   ENIDRAG
ENIWAL   ENIUR   ENISOR   LAENIL   KIRBAF   LIDOKORK   ENIHCSAM
KISUM   DILNEGUA   NEHCNINAK   RETIL   NIZNEB   ENISLEFPA |

Lernwörter mit einfachem *i* kennen

TIPP
Du solltest dir die Schreibung dieser Wörter gut einprägen. Auch die Wörter *wir, dir, mir, gib* gehören in diese Wortliste.

Richtig schreiben

Wörter mit kurzen Vokalen richtig schreiben

Wörter mit langen und kurzen Vokalen unterscheiden

1 a) Eisbaden – was ist das? Lies den Text laut vor. Prüfe dabei, ob der betonte Vokal der unterstrichenen Wörter lang oder kurz ist.

Mit Gänsehaut und klappernden Zähnen

Das Freibad <u>schlummert</u> in <u>tiefer</u> Winterstarre: Eine hauchdünne Schicht Eis bedeckt das Wasser und die Hitze des <u>nächsten</u> Sommers ist <u>noch</u> weit weg. Plötzlich trippeln Kinder in Bade-<u>anzügen</u> über den Weg. „Los, hopp!", ruft jemand. Ein <u>Kind</u> nach
5 dem anderen <u>geht</u> bibbernd ins Becken. Das Wasser ist eisig! Jonas schwimmt mit <u>flinken</u> Zügen, eine <u>halbe</u> Minute hält er durch, dann muss er schnell wieder raus. Er schnappt sein <u>Handtuch</u> und flitzt ins <u>mollig warme</u> Wasser des Innenbeckens. Geschafft! Die <u>kalte</u> Haut des Jungen fängt an zu kribbeln und alles wird herrlich
10 heiß. Das Eisbaden hält <u>ihn</u> sicher den ganzen <u>Winter</u> fit!

b) Schreibe die unterstrichenen Wörter mit kurzem Vokal ab und markiere den Vokal, z. B.: *schlu̇mmert, nȯch, das Ki̇nd*

c) Zwei deiner Wörter werden anders als die anderen geschrieben. Welche? Erkläre die Schreibung anhand der Regeln.

Wörter mit kurzen Vokalen richtig schreiben

INFO
> Nach einem betonten kurzen Vokal folgen meist zwei Konsonanten, z. B.:
der Wald, das Kind, der Winter
> Hörst du nach dem kurzen Vokal nur einen Konsonanten, wird dieser verdoppelt, z. B.:
der Affe, bitten
> Nach einem kurzen Vokal wird **ck** (statt *kk*) und **tz** (statt *zz*) geschrieben, z. B.:
schmecken, die Tatze

2 a) Schreibe aus dem Text alle Wörter mit Doppelkonsonanten heraus. Kennzeichne den kurzen Vokal mit einem Punkt, z. B.: *schlu̇mmert*

b) Suche die Wörter mit *ck* und *tz* im Text. Bilde weitere Verben aus den Bausteinen. Schreibe sie auf.

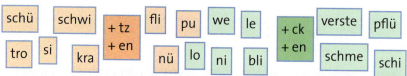

3 a) Verlängere – wenn nötig – die folgenden Wörter und schreibe sie in Silben zerlegt auf. Zeichne Silbenbögen ein und lies die Wörter schwingend vor, z. B.: *der Damm – die Dämme / Däm-me*

der Damm   der Mann   der Kuss   die Mappe   der Zettel
der Roller   die Rippe   das Fett   der Stall

die Verlängerungsprobe anwenden
→ S. 222

sprechschwingendes Schreiben
→ S. 222

TIPP
Ergänze bei den Nomen den passenden Artikel.

b) Doppelkonsonant oder einfacher Konsonant? Prüfe mit Hilfe passender Proben, bilde Sätze und schreibe sie auf.

der Pfif•   das Gif•t   die Rol•e   der Kam•   die Tin•te   der Grif•
die Rin•e   der Trit•   die Lam•pe   star•   der Mül•   fal•en
das Bet•   die Mas•e   das Fel•   der Stal•   der Sin•   der Ris•   die Bit•e

s-Laute richtig schreiben

1 a) Lies den Informationstext über das Eisbaden.

Eisbaden lässt Fresszellen* sprießen

Eisbaden ist Stress – aber gesunder, sagen Ärzte. Durch regelmäßiges Baden in eisigem Wasser wird erreicht, dass sich der Körper besser an Kälte gewöhnt. Der lässt dann mehr Blut durch die kleinen Adern unter der Haut fließen. So behalten die Badenden
5 bei frostigen Temperaturen warme Gliedmaßen. Die Eisbader müssen auch nicht so schnell Krankheiten fürchten. Denn schießt mehr Blut durch die Adern, sind auch mehr Fresszellen vorhanden. Diese vernichten aggressive Krankheitskeime.

die Fresszelle: Zelle im Blut, die Krankheitskeime zerstört

b) Schreibe alle Wörter mit Doppel-s heraus. Markiere den betonten kurzen Vokal mit einem Punkt und das Doppel-s farbig, z.B.: *lässt, die Fresszellen*

Wörter mit Doppel-s nach kurzem Vokal kennen

c) Schreibe alle Wörter mit ß nach langem betontem Vokal heraus. Markiere den betonten langen Vokal mit einem Strich und das ß farbig, z.B.: *sprießen*

Wörter mit ß nach langem Vokal kennen

TIPP
Die Umlaute *au, ei, eu* gelten als lange Vokale.

2 a) Ergänzt zu zweit die folgende Regel zur Schreibung der s-Laute und schreibt sie auf.

> **ß oder ss?**
> • Ein Doppel-s steht nur nach einem ▨ , z.B.: ▨, ▨, ▨
> • Ein ß steht nur nach einem ▨, z.B.: ▨, ▨, ▨

b) ß oder ss? Entscheidet zu zweit, wie die Wörter im folgenden Text geschrieben werden müssen. Schreibt die Sätze dann richtig ab.

> Wir genie▨en das E▨en. Die Schlo▨mauern waren alt und ri▨ig.
> Ich schlie▨e die Tür fest zu. Ihre Fü▨e wurden na▨.
> Achtung, bi▨iger Hund! Sie hatte Spa▨ beim Fu▨ballspiel.

3 Manchmal ändert sich der s-Laut innerhalb einer Wortfamilie.

Wortfamilien mit wechselnden s-Lauten kennen

a) Lies jedes Wort deutlich vor, schreibe es ab und ergänze ß oder ss.
schlie▨en → das Schlo▨, der Schlü▨el, der Schlu▨, abschlie▨bar
me▨en → das Ma▨, ma▨los, me▨bar, das Me▨er, das Ma▨band

INFO
wechselnde s-Laute
Der s-Laut kann sich innerhalb einer Wortfamilie ändern: wenn der kurze Vokal zu einem langen Vokal wird oder umgekehrt, z.B.:
> *schießen – der Schuss*
> *messen – das Maß*

b) Markiere die s-Laute und begründe bei jedem Wort die Schreibung.

4 Bilde mit den fünf Verben Sätze im Präsens und im Perfekt, z.B.:
Ich gieße täglich die Blumen. Ich habe schon alle gegossen.

> gießen   beißen   reißen   fließen   schießen

155

Ähnlich klingende Laute unterscheiden

b/p, g/k, d/t unterscheiden

1 a) Die markierten Wörter im Text enden mit ähnlich klingenden Konsonanten. Wende die Verlängerungsprobe an, um *b/p, g/k* und *d/t* zu unterscheiden, z. B.:
die Bank → die Bänke

Ein wiederkehrendes Hobby: das Bumerang-Werfen

Merve sitzt auf einer Ban**g/k** vor dem Bahnhof. Sie will den Zu**g/k** zu ihrem ersten Wettkampf auf Bur**g/k** Reinfelde nicht verpassen. Heute ist ihr großer Ta**g/k**. „Das wird spannen**d/t**!", glau**b/p** sie. Alles begann vor einem Jahr, als sie einen Bumerang als
5 Geschen**g/k** bekam.

b) Schreibe den Text ab und setze die richtigen Konsonanten ein.

INFO
Die Verlängerungsprobe anwenden:
> bei Nomen die Pluralform bilden, z. B.: *der Hun..? → die Hunde = der Hund*
> Adjektive steigern oder ein Nomen dazustellen, z. B.: *witzi..? → witziger, am witzigsten* bzw. *der witzige Clown = witzig*
> bei Verben den Infinitiv bilden, z. B.: *sie glau..?t → glauben = sie glaubt*

2 a) *b* oder *p*, *g* oder *k*, *d* oder *t*? Lies den Text und sprich die Wörter mit Lücken deutlich aus. Wende Proben an, um die richtige Schreibung herauszufinden.

„Du wirfst den Bumerang in die Luft und er findet allein den We.. zurück zu dir. Das ist lusti..!", sa..t Merve. „Außerdem baue ich mein Spor..gerä.. an der Wer..ban.. selbst, auch das ist spaßi..." Sie zei..t auf das Modell in ihrer Han.., ro..-gel..
5 gestreift ist es, mit einem Bil.. am Ran.. „Dan.. meines Hobbys bin ich häufi.. draußen, zurzeit fast tä..lich."

b) Diktiert euch den Text abwechselnd im Partnerdiktat.

Rechtschreibung im Partnerdiktat üben
→ S. 222

TIPP
Diktiere die Satzzeichen mit.

Adjektive mit dem Suffix *-ig* kennen

3 a) Verwende die folgenden Adjektive zusammen mit einem Nomen, z. B.: *das eklige Aussehen, die fähige Chefin*

| ekli.. | fähi.. | nöti.. | üppi.. | weni.. | ewi.. | einfälti.. | geizi.. |
| lästi.. | schmutzi.. | windi.. | zorni.. | häufi.. | merkwürdi.. | | |

b) Schreibe die Wörter mit *-ig* als Wortliste in dein Heft.

c) Die folgenden Wörter enden auf *-lich*. Beweise dies durch die Verlängerungsprobe, z. B.: *ehrlich → der ehrliche Mensch*
fröh**lich** künst**lich** jähr**lich** ärger**lich** häss**lich**

Wörter mit *-ig* am Ende

Das Suffix *-ig* am Wortende wird oft wie *-ich* ausgesprochen, z. B.:
der König („Könich"), *trotzig* („trotzich"), *sperrig* („sperrich")
Hier hilft die **Verlängerungsprobe.** Das *g* wird deutlich hörbar, z. B.:
die Könige, das trotzige Kind, die sperrige Kiste

4 Die Vokale *ä/e* und *äu/eu* klingen gleich. In diesem Wortgitter sind waagerecht und senkrecht 16 Wörter versteckt, je vier mit *ä, e, äu* und *eu*.

ä/e und äu/eu unterscheiden

a) Suche alle Wörter heraus und schreibe sie geordnet auf, z. B.:
Wörter mit ä: gefährlich

INFO
den Wortstamm nutzen
ä oder *e*, *äu* oder *eu*?
Suche nach verwandten Wörtern. Findest du im Wortstamm ein *a*, schreibst du *ä*, z. B.: *gefährlich – die Gefahr, die Kränze – der Kranz, das Gebäude – bauen*

F	E	L	L	T	A	B	Q	T	Z	S	S	T	R	Ä	U	C	H	E	R
R	T	B	G	E	R	Ä	U	S	C	H	C	K	A	T	P	N	M	I	B
Q	T	W	F	V	X	L	Y	R	D	T	H	Ä	U	S	L	I	C	H	O
G	E	F	Ä	H	R	L	I	C	H	Z	L	R	K	L	E	S	N	U	K
R	D	C	L	F	W	E	Q	N	B	R	Ä	N	D	E	U	T	B	G	Z
E	T	N	L	J	U	K	B	F	R	E	U	E	N	Z	G	P	E	U	T
L	V	B	E	U	T	E	L	W	Y	H	C	N	A	T	N	B	L	N	Ü
L	I	J	N	Ö	N	X	E	T	B	M	H	D	A	S	E	O	L	N	I
U	H	Z	T	V	H	K	M	S	C	H	E	L	L	E	N	P	E	J	R
V	K	R	E	U	Z	U	N	G	F	T	G	N	A	O	P	R	N	Q	C

b) Erkläre bei jedem Wort, wie du die richtige Schreibung herausfinden kannst.

5 a) Lies den letzten Textteil über Merves Hobby vor und ergänze die Lücken.

„Ich probiere h...fig neue Wurftechniken aus. Das ist manchmal qu...lend, aber man l...ft viel und bekommt außerdem eine schöne Br...ne!", sagt Merve und blinzelt in den bl...lichen Himmel. „Manche Fr...nde finden mein Hobby unverst...ndlich,
5 fast ein R...tsel, aber ich liebe es. Ich tr...me davon, zu den j...hrlichen Meisterschaften nach Australien zu fliegen – das wäre erfr...lich!"

b) Die markierten Wörter werden entweder mit *ä/e* oder *äu/eu* geschrieben. Suche zu den Wörtern mit *ä* und *äu* verwandte Wörter, die die richtige Schreibung zeigen, z. B.:
häufig: der Haufen, sich häufen, gehäuft

mit Wortfamilien arbeiten

c) Arbeitet zu zweit. Diktiert einander den Text im Partnerdiktat.

Richtig schreiben

Das habe ich gelernt

- Bei welchen der folgenden Rechtschreibfragen hilft dir eine genaue Aussprache? Begründe mit Hilfe von Beispielen.
  – *mit h / ohne h?* – *einfacher / doppelter Konsonant?*
  – *i / ie / ih?*   – *ähnlich / gleich klingende Konsonanten/Vokale*

- Die Verlängerungsprobe wende ich an, wenn …

- Die Verwandtschaftsprobe wende ich an, wenn …

Schreibe in dein Heft oder Portfolio.

Anwenden und vertiefen

| die Gefahr, ich aß, die Seele, der Dienst, sie rief, gib mir ..., die Bleistiftmine, der Irrtum, kaputt, das Fahrrad, zurück, ihr, richtig, die Maschine, reichlich, entgleisen, abends, es entfällt | ich erschrak, das Leergut, ängstlich, Lieblingslied, er liest, das Augenlid, gib dir ..., nummerieren, sie nimmt, plötzlich, allein, gänzlich, ziemlich, entkommen, er fällt, ihr, winzig, die Mandarine, der Jugendliche |

Lernwörter mit i/ih/ie, d/t und b/p, g/k, ee ig/lich

Rechtschreibung im Partnerdiktat üben
→ S. 222

TIPP
Diktiere die Satzzeichen mit!

1 a) Die beiden Kästen enthalten wichtige Wörter, die oft falsch geschrieben werden. Lies alle Wörter und merke dir ihre Schreibung.

b) Suche dir eine Lernpartnerin / einen Lernpartner. Wählt je einen der Kästen aus und diktiert einander abwechselnd die Wörter.

c) Tauscht eure Hefte aus und überprüft die Rechtschreibung genau. Streicht falsch geschriebene Wörter an.

d) Untersucht eure Fehlerwörter. Erklärt jeweils, warum das Wort falsch geschrieben ist und wie sich dieser Fehler vermeiden lässt. Schreibt falsch geschriebene Wörter zweimal verbessert auf.

2 Bilde mit den Übungswörtern aus den Kästen oben sinnvolle Sätze und schreibe sie auf, z. B.: *Sie spürte die Gefahr.*

Wörter mit s-Lauten richtig schreiben

3 a) ss oder ß? Lies den folgenden Text laut und prüfe, welche s-Laute in die Lücken gehören.

Mika lie__ sich Zeit. Ab und zu gab er einer alten Wa__erflasche auf der Stra__e einen Sto__, nur so zum Spa__. Zu Hause hatte sein Vater schon sein Mittage__en aufgege__en. Mika setzte sich und fing an zu e__en. Sein Vater fragte: „Hast du nicht etwas
5 verge__en? Wei__t du nicht, da__ heute Fu__ball ist?" Mika blieb der Bi__en im Halse stecken. Natürlich! Er mu__te doch seine Mannschaft ins Finale schie__en! Schlie__lich war er der Spieler mit den besten Torschü__en. Hastig go__ er sich noch etwas zu trinken ein. Er durfte das Spiel nicht verpa__en. Nicht zu fa__en,
10 da__ er es beinahe verge__en hatte! Aber er würde sein Team nicht im Stich la__en!

b) Schreibe den Text in der richtigen Rechtschreibung ab.

kurze Vokale richtig schreiben

4 Einfacher Konsonant oder Doppelkonsonant?
Mache die Verlängerungsprobe. Lies die Verlängerungen laut vor und schreibe sie nach Silben getrennt auf, z. B.:
irrtümlich → sich irren → sich ir-ren

i__tümlich   die Erke__tnis   der Ti__fehler   der Re__ungsring
der Sta__sinn   die Verge__lichkeit   pa__genau

Wortbausteine erkennen
Auf Vor- und Nachsilben achten

Was weißt du schon?

- Aus diesen Bausteinen kannst du Wörter bauen. Probiere aus, wie viele Wörter du in drei Minuten bauen kannst, und schreibe sie auf.
- Untersuche deine Liste. Unterstreiche Nomen, Adjektive und Verben mit unterschiedlichen Farben.
- Wie und woran hast du die Wortart jeweils erkannt? Erkläre.
- Welche der abgebildeten Bausteine sind Präfixe (Vorsilben), welche sind Suffixe (Nachsilben)? Nenne weitere Beispiele.
- Wie kann dir das Wissen über Wortbestandteile bei der Rechtschreibung helfen?

Wörter zerlegen

Auf Wortbausteine achten

1 a) Die unterstrichenen Wörter im folgenden Text sind nicht einfach zu schreiben. Erkläre warum.

Ein schmuckloses Pappplakat hängt an einer unauffälligen Bürotür, eine eingerissene Kunststofffolie darüber soll es vor Feuchtigkeit schützen. Dabei gibt es hier Spannendes zu
5 entdecken: Micha bietet Schifffahrten auf der Themse* an. „Früher war ich Rettungsschwimmer, auch mal Schwimmmeister*, aber das war zu langweilig. Mein Beruf sollte vielfältig sein und etwas mit meiner Seeerfahrung zu tun haben, das ist bis heute meine Auffassung", sagt
10 der Zweimetermann. „Ich habe meinen Traumberuf gefunden."

die Themse: Fluss in Südengland
der Schwimmmeister: Bademeister

Wortbausteine erkennen

TIPP
Sprechschwingendes Schreiben hilft dir hier.
→ S. 222

b) Sprich die Wörter deutlich aus und schreibe alle Bausteine auf, z. B.:
(schmuck)(los), das (Papp)(plakat)

> **Bauweise von Wörtern erkennen**
>
> Wörter können auf zwei verschiedene Weisen gebaut werden:
> - **Zusammensetzungen** bestehen aus mindestens zwei Wörtern. Achte auf das Fugenelement, z. B.:
>   Hund|e|hütte; Scheune|n|tor, Kind|s|kopf
> - **Ableitungen** bestehen aus einem Wortstamm, an den Präfixe (Vorsilben) oder/und Suffixe (Nachsilben) angefügt werden, z. B.:
>   be|rühren   die Acht|ung   sicht|bar   un|glück|lich
>   Präfix   Suffix   Suffix   Präfix Suffix

2 Untersuche den Aufbau der folgenden Wörter.

> das Handtuch   die Ähnlichkeit   kräftig   beenden   das Putzzeug
> freundlich   strebsam   der Staubbeutel   die Säuberung

Zusammensetzungen und Ableitungen unterscheiden

a) Welche der Wörter sind Zusammensetzungen, welche sind Ableitungen? Überlegt zu zweit.

b) Zerlege jedes Wort in seine Bausteine und schreibe sie auf, z. B.:
Zusammensetzungen: das (Hand)(tuch)
Ableitungen: die (Ähn)(lich)(keit)

den Wortstamm erkennen

c) Markiere bei den Ableitungen jeweils den Wortstamm, wie im Beispiel oben. Wie kann dir der Wortstamm bei der Rechtschreibung helfen?

mit Wortfamilien arbeiten

d) Schreibe zu jedem zusammengesetzten Wort drei Verwandte auf. Tipp: Macht einen Wettbewerb. Wer findet innerhalb von drei Minuten die meisten verwandten Wörter?

Nomen, Adjektive und Verben richtig schreiben

3 Traumberuf Krankenschwester? Lies die folgende Wortsammlung.

a) Welche Wörter sind Nomen und müssen großgeschrieben werden? Welche der Wörter sind Adjektive? Überlegt zu zweit, anhand welcher Wortbausteine ihr die Wortarten erkennt.

an Suffixen und Präfixen die Wortart erkennen

BEREITSCHAFT   HEILSAM   FIEBRIG   EREIGNIS   HYGIENISCH
BEHANDLUNG   KRANKHEIT   IRRTUM   BESUCHERIN
KRÄNKLICH   BEWACHUNG   FLÜSSIGKEIT

b) Trage die Wörter in der richtigen Schreibung in eine Tabelle ein (Nomen mit Artikel) und markiere die Suffixe und Präfixe farbig, z. B.:

Nomen	Adjektive
die Bereitschaft	heilsam

4 a) Bilde mit Hilfe von Präpositionen aus den folgenden Verben neue Verben und schreibe sie auf, z. B.: *aufnehmen, annehmen*

Verben mit Präpositionen bilden

| nehmen | suchen | fallen | stehen | halten |
| teilen | melden | stellen | reden | machen |

INFO
Verben werden oft mit **Präpositionen** kombiniert, z. B. mit: *an, auf, aus, bei, durch, mit, nach, über, um, unter, vor, zu*
Diese werden immer gleich geschrieben.

b) Bei welchen deiner neuen Verben endet die Präposition mit dem gleichen Buchstaben, mit dem der Verbstamm beginnt? Markiere diese schwierigen Stellen, z. B.: *annehmen*

5 Das Präfix *ent-* kann man leicht mit dem Stamm *end* (von *Ende*) verwechseln. Lege dazu zwei Wortlisten in deinem Heft an.

das Präfix ent- und den Wortstamm end unterscheiden

a) Bilde aus diesen Wortbausteinen Wörter zur Wortfamilie *end*.
Wochen los end un end end be enden End ung station
ver enden voll lich ende End lich end gültig enden

b) Suche Verben mit dem Präfix *ent-*, indem du die Lücken ergänzt, z. B.:
die Waffe abnehmen: jemanden *entwaffnen*; **ein Rätsel lösen:** etwas ent...; **jemandem den Mut nehmen:** ihn ent...; **etwas Seltenes finden:** etwas ent...; **ein Versprechen nicht halten:** jemanden ent...

c) Schreibt weitere Umschreibungen auf und lasst euch gegenseitig raten, welche Verben mit ent- gemeint sind.

TIPP
Kontrolliert die Schreibung der Wörter im Wörterbuch.

ent- oder end-?

- **end-** kommt vom Wortstamm *Ende*. Frage dich: Hat das Wort etwas mit *Ende* zu tun? Dann schreibe *-end-*, z. B.: *beenden, endlos, endlich*
- **ent-** hat oft die Bedeutung „weg", „fort", z. B.: *entleihen, entreißen, entlaufen, entkommen*

Fremdwörter richtig schreiben

Fremdwörter erkennen und verstehen

1 a) Im folgenden Text sind alle Fremdwörter unterstrichen. Lies sie laut vor und umschreibe ihre Bedeutung mit eigenen Worten.

Es fing in den Ferien an: Elia brachte sich das <u>Jonglieren</u> bei. Mit 14 Jahren hatte er seine erste <u>Show</u>. Heute ist Elia <u>professioneller</u> <u>Artist</u> und bildet zudem <u>interessierte</u> Kinder in seinem <u>Studio</u> aus. Natürlich besteht seine Arbeit nicht nur aus <u>Fun</u> und
5 begeisterten <u>Fans</u>. Elia <u>trainiert</u> täglich, denn „ein <u>Akrobat</u> muss ständig <u>fit</u> sein. Wir üben bis zur <u>Perfektion</u> am Boden, bevor wir uns in die Höhe begeben. Ein Unfall, eine <u>Operation</u> könnte das Ende unserer <u>Karriere</u> bedeuten."

Wörter im Fremdwörterbuch nachschlagen

b) Schlage fünf der Fremdwörter in einem Fremdwörterlexikon nach und notiere die Bedeutung, die im Text zutrifft.

TIPP
Manchmal haben Wörter mehrere Bedeutungen.
→ S. 126

2 a) Viele moderne Fremdwörter sind aus dem Englischen, z. B.:
das Training, der Clip, das Internet, chatten. Diskutiert, warum.

b) Umschreibt zu zweit englische Fremdwörter und lasst die anderen raten, was ihr meint, z. B.:
mit dem Rechner Briefe verschicken: emailen

INFO
Fremdwörter auf *-ieren*:
> *informieren*
> *funktionieren*
Fremdwörter auf *-(t)ion*:
> *die Nation*
> *die Diskussion*
Fremdwörter auf *-iv*:
> *aggressiv*
> *attraktiv*
Fremdwörter auf *-iell*:
> *finanziell*
> *speziell*

Fremdwörter an den Bausteinen erkennen

- **Fremdwörter** wurden aus anderen Sprachen ins Deutsche übernommen. Sie haben eine **ungewöhnliche Schreibung** und oft eine besondere Aussprache, z. B.:
  Operation (sprich: *Operazion*), *Laptop* (sprich: *Läptop*)
- Fremdwörter erkennst du an **typischen Wortbausteinen**, z. B. an den Suffixen: *-ieren, -(t)ion, -tät, -iv, -iell*

Verben auf *-ieren* richtig schreiben

3 a) Sammelt zu zweit möglichst viele Verben auf *-ieren*, z. B.:
diskutieren, reparieren

b) Schreibe zu jedem Verb einen sinnvollen Satz, z. B.:
Der Talkmaster diskutiert mit den Gästen in der Fernsehshow.

TIPP
Klärt die Bedeutung unbekannter Wörter mit Hilfe eines Fremdwörterlexikons.

c) Forme die folgenden Verben auf *-ieren* in Nomen mit dem Suffix *-(t)ion* um, z. B.: *funktionieren – die Funktion*

kombinieren   informieren   produzieren   dekorieren   reagieren

Adjektive auf *-iv* in Nomen auf *-(i)tät* umformen

4 Die folgenden Adjektive auf *-iv* haben als Nomen das Suffix *-ität*. Schreibe beide auf und markiere die Suffixe, z. B.:
aggress<mark>iv</mark> – die Aggressiv<mark>ität</mark>

attraktiv   exklusiv   kreativ   aktiv   naiv

Worttrennung am Zeilenende

1 a) Erkläre, wie du vorgehst, wenn du ein Wort trennen willst.

b) Lies die Wörter langsam und deutlich nach Silben getrennt vor. Schreibe sie auf, z. B.: *der Na-me*

> der Name die Haustür der Schaukelstuhl die Bälle die Reklame
> die Ruine die Freundschaft lesbar feindlich die Aufmerksamkeit

Wörter am Zeilenende richtig trennen

TIPP
Trennungen sind eine häufige Fehlerquelle. Vermeide sie deshalb soweit wie möglich. Am einfachsten ist die Trennung nach einem ganzen Wort, z. B.: *das Motor-boot*

2 a) Schreibe die folgenden Wörter mit den Trennungsstrichen ab, z. B.:
*der Vo-gel   die Kla-ge   die Hil-fe   die Grup-pe
die Wüs-te*

b) Untersuche die Silben: Wie viele Vokale hörst du jeweils?

Silben untersuchen

3 a) Lies die Regeln: Erkläre, wie du trennen musst, wenn du nur einen Konsonanten zählst, und wie, wenn du mehrere zählst.

auf Vokale und Konsonanten achten

> **❗ Wörter am Zeilenende richtig trennen**
> - Mehrsilbige Wörter trennt man nach Sprechsilben, z. B.: *neu-lich, die Hun-de-hüt-te*
> - Zusammengesetzte Wörter trennt man an den Wortgrenzen, z. B.: *der Fuß-ball, hell-blau*
> - Bei mehreren Konsonanten kommt nur der letzte auf die nächste Zeile, z. B.: *ber-gig, rich-tig*
> - Trenne nie einzelne Vokale ab, z. B.: ~~a/ber, A/bend~~

INFO
Doppellaute (*ei, au, äu, eu*), *-ch*, *-ck* und *-sch* bleiben immer zusammen, z. B.: *die Ei-er, die Häu-ser, la-chen, der Zu-cker, wa-schen*

b) Wende die Regeln an und schreibe die Wörter richtig getrennt auf.

> die Brezel rennen die Eltern singen schlagen rosten
> räumen einsam die Heimat darum herein der Rechner eifrig

4 a) Was sind das für seltsame Wörter? Erkläre, was hier passiert ist.
Spieler-öffnung, bein-halten, Fluch-torte, Ba-deuten-silien,

b) Trenne die Wörter sinnvoller.

Wörter sinnvoll trennen

INFO
Achte darauf, sinnvoll zu trennen, damit das Wort auch nach der Trennung noch verstanden wird, z. B.: *der Silber-arm-reif, der Leder-fuß-ball*

> **Das habe ich gelernt**
> - Wortbausteine zu kennen hilft bei der Rechtschreibung, weil …
> - Ergänze die beiden Cluster und die Satzanfänge in deinem Heft oder Portfolio.
> - Das möchte ich mir aus diesem Kapitel merken: …

Anwenden und vertiefen

Wörter richtig trennen

TIPP Überprüfe deine Ergebnisse im Wörterbuch.

1 Überlege, wo du die folgenden Wörter trennen kannst, und schreibe alle Möglichkeiten auf, z. B.: *ih-re Hü-te*

> ihre Hüte finden schweres Rätsel vielleicht heran trennen einmal gucken Fahrrad herein ziemlich Weihnachten

2 Bearbeitet die folgenden Aufgaben zu zweit oder allein.

Nomen, Adjektive und Verben bauen

INFO
das Präfix = Vorsilbe
das Suffix = Nachsilbe

a) Wähle mindestens drei Präfixe aus und kombiniere sie mit möglichst vielen Verben. Schreibe die neuen Verben auf.

INFO Bei den Nomen musst du manchmal Buchstaben verändern, z. B.: *erkennen – die Erkenntnis*

TIPP Ergänze bei den Nomen den passenden Artikel und schreibe sie groß.

b) Bilde mindestens drei neue Nomen. Kombiniere dazu Verben mit einem Präfix und einem passenden Suffix, z. B.:
be + achten + ung –> die Beachtung

c) Welche der Verben lassen sich in Adjektive umwandeln? Wähle geeignete Präfixe und Suffixe und schreibe sie auf, z. B.: *beachtlich*

3 Im folgenden Text wurden alle Fremdwörter ersetzt.

> Eigentlich habe ich kein richtiges <mark>Steckenpferd</mark>, aber eine meiner Lieblingsbeschäftigungen ist es, zu verschiedenen <mark>Gesprächsgegenständen</mark> Streitgespräche zu führen. <mark>Widerspruch</mark> kann ich gut vertragen, Hauptsache, die anderen haben gute <mark>Beweise</mark> für
> 5 ihren Standpunkt. Sehr gerne bin ich auch in einer <mark>bestimmten Gaststätte</mark>. Sie ist wunderschön <mark>geschmückt</mark>. Mein Lieblingsessen sind <mark>Kartoffelstäbchen</mark> mit <mark>Tomatensoße</mark>. Manchmal gehen wir danach noch in eine <mark>Tanzstube</mark>. Darüber muss ich aber erst meine Eltern <mark>in Kenntnis setzen</mark>.

Fremdwörter verwenden

a) Überlege, wohin die folgenden Fremdwörter gehören.

> Hobby <mark>dekoriert</mark> Diskothek <mark>diskutieren</mark> Pommes mit Ketschup <mark>Kritik</mark> <mark>Argumente</mark> Themen <mark>informieren</mark> Restaurant speziell

Fremdwörter umformen und ihre Suffixe kennen

b) Forme die fünf markierten Fremdwörter im Kasten in Verben bzw. Nomen um und schreibe sie auf, z. B.: *dekorieren – die Dek …*

Getrennt oder zusammen?
Wortgrenzen erkennen

amliebstenesseichsauerkirschkuchen.
amliebstenesseichkuchenaussauerkirschen.
meineomakochtimsommerimmerleckereerdbeermarmelade.
meineomakochtimsommerimmerleckeremarmeladeauserdbeeren.
ichfreuemichjedenwinteraufdasskilaufenindenalpen.
ichfreuemichjedenwinter,indenalpenskilaufenzudürfen.
ichlassedasgartentorfürdichoffen.
ichlassedastorzumgartenfürdichoffen.
deutschlandwurdeschonmehrmalsimfußballweltmeister.
deutschlandwurdeschonmehrmalsfußballweltmeister.
dasbilligangebotverlockteihn,diejeanszukaufen.
dasbilligeangebotverlockteihn,diejeanszukaufen.

Was weißt du schon?

- In diesen Wortschlangen hängen alle Wörter zusammen und sind kleingeschrieben. Lies sie laut vor und mache sinnvolle Sprechpausen.
- In jedem Satzpaar gibt es ein Wort, das zusammengeschrieben wird. Suche es heraus.
- Untersuche, aus welchen Wortarten die Wörter zusammengesetzt sind.
  Nomen + Verb   Adjektiv + Nomen   Nomen + Nomen
- Vergleiche die Satzpaare und überlege, warum die gleichen Wörter einmal zusammen- und einmal getrennt geschrieben werden.
- Übertrage alle Sätze in der richtigen Schreibweise in dein Heft.

Verbindungen aus Nomen + Verb richtig schreiben

Verbindungen aus Nomen + Verb getrennt schreiben

1 a) Die Anzeige enthält einige Verbindungen aus Nomen und Verb. Schreibe sie heraus, z. B.: *Angst + haben = Angst haben*

> **Interessiert an einem Urlaub inmitten der Alpen?**
> Vor Langeweile müssen Sie keine Angst haben! Im Winter können Sie sich im Schnee austoben und müssen nur selten an den Liften Schlange stehen, im Sommer locken weitere Sportmöglichkeiten. Wir werden uns alle Mühe geben, Ihre Ferien so angenehm wie möglich zu gestalten. Sie müssen uns nur Bescheid sagen, wann Sie kommen: Wir werden unser Wort halten!

b) Die Bilder zeigen, welche Aktivitäten das Hotel im Sommer und im Winter anbietet. Schreibe die Tabelle ab und vervollständige sie:

Im Sommer kann man:	Im Winter kann man:
Walzer tanzen	...

❗ Verbindungen aus Nomen und Verb
Verbindungen aus Nomen und Verb schreibt man meist getrennt, z. B.: *Fußball spielen, Not leiden, Angst haben, Feuer fangen*

INFO
Achtung! Die folgenden Verben werden immer zusammengeschrieben, weil die Bedeutung des Nomens nicht mehr so wichtig ist:
> teilnehmen
> stattfinden
> sonnenbaden
> heimfahren
> schlussfolgern
> preisgeben

Nominalisierungen zusammen- und großschreiben

TIPP
Achte auf die Nomenbegleiter, z. B.: Artikel, Adjektive, Pronomen
➔ S. 215, 217

2 a) Erkläre, warum in den folgenden Sätzen die unterstrichenen Wortverbindungen groß- und zusammengeschrieben werden.
– Das Skilaufen in den Bergen hat mir großen Spaß gemacht.
– Das Probefahren hat gleich gut geklappt.
– Nur beim Schlangestehen am Skilift braucht man etwas Geduld.

b) Bilde Nominalisierungen aus den folgenden Verben und Nomen und schreibe sie mit Artikel auf, z. B.: *das Klavierspielen*

> fahren   Diät   Auto   haben   Seil   Buch   lesen
> spielen   Klavier   Recht   springen   halten

c) Bilde mit den Nominalisierungen Sätze und ergänze ein Adjektiv, z. B.: *Sie bewunderte sein schnelles Klavierspielen.*

❗ Nominalisierte Nomen-Verb-Verbindungen
Werden Verbindungen aus Nomen und Verb nominalisiert, musst du sie zusammen- und großschreiben, z. B.:
Er liebte das Skifahren. Ihr ständiges Haarekämmen störte ihn.

Richtig schreiben

Wortverbindungen mit *sein* richtig schreiben

3 a) Bilde aus den folgenden Wörtern und dem Verb *sein* eine passende Verbindung und setze sie in die Lücken ein.

da   los   vorbei   zufrieden   froh   leid

„Wann wirst du *zufrieden sein*?", fragte sie. „So bedauerlich ist dein Dasein nun auch wieder nicht. Du kannst doch ▢▢▢, dass du überhaupt im Urlaub bist." Er schwieg. Das Zusammensein mit seinen Geschwistern im Hotel nervte ihn. Er würde sie
5 gerne öfter mal ▢▢▢. Immerhin, es war besser als das Alleinsein zu Hause. „Bald wird der Urlaub ▢▢▢ und du hast nur gemeckert!", sagte sie. „Immer ohne Geschwister zu sein, würdest du auch schnell ▢▢▢. Und vergiss nicht: deine Freundin wird bald ▢▢▢."

Verbindungen mit sein getrennt schreiben

b) Schreibe den Text ab und unterstreiche alle Verbindungen mit dem Verb *sein*.

c) Im Text werden drei Verbindungen mit *sein* zusammen- und großgeschrieben. Welche? Erkläre ihre Schreibweise und nenne ihre Begleiter.

Nominalisierungen zusammen- und großschreiben

> **❗ Verbindungen mit *sein***
>
> Verbindungen mit *sein* werden **getrennt** geschrieben, z. B.:
> *da sein, zurück sein, vorbei sein, fertig sein, los sein, beisammen sein*
> Aber: Werden Verbindungen mit *sein* nominalisiert, musst du sie **zusammen-** und **groß**schreiben, z. B.:
> *Ich mag das vertraute Beisammensein. Alleinsein macht mir Angst.*

4 Oft werden Nominalisierungen in Überschriften verwendet, z. B.:

Geizigsein wird jetzt belohnt!

Arbeitet zu zweit und erfindet mit Hilfe dieser Nominalisierungen Überschriften, die in Werbeanzeigen verwendet werden könnten.

Zusammensein   *Alleinsein*   *Frohsein*   *Glücklichsein*   *Normalsein*

Nominalisierungen mit sein verwenden

HILFEN
Diese Formulierungen kannst du verwenden:
› Neue Wege …
› Entdecken Sie …
› Wir helfen Ihnen …
› Haben Sie … satt?
› zum
› aus dem

> **Das habe ich gelernt**
>
> *da sein* — **Wortverbindungen mit „sein"** — *zurück sein*
>
> • Nomen-Verb-Verbindungen schreibt man zusammen, wenn …
> • Das möchte ich mir aus diesem Kapitel besonders merken: …
>
> Ergänze den Cluster und die Merksätze in deinem Heft oder Portfolio.

Anwenden und vertiefen

Verbindungen aus Nomen + Verb getrennt schreiben

1 a) Verbinde die folgenden Nomen mit den passenden Verben, z. B.:
Bescheid bekommen

Bescheid	Diät	erheben	erwecken
Gewinn	Mühe	arbeiten	suchen
Anklage	Rat	bekommen	haben
Vertrauen		bringen	
Teilzeit		halten	

b) Verwende diese Nomen-Verb-Verbindungen in Sätzen und schreibe sie auf. Achte darauf, dass du die Verbindungen getrennt und das Nomen groß schreibst, z. B.:
Du wirst morgen Bescheid bekommen, ob du bestanden hast.

Nominalisierungen zusammen- und großschreiben

2 a) Was muss das Hotelpersonal alles leisten? Bilde sinnvolle Sätze.

der Hoteljunge		die Kinder hüten
die Putzhilfe		Staub saugen
das Zimmermädchen	muss	die Wäsche waschen
die Hotelmanagerin		die Koffer tragen
das Kindermädchen		das Personal leiten
die Haushälterin		die Betten machen

HILFEN
Diese Begleiter könntest du z. B. verwenden:
das ständige
dieses ewige
das tägliche
ihr / sein geliebtes

b) Bilde aus den Nomen-Verb-Verbindungen Nominalisierungen und verwende sie in Sätzen. Schreibe sie auf und unterstreiche die Begleiter, z. B.:
Der Hoteljunge ist an das tägliche Koffertragen gewöhnt.

Wortverbindungen getrennt oder zusammenschreiben

3 a) Lies den Text. Musst du die markierten Wörter jeweils getrennt oder zusammenschreiben? Überlegt zu zweit, welche Schreibung richtig ist.

im Partnerdiktat üben

b) Diktiert einander den Text abwechselnd im Partnerdiktat. Kontrolliert eure Texte anschließend gegenseitig.

TIPP
Nutze dein Wörterbuch, wenn du dir nicht sicher bist, ob du getrennt oder zusammenschreiben musst.

```
Liebe Hanna,
super, dass du dabei sein / dabeisein kannst! Ich habe
meinen Eltern schon Bescheid gesagt / bescheid gesagt.
In der Ferienhütte werden wir die ganze Zeit
beisammensein / beisammen sein. Wir können wie geplant
radfahren / Rad fahren und Picknick machen /
picknickmachen. Wenn es regnet, können wir den Tag
mit Bücher lesen / Bücherlesen oder Karten spielen /
Kartenspielen verbringen. Abends werden wir alle
gemütlich zusammensitzen und Feuer machen /
feuermachen. Ich freue mich schon!
Viele liebe Grüße
deine Lea
```

Groß oder klein?
Wortarten erkennen

Mann verkauft Sensationelles – eine Seele für 400 Dollar

Adam Burtle aus Woodinville hat 400 Dollar in einer Internetversteigerung gewonnen, die gestern Nachmittag endete.
Das Bieten für diesen speziellen Artikel, der als „kaum benutzte Seele mit nur kleinen Kratzern eines jungen Mannes aus Seattle"
5 angeboten wurde, fing bei fünf Cent an. In der letzten Stunde der Versteigerung brach ein spannender Wettkrieg um Burtles Seele aus, die deren Preis von 56 bis auf 400 Dollar nach oben schnellen ließ.
„Ich glaube nicht, dass der Gewinner meine Seele abholen kann, um ehrlich zu sein", sagte Burtle.

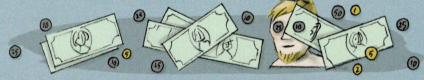

Man sells something sensational – a soul for $400

Adam Burtle from Woodinville gained $400 in an internet auction that ended yesterday afternoon.
Bidding for this special item, listed as „young Seattle man's soul, hardly used, with only minor scratches", began at 5 cents.
5 An exciting bidding war for Burtle's soul broke out in the auction's final hour, causing its selling price to rocket from $56 up to $400.
„I don't think the winner is going to be able to collect my soul, to be honest," Burtle said.

Was weißt du schon?

- Was hältst du von dieser Versteigerung? Warum machen Menschen wohl bei einer solchen Versteigerung mit? Tauscht euch aus.
- Vergleiche die beiden Texte. Was fällt dir auf?
- Eine Besonderheit der deutschen Sprache ist die Großschreibung aller Nomen. Suche die Nomen im ersten Text. Mit Hilfe welcher Proben kannst du sie erkennen?
- Welche Adjektive und Verben enthält der Text? Suche sie und erkläre jeweils, woran du sie erkannt hast.
- Normalerweise schreibt man Adjektive und Verben klein. In welchen Fällen muss man sie großschreiben?
  Nenne die beiden Beispiele aus dem Text und begründe ihre Schreibung.
- Erkläre, was ein „versteckter Artikel" ist.

Nomen großschreiben

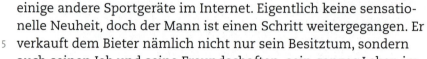

1 a) Lies den folgenden Zeitungsartikel. Was hältst du von Ushers Idee?

„Kaufen Sie mein Leben!"

Der Australier Ian Usher verkauft sein Haus, sein Auto, sein Motorrad und einige andere Sportgeräte im Internet. Eigentlich keine sensationelle Neuheit, doch der Mann ist einen Schritt weitergegangen. Er
5 verkauft dem Bieter nämlich nicht nur sein Besitztum, sondern auch seinen Job und seine Freundschaften, sein ganzes Leben im Paket. Ian Usher, der erst vor sechs Jahren voller Freude und Hoffnung nach Australien eingewandert war, will das Land nach einer gescheiterten Ehe wieder verlassen. Alles, was er behalten
10 wolle, sei sein Geldbeutel und sein Reisepass, sagte Usher.

Nomen an ihrer Bedeutung erkennen

INFO
Die Pluralprobe
Kannst du ein Wort in den Plural setzen, ist es ein Nomen. Schreibe es groß.

b) Schreibe Nomen aus dem Text heraus, die in diese Gruppen passen:
– Gegenstände / Lebewesen, z.B.: *das Haus, das Auto*
– Gedachtes / Gefühltes, z.B.: *die Jahre, die Freude*

c) Wähle acht Nomen aus und führe die Pluralprobe durch.

2 Manche Nomen haben typische Suffixe (Endungen), z.B.:
die Gesund<u>heit</u>

Nomen an ihren Suffixen erkennen

HILFEN
Wörter mit typischen Nomenendungen sind z.B.:
> *die Finster<u>nis</u>*
> *die Erinner<u>ung</u>*
> *das Eigen<u>tum</u>*

a) Suche aus dem Text alle Nomen mit typischen Suffixen heraus und schreibe sie mit ihren Begleitern auf. Unterstreiche die Suffixe, z.B.:
eine Kleinig<u>keit</u>

b) Welche weiteren Nomensuffixe kennst du? Liste sie auf.

TIPP
Die Endung *-en/-n* entfällt bei der Umwandlung, z.B.:
bestätig<s>en</s> →
die Bestätigung

3 a) Wandle die folgenden Verben und Adjektive mit Hilfe passender Suffixe in Nomen um. Schreibe sie mit ihren Artikeln auf und achte auf die Großschreibung.

offen	gefangen	beleuchten	faul	wichtig
heizen	krank	deutlich	impfen	erzählen
ändern	dunkel	gemeinsam	wild	bedrohen
warnen				

b) Unterstreiche in jedem Nomen das Suffix.

> **❗ Nomen erkennen und großschreiben**
>
> Nomen bezeichnen Lebewesen oder Gegenstände oder drücken Gedanken und Gefühle aus, z.B:
> *der Mann, das Haus, das Geld, der Traum, die Freude*
> Achte auf die **typischen Suffixe,** die ein Nomen verraten, z.B.:
> *-heit, -keit, -nis, -ung, -tum, -schaft*

Richtig schreiben

4 a) Es gibt weitere Signale, an denen du ein Nomen erkennen kannst. Lies die folgenden Aussagen des Mannes, der sein Leben verkaufen will.
- Ich habe lange überlegt, wie ich mein eigentum verkaufen kann.
- Dann kam mir die idee, alle sachen zur versteigerung in einem komplettpaket zu verkaufen.
- Ich verkaufe sie zusammen mit meinem job, meinen freunden und meinem lebensstil.

b) Bis auf die Satzanfänge sind alle Wörter kleingeschrieben. Prüfe mit der Plural- oder Artikelprobe, welche Wörter Nomen sind, und schreibe die Sätze in der richtigen Schreibung auf, z. B.:
das Eigentum, ... wie ich mein Eigentum ...

c) Unterstreiche die Begleitwörter, die dir geholfen haben, die Nomen zu erkennen. Um welche Wortarten handelt es sich?

5 Manche Nomen haben versteckte oder gedachte Begleitwörter, z. B.: *Zum (= zu dem) Glück gibt es Computer! Als Internetnutzer sollte man aber vorsichtig sein. = Als (ein) Internetnutzer ...*

a) Erkläre, wie du vorgehen kannst, um die Nomen zu erkennen.

b) Lies die folgenden Aussagen. Benenne die versteckten Begleitwörter und ergänze bei Nomen ohne Begleitwort einen gedachten Artikel.
- Zu gewinnen gibt es haus, garten, auto und wertgegenstände.
- Auch mein job war im auktionsgewinn enthalten.
- Meine arbeitgeberin fand das projekt zum glück so interessant, dass sie versprach, den glücklichen gewinner einzustellen.
- Nach ende der auktion stehe ich am anfang eines neuen lebens – in der tasche nur geld und pass.

c) Schreibe die Sätze in der richtigen Groß- und Kleinschreibung ab und unterstreiche alle Nomenbegleiter.

6 a) Suche in den folgenden Textteilen die Nomen. Prüfe, welche Begleitwörter vor den Nomen stehen, und bestimme sie.

> die vielen glücklichen gewinner, das rege interesse, dieses beliebte große auktionshaus, dein spannendes neues leben

b) Schreibe die Sätze in der richtigen Rechtschreibung ab.

❗ Nomen an ihren Begleitwörtern erkennen
- Ein Nomen kannst du an seinen Begleitwörtern erkennen, z. B.: Artikel, Adjektive, Mengenangaben, Possessivpronomen
- Manche Nomen haben „versteckte" Artikel (*zum = zu dem*) oder gedachte Artikel (*Ich hasse (die) Volksmusik.*)

Nomenproben durchführen
- Pluralprobe
- Artikelprobe

Nomen an ihren Begleitern erkennen

HILFEN
Begleiter von Nomen können sein:
- bestimmter Artikel (*der, die, das*)
- unbestimmter Artikel (*ein, eine, ein*)
- Adjektive (*schöner, großes, schnelles*)
- Mengenangaben (*viel, einige*)
- Possessivpronomen (*sein, mein, ihr*)
- Demonstrativpronomen (*dieser, diese, jenes*)
- „versteckte" Artikel (*zum = zu dem, im = in dem, beim = bei dem*)
- gedachter Artikel (*Ich liebe (die) Sonntage.*)

eingeschobene Adjektive erkennen

INFO
Oft stehen mehrere Begleitwörter vor dem Nomen. Schreibe sie alle klein, nur das Nomen groß, z. B.:
diese vielen seltsamen Internetangebote

Nominalisierte Adjektive und Verben großschreiben

1 a) Geht es dir auch manchmal so wie Hanna? Lies den Text.

Hannas Lieblingsbeschäftigung ist das Surfen im Internet. Beim Chatten mit Freundinnen kann sie gut entspannen, aber das Lesen von Online-Zeitungen ist für sie das Wichtigste. Sie
5 hat das Gefühl, dadurch immer auf dem Laufenden zu sein. „Ich verstehe dein Meckern nicht", sagt sie zu ihrer Mutter. „Es ist doch etwas Gutes, sich zu informieren. Man kann so viel Interessantes entdecken." Doch da hilft alles Jammern nichts. Hannas Mutter
10 besteht auf dem Einhalten der vereinbarten Internetregeln. „Glaub mir, zwei Stunden pro Tag sind das Richtige für dein Alter."

b) Warum sind die markierten Wörter großgeschrieben? Begründe.

c) Schreibe sie mit ihren Begleitern heraus, z.B.:
das Surfen

d) Unterstreiche die Begleitwörter und bestimme die Wortart, z.B.:
das Surfen = bestimmter Artikel

2 Schreibe die Tabelle ab und trage die folgenden Beispiele aus dem Text in die passende Spalte ein. Achte auf die richtige Groß- und Kleinschreibung.

> VIEL NEUES   DEIN JAMMERN   WENIG SCHLECHTES
> IM DUNKELN   GENUG INTERESSANTES   MEIN LIEBSTER
> ZUM SCHREIEN   ALLES GUTE   BEIM BEOBACHTEN
> DAS ALTE   DIESES HÄSSLICHE   AM WEINEN   DIE FLEISSIGSTE
> DAS GUTE   NICHTS BESONDERES   ETWAS AUFREGENDES
> DER BESSERE   BEIM LERNEN   DURCHS ÜBEN

Begleiter	Nominalisierungen
bestimmter Artikel	
unbestimmter Artikel	
Possessivpronomen	*dein Jammern*
Demonstrativpronomen	
Mengenangabe	*viel Neues*
„versteckter Artikel"	

Nominalisierungen erkennen

INFO
Wenn Verben und Adjektive als Nomen verwendet werden, spricht man von Nominalisierung. Du musst sie dann großschreiben.

HILFEN
Possessivpronomen sind z.B.:
mein, dein, sein, ihr, unser, euer
Demonstrativpronomen sind z.B.:
dieser, diese, dieses, jener, jene, jenes

INFO
Nominalisierte Adjektive können auch gesteigert werden, z.B.: *die Schönste, der Bessere, der Schnellere*

3 Sollten kleine Kinder Zugang zum Internet haben?

a) Was ist deine Meinung zu der Fragestellung oben? Begründe.

b) Lies den folgenden Text, in dem alle Wörter kleingeschrieben sind.

sollte kindern das betreten des internets erlaubt sein?

1) kinder sollten beim surfen im internet nie ohne erwachsene sein.
2) eltern sollten auf eine zeitliche begrenzung für das spielen am computer achten.
3) im internet steht viel unsinniges. beim auswählen der seiten sollten eltern oder ältere geschwister helfen.
4) mit den eltern darüber zu sprechen, was man im netz gelesen hat, ist etwas sehr wichtiges.
5) das veröffentlichen des eigenen namens kann riskant sein – etwas nützliches ist daher das verwenden eines spitznamens.

c) Benennt zu zweit alle Nomen anhand ihrer Begleiter. Welche „verstecken" sich?
Nomen erkennen

d) Schreibe alle Nominalisierungen heraus, z. B.:
das Betreten
Nominalisierungen erkennen

4 a) Der Nominalstil wird oft als nicht besonders schön empfunden. Erkläre anhand der Texte auf dieser und der vorhergehenden Seite, warum.
den Nominalstil beurteilen

b) Schreibe die Sätze von Aufgabe 3 so um, dass aus den Nominalisierungen wieder Verben und Adjektive werden, z. B.:
Kinder sollten nie ohne Erwachsene sein, wenn sie im Internet surfen.
Nominalisierungen in Nebensätze umwandeln

❗ Nominalisierungen erkennen und großschreiben

Nominalisierungen von Adjektiven (*das Gute*) und Verben (*beim Gehen*) kannst du genau wie alle anderen Nomen an ihren **Begleitern** erkennen.
- **Artikel:** *ein Gutes, das Wichtigste, der Schnellste*
- **„versteckte Artikel",** also Artikel, die mit einer Präposition verschmolzen sind: *beim (= bei dem) Schreiben, ins (= in das) Blaue hinein*
- **Mengengaben:** *viel Gutes, wenig Neues, nichts Schlechtes*
- **Possessivpronomen:** *mein Bester, ihr Ältester*
- **Demonstrativpronomen:** *dieses Helle, dieser Alte*

Zeitangaben schreiben – groß oder klein?

plündern: aus Geschäften oder Häusern viele Dinge stehlen

1 a) Nicht immer ist das Internet nützlich – lies den folgenden Zeitungsbericht und gib in eigenen Worten wieder, was passiert ist.

Internetanzeige lockt Plünderer* an

„Wie die Geier" sind am Samstag zahlreiche Habgierige über das Haus eines ahnungslosen Bürgers hergefallen – alles wegen einer gefälschten Anzeige im Internet, die morgens erschienen war. Wie die Polizei heute mitteilte, handelt es sich bei dem
5 Geschädigten um Robert S. aus J. Der staunte nicht schlecht, als ihn am Samstagnachmittag eine Frau anrief. Sie habe heute Mittag seine Anzeige gesehen und frage sich nun, ob sie auch das Pferd mitnehmen könne. S., der samstags und sonntags beruflich unterwegs ist, schaffte es, noch am Abend zu Hause zu sein. Dort
10 fand er eine Horde Menschen vor, die schon den ganzen Tag sein Haus leer räumte. Als S. sie zur Rede stellte*, hielten sie ihm den Ausdruck der Internetanzeige vom Samstagmorgen unter die Nase. Diese hatte jemand unter seinem Namen veröffentlicht: Er sei „am Freitag umgezogen" und habe „viele brauchbare
15 Sachen hinterlassen. – Bedienen Sie sich!" Erst die Polizei stoppte abends die Plünderung. Robert S. wird morgen Mittag seinen Anwalt treffen.

jemanden zur Rede stellen: jemanden zwingen, sein Verhalten zu erklären

Zeitangaben als Nomen großschreiben

b) Übertrage die folgende Tabelle in dein Heft. Trage alle Zeitangaben, die im Text großgeschrieben werden, in die passenden Spalten ein.

Wochentag / Tageszeit, z.B.: Montag	Zusammengesetzte Zeitangaben aus Wochentag + Tageszeit, z.B.: Dienstagmorgen	Tageszeit nach Zeitadverbien, z.B.: morgen Nacht
…	…	…

c) Mit Hilfe welcher Rechtschreibprobe kannst du nachweisen, dass diese Beispiele großgeschrieben werden müssen?

d) Ergänze in jeder der drei Spalten weitere Beispiele.

HILFEN
Zeitadverbien sind z.B.:
> *heute*
> *morgen*
> *übermorgen*
> *gestern*
> *vorgestern*

> ### ❗ Zeitangaben großschreiben
>
> - Zeitangaben können als **Nomen** auftreten und müssen dann **großgeschrieben** werden. Achte auf **Begleiter**:
>   – **Artikel:** der Montag, (der) Dienstag, am Mittwoch
>   – **Zeitadverbien:** heute, gestern, morgen, übermorgen, z.B.: Er läuft heute Mittag allein nach Hause.
> - Auch eine **zusammengesetzte Zeitangabe** ist ein **Nomen** und wird **großgeschrieben**:
>   am (= an dem) Sonntagabend, am Freitagvormittag

Richtig schreiben

2 Kombiniere Wochentage mit Tageszeiten. Erfinde einen Wochenplan und verwende die zusammengesetzten Zeitangaben.
Schreibe auf, z. B.:
*Am Montagmittag bin ich mit Ali zum Schwimmen verabredet.
Am Dienstagnachmittag …*

Montag	
Dienstag	der Morgen
Mittwoch	der Vormittag
Donnerstag	der Mittag
Freitag	der Nachmittag
Samstag	der Abend
Sonntag	die Nacht

INFO
Zusammenschreibung
Kombinierst du einen **Wochentag** mit einer **Tageszeit,** musst du beides zusammen- und großschreiben, z. B.:
*der Montag
+ der Mittag
= der Montagmittag*

3 Schreibe aus dem Text auf Seite 174, Aufgabe 1 alle Zeitangaben heraus, die kleingeschrieben werden.

Zeitangaben kleinschreiben

4 a) Schreibe die folgenden Zeitangaben ab und verwende die richtige Groß- oder Kleinschreibung.

> MITTWOCHS   MORGEN MITTAG   AM FREITAGNACHMITTAG
> SONNTAGMORGEN   NACHTS   AB DONNERSTAGMITTAG
> GESTERN MORGEN   VORGESTERN VORMITTAG   ABENDS
> IMMER AM ZWEITEN DIENSTAG IM MONAT   MORGENS
> ÜBERMORGEN ABEND   MONTAGS UND MITTWOCHS

b) Verwende die Beispiele in ganzen Sätzen und schreibe sie auf, z. B.:
Ich traf meinen Trainer am Freitagnachmittag auf dem Platz.

❗ Zeitangaben kleinschreiben

- Alle **Zeitangaben mit -s** am Ende schreibt man klein:
  montags, dienstags, morgens, sonntagnachmittags
  Eine Ausnahme ist das Genitiv-**s** in der Wendung „eines Tages".
- Alle **Zeitadverbien** schreibt man klein:
  heute, gestern, morgen, übermorgen

Das habe ich gelernt

- Erstelle eine Mindmap zum Thema „Nomenbegleiter".
- Erstelle eine Merkliste zur Schreibung von Zeitangaben:
  1. Zeitangaben großschreiben   2. Zeitangaben kleinschreiben
- Schreibe in dein Heft oder Portfolio:
  Diese Regeln muss ich mir einprägen: …

Anwenden und vertiefen

1 a) Im folgenden Text sind nur die Satzanfänge großgeschrieben. Sucht zu zweit die elf Nomen heraus, die großgeschrieben werden müssen, und begründet die Schreibung.

b) Schreibt die Sätze richtig auf.

Grrrrrrrrrrr :-(

zügeln: im Griff haben, Kontrolle behalten

Computernutzer ärgern sich manchmal über ihren computer. Manche werfen aus lauter zorn mit der maus. Sie dreschen voller zorn auf die tastatur. Sie hauen in ihrer verzweiflung auf den bildschirm. Die meisten anwender zügeln* hingegen ihre wut. Sie verschonen ihr eigentum und schalten den rechner ab.

Großschreibung von Nomen üben

TIPP
Achte besonders auf die Zeitangaben.

2 a) Lies den folgenden Text und suche alle Nomen mit ihren Begleitern aus dem Text heraus. Schreibe sie untereinander auf.

b) Füge in Klammern hinzu, an welchem Begleiter du das Nomen erkannt hast, z. B.: *Manche Computer (Mengenangabe)*

Peng, peng PC!

die Jagdtrophäe: ein Teil eines toten Tieres, der vom Jäger an die Wand gehängt wird (z. B. Hirschgeweih)

Manche computer erleben ein besonderes schicksal. In einer gastwirtschaft, die besonders von jägern besucht wird, wurde am letzten freitagabend der besitzer verhaftet. Er hatte morgens seine jüngste
5 jagdtrophäe* an der wand befestigt – seinen toten laptop.
Gäste bezeugten, dass er das gerät zuvor mit vier gewehrschüssen erlegt hatte. Der grund: Es war zuvor mehrere male abgestürzt. Der schütze verbrachte eine nacht im gefängnis. Eine große
10 dummheit, wie der täter heute mittag seine tat selbst beschrieb. Sekunden nach dieser aussage stürzte der polizeicomputer ab.

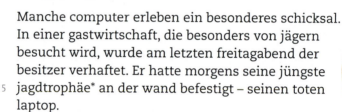

einen Text im Partnerdiktat diktieren
➔ Partnerdiktat S. 222

3 Übt die Groß- und Kleinschreibung im Partnerdiktat. Wählt Aufgabe a) oder b). Kontrolliert eure Texte anschließend gegenseitig.

a) Diktiert einander den Text „Grrrrrrrrrr:-(" (Aufgabe 1).

b) Diktiert einander den Text „Peng, peng PC!" (Aufgabe 2).

Zeitangaben richtig schreiben

4 Schreibe den folgenden Text ab. Achte auf die richtige Groß- und Kleinschreibung der Zeitangaben im Text.

Tierfreund

Ich habe mir LETZTEN MONTAG einen Computer gekauft. Seitdem gehe ich NACHMITTAGS und ABENDS nicht mehr aus dem Haus. Mein Freund rief mich GESTERN ABEND an. „Ab HEUTE habe ich leider keine Zeit mehr", sagte ich. „Ich muss mich bis in
5 die NACHT um meine Maus kümmern."

 Richtig schreiben

Mit Komma – oder ohne?
Zeichen richtig setzen

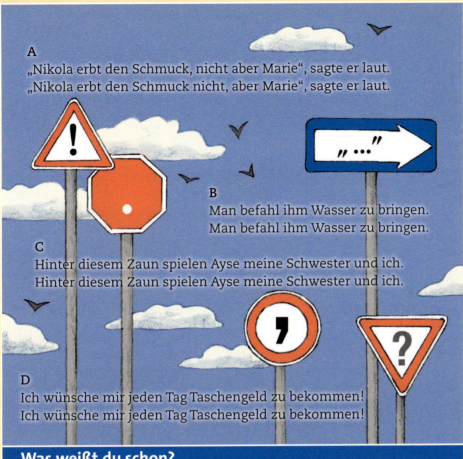

A
„Nikola erbt den Schmuck, nicht aber Marie", sagte er laut.
„Nikola erbt den Schmuck nicht, aber Marie", sagte er laut.

B
Man befahl ihm Wasser zu bringen.
Man befahl ihm Wasser zu bringen.

C
Hinter diesem Zaun spielen Ayse meine Schwester und ich.
Hinter diesem Zaun spielen Ayse meine Schwester und ich.

D
Ich wünsche mir jeden Tag Taschengeld zu bekommen!
Ich wünsche mir jeden Tag Taschengeld zu bekommen!

Was weißt du schon?

- Punkte, Kommas, Ausrufezeichen, Fragezeichen – wozu braucht man eigentlich Satzzeichen? Tauscht euch aus.

- Welche Satzzeichen sind auf den Schildern abgebildet? Schreibe einen Beispielsatz zu jedem Satzzeichen.

- Lies das Satzpaar A so vor, dass man hört, wo das Komma steht. Überlege: Was verändert das Komma?

- Lies die Satzpaare B bis D. Schreibe die Sätze ab und probiere verschiedene Kommasetzungen aus. Wie verändert sich die Ausssage der Sätze?

- Wann muss man ein Komma setzen? Nennt alle Regeln, die ihr bereits kennt, und erstellt eine Liste.

- Was sind Konjunktionen? Nennt Beispiele. Vor welchen beiden Konjunktionen wird kein Komma gesetzt?

Kommas in Aufzählungen und Satzreihen

1 a) Lies den Anfang der folgenden Geschichte.

Ein Mann hielt mit einem Wagen zwei Stieren und einem kantigen Gegenstand vor der Stadtapotheke. Er lud sorgsam eine große schwere schwarze Stubentüre* ab und trug sie hinein. Der Apotheker machte große Augen.

b) Schreibe den Text ab, ergänze drei Kommas und begründe.

c) Warum darf nach „Stieren" (Z.1) kein Komma stehen?

2 a) Was will der Mann? Stellt Vermutungen an und lest weiter.

5 „Ihr seid mit eurer Stubentüre hier falsch aber der Schreiner wohnt zwei Häuser links", sagte er verwundert. Der Mann entgegnete: „Der Doktor ist bei meiner kranken Frau gewesen und er hat ihr ein Tränklein* verordnen wollen."

b) Der Text enthält zwei Satzreihen. Nenne sie und begründe.

c) In welche der Satzreihen gehört ein Komma? Begründe.

3 a) Lies das Ende der Geschichte und überprüfe deine Vermutungen.

„Im Haus war keine Feder keine Tinte und kein Papier zu finden
10 aber Kreide gab es genug." Da habe der Doktor das Rezept an die Stubentüre geschrieben. Der Apotheker solle nun so gut sein und das Tränklein* kochen denn seine Frau sei sehr krank.

b) An welchen Stellen müssen Kommas ergänzt werden? Begründe.

c) Schreibe Teil 2 und 3 der Geschichte ab und unterstreiche alle Konjunktionen. Setze dann alle fehlenden Kommas.

4 Verbinde die folgenden Sätze mit Hilfe passender Konjunktionen zu Satzreihen und schreibe sie auf. Erprobe verschiedene Möglichkeiten.

Der Mann trägt eine Tür.	Er möchte nicht zum Schreiner.
Seine Frau braucht ein Medikament.	Sie ist krank.
Der Mann hat kein Papier.	Der Arzt schreibt das Rezept an die Tür.

---

die Stube: das Wohnzimmer

Kommas bei Aufzählungen setzen
INFO
Wenn man Wörter oder Wortgruppen **aufzählt,** muss man sie durch ein **Komma** trennen. Vor *und* und *oder* in Aufzählungen setzt du kein Komma, z.B.: *Er kaufte Milch, Brot, Butter und Eier.*

Kommas in Satzreihen setzen
INFO
Satzreihe: Hauptsatz + Hauptsatz

das Tränklein: *hier:* ein Medikament zum Trinken

HILFEN
Wichtige **nebenordnende Konjunktionen** sind:
› *deshalb*
› *denn*
› *aber*
› *doch*

❗ Kommas zwischen Hauptsätzen setzen

Zwei verbundene Hauptsätze bilden eine **Satzreihe.** Man verwendet dazu oft **nebenordnende Konjunktionen,** z.B.: *denn, doch, aber, deshalb*
- Davor setzt man ein **Komma,** z.B.: *Ich friere, denn es ist kalt.*
- Achtung: Bei **und** oder **oder** steht **kein Komma,** z.B.: *Ich bin krank und ich muss zum Arzt.*

Das Komma in Satzgefügen setzen

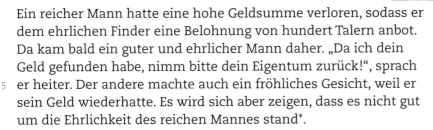

1 a) Lies den folgenden Geschichtenanfang. Wie könnte es weitergehen?

Ein reicher Mann hatte eine hohe Geldsumme verloren, sodass er dem ehrlichen Finder eine Belohnung von hundert Talern anbot. Da kam bald ein guter und ehrlicher Mann daher. „Da ich dein Geld gefunden habe, nimm bitte dein Eigentum zurück!", sprach
5 er heiter. Der andere machte auch ein fröhliches Gesicht, weil er sein Geld wiederhatte. Es wird sich aber zeigen, dass es nicht gut um die Ehrlichkeit des reichen Mannes stand*.

b) Suche die vier Nebensätze im Text. Erkläre, woran du sie erkennst.

c) Bestimme in den dazugehörigen Hauptsätzen das Subjekt und das Prädikat. Wo stehen sie? Vergleiche mit den Nebensätzen.

d) Schreibe die vier Verbindungen von Hauptsatz und Nebensatz ab. Unterstreiche jeweils die Konjunktion und das Prädikat am Ende des Nebensatzes, z.B.:
Ein reicher Mann hatte eine hohe Geldsumme verloren, sodass er dem ehrlichen Finder eine Belohnung von hundert Talern anbot.

2 Forme die folgenden Hauptsätze zu Satzgefügen um. Verwende die in Klammern stehenden Konjunktionen, z.B.:
Der Reiche verspricht Finderlohn, weil er viel …
– Der Reiche verspricht Finderlohn. Er hat viel Geld verloren. (weil)
– Der ehrliche Mann freut sich. Er gibt das gefundene Geld zurück. (als)
– Der Reiche möchte den Finderlohn nicht zahlen. Er müsste dem ehrlichen Mann eigentlich dankbar sein. (obwohl)

> **Kommas vor Nebensätzen setzen**
>
> Wenn ein Hauptsatz und ein Nebensatz durch eine **unterordnende Konjunktion** verknüpft werden, entsteht ein **Satzgefüge**, z.B.: *Ich packe meinen Koffer, weil ich morgen verreise.*
> Vor unterordnenden Konjunktionen steht ein **Komma.**

3 a) Lies den zweiten Teil des Textes und gib kurz den Inhalt wieder.

Er zählte das Geld und überlegte sich, dass er dem Finder seine versprochene Belohnung nicht geben würde. „Guter Freund",
10 sprach er. „Ich weiß, dass eigentlich 800 Taler in dem Tuch eingenäht waren. Ich befürchte aber, dass es nur noch 700 Taler sind. Es scheint mir, dass Ihr* also die 100 Taler Belohnung schon herausgenommen habt." Der ehrliche Finder versicherte, dass er das Päcklein so gefunden habe, wie er es bringe. Am Ende kamen
15 sie vor den Richter. Da war guter Rat teuer.* Aber der kluge Richter tat hierauf folgenden Ausspruch: …

b) Hier findest du eine Konjunktion besonders oft. Nenne sie.

---

nicht gut um … stand: *hier:* dass er nicht ehrlich war

Nebensätze erkennen

HILFEN
› Das finite Verb steht am Ende des Nebensatzes.
› Der Nebensatz wird meist durch eine Konjunktion eingeleitet.

Satzgefüge bilden

HILFEN
Die wichtigsten unterordnenden Konjunktionen sind:
› weil
› damit
› wenn
› sodass
› als
› bevor
› dass

Ihr *(altes Deutsch):* höfliche Anrede (Sie)

Da war guter Rat teuer: Alle waren ratlos.

> **! Kommas vor Nebensätzen setzen: *dass*-Sätze**
>
> Vor der Nebensatz-Konjunktion *dass* stehen häufig die Verben *sagen, wissen, glauben, hören, denken, finden, hoffen*, z. B.:
>
> Er hoffte sehr, dass er sie morgen wiedersehen würde.

4 a) Schreibe aus dem Text von Aufgabe 3 (Seite 179) die fünf Satzgefüge heraus, die einen *dass*-Satz enthalten.

b) Unterstreiche das Prädikat im Hauptsatz und den *dass*-Satz, z. B.:
Er [...] überlegte sich, dass er dem Finder ...

typische Verben mit dass verwenden

c) Ersetze das Hauptsatz-Prädikat durch ein Verb mit ähnlicher Bedeutung, z. B.:
Er [...] dachte sich, dass ...

5 Überlege, wie die beiden sich gestritten haben könnten und was sie vor dem Richter ausgesagt haben könnten.
Schreibe dazu einen Dialog mit möglichst vielen *dass*-Sätzen, z. B.:
Der Reiche: „Ich weiß genau, dass ich 800 Taler in das Tuch eingenäht habe." Der Finder: „Ich hoffe, dass ..."

6 a) Lies den Schluss des Textes. Wie findest du das Urteil des Richters?

„Der eine von euch hat 800 Taler verloren aber der andere hat nur 700 Taler gefunden. Deshalb kann auch das gefundene Geld nicht das sein das der Mann verloren hat. Du, ehrlicher Freund, nimmst
5 also das Geld wieder zurück das du gefunden hast. Behalte es, bis der kommt der nur 700 Taler verloren hat. Und du: gedulde dich, bis derjenige sich meldet der deine 800 Taler findet." So sprach der Richter und dabei blieb es.

b) Lies den ersten Satz vor. Hier fehlt ein Komma. Nenne die Stelle und die dazugehörige Kommaregel.

Relativsätze erkennen

HILFEN
Das **Pronomen** ist ein Stellvertreter oder Begleiter. Es vertritt oder begleitet ein Nomen.
→ S. 131 f.

7 a) Schreibe den zweiten Satz ab. Auch hier fehlt ein Komma. Wo?

b) Unterstreiche den Nebensatz. Prüfe, auf welches Wort im Hauptsatz sich das einleitende Pronomen *das* im Nebensatz bezieht.

c) Male einen Pfeil von diesem Pronomen zu seinem Bezugswort, z. B.:

Das gefundene Geld kann nicht das sein, das der Mann verloren hat.

d) Suche drei weitere Relativsätze im Text. Schreibe die Satzgefüge ab, unterstreiche das Pronomen und setze die fehlende Kommas. Zeichne einen Pfeil vom Relativpronomen zum Bezugswort.

8 Ergänze diese Relativsätze und setze jeweils das Komma.
*Der Richter bestellt die beiden Männer zu sich die ....
Der Richter durchschaut den reichen Mann der ....
Der Finder soll das Geld behalten das ....
Der Reiche soll auf jemanden warten der ....*

Relativsätze durch Kommas abtrennen

9 Relativsätze können in einen Hauptsatz eingeschoben werden. Bilde aus den folgenden Vorgaben eingeschobene Relativsätze. Ergänze die Kommas und markiere das Relativpronomen.

Der reiche Mann geht leer aus.   *der den ehrlichen Finder betrügen will*
Der Richter entscheidet weise.   *der die Situation genau erkannt hat*
Der Finder wird am Ende belohnt.   *der ein ehrlicher Mann ist*

eingeschobene Relativsätze bilden

❗ Kommas vor Nebensätzen setzen: Relativsätze

- Ein **Relativsatz** bestimmt ein Nomen im Hauptsatz näher, z. B.:
  Das ist der Mann, der das Geld gefunden hat.

- Das **Komma** setzt man vor das Relativpronomen. Bei **eingeschobenen Relativsätzen** steht vor und hinter dem Relativsatz ein Komma, z. B.: *Der Mann, der das Geld gefunden hat, ist ehrlich.*

- Manchmal steht vor dem Relativpronomen eine **Präposition**, z. B.: *Dies ist der Beutel, in dem sich das Geld befindet.* Dann wird das **Komma vor die Präposition** gesetzt.

INFO
Relativpronomen sind z. B.: *der/die/das, welcher, jener.* Sie können in verschiedenen Fällen stehen, z. B.: *der, den, dem, denen, dessen*

10 a) In den folgenden Aussagen fehlen die Relativpronomen und die dazugehörigen Präpositionen. Entscheidet zu zweit, was ihr in die Lücken einsetzen müsst.

b) Schreibe die Sätze ab, fülle die Lücken und setze die Kommas.
– *Der reiche Mann .... es hier geht ist unsympathisch.*
– *Ehrliche Leute .... man vertrauen kann gibt es doch kaum noch.*
– *Ich kenne viele Menschen .... man sich 100%ig verlassen kann.*
– *Das Urteil .... der geizige Reiche bestraft wird ist gerecht.*

Relativsätze mit Präpositionen bilden

HILFEN
Diese **Präpositionen** kannst du verwenden:
› auf
› mit
› um
› in
› bei

Das habe ich gelernt

- Ergänze die folgenden Cluster:

  denn — **Konjunktionen in Satzreihen (HS+HS)**
  weil — **Konjunktionen in Satzgefügen (HS+NS)** — *damit*

- Typische Verben, auf die ein *dass*-Satz folgt, sind: …

- Das weiß ich über Relativsätze: …

Schreibe in dein Heft oder Portfolio.

Richtig schreiben

Anwenden und vertiefen

Satzreihen bilden
> Hauptsätze mit nebenordnenden Konjunktionen verknüpfen

1 a) Diese Hauptsätze bilden den Anfang einer Geschichte. Verknüpfe sie mit den folgenden Konjunktionen: *denn, und, aber*

Ein Vater sprach zum Sohn: „Komm mit mir."	„Ich will dir die Welt zeigen."
Sie führten einen Esel an der Hand.	Sie kamen bald in ein Dorf.
Die Bauern dort lachten über sie.	Sie fanden sie lächerlich.
Sie sagten: „Sie führen den Esel.	Keiner sitzt darauf."

b) Schreibe die Sätze mit der richtigen Zeichensetzung auf.

2 a) Schreibe die Fortsetzung der Geschichte ab.

Als sie das Dorf hinter sich gelassen hatten setzte sich der Vater auf den Esel. Der Sohn führte das Tier an der Hand das ihm treu folgte. Sie kamen in ein anderes Dorf das nahe gelegen war. Da sprachen die Bauern: „Seht nur der Alte reitet aber der arme Junge muss zu Fuß nebenherlaufen."

Satzreihe und Satzgefüge unterscheiden

b) Welche Sätze sind Nebensätze, welche sind Hauptsätze? Unterstreiche sie in verschiedenen Farben und begründe.

c) Setze die fehlenden Kommas zwischen den Sätzen.

Satzreihen und Satzgefüge bilden

3 Was erleben Vater und Sohn im dritten und vierten Dorf? Betrachte die Bilder und formuliere passende Satzreihen und Satzgefüge. Verwende geeignete Konjunktionen. Achte auf die Kommas.

HILFEN
Folgende **Konjunktionen** kannst du verwenden:
> *und*
> *denn / weil*
> *dass*
> *als*

Vater stieg vom Esel – ließ seinen Sohn darauf sitzen – Bauern schüttelten die Fäuste – waren verärgert – „armer alter Vater muss zu Fuß gehen – Sohn zu faul!"

Vater überlegte sich – könnten gemeinsam auf dem Esel sitzen – Bauern sahen das – fingen an zu schreien – „Tierquäler! Esel wird noch sterben – viel zu schwer!"

4 a) Schreibe das Ende der Geschichte ab. Suche eine passende Überschrift.

Am fünften Dorf bei dem sie ankamen sprach der Vater: „Es bleibt uns nur noch übrig dass wir den Esel tragen." Die Leute die das sahen lachten die beiden aus. Da sprach der Vater zu dem Sohn: „Siehst du nun dass die Welt dumm ist? Wir machen es niemandem recht obwohl wir es versucht haben."

Kommas setzen

b) Setze alle fehlenden Kommas im Text.

Satzarten bestimmen

c) Arbeitet zu zweit. Prüft jeden Satz und ordnet zu: *Nebensatz, eingeschobener Relativsatz, dass-Satz*

Richtig schreiben

Korrekt?
Die Rechtschreibung überprüfen und verbessern

www.gutefrage.net

Braucht man überhaupt Rechtschreibung oder kann man sich auch ohne verständlich ausdrücken?

Wenn man eine Antwort haben möchte, sollte man die Frage so stellen, dass andere sie verstehen. Und dabei hilft eine korrekte Rechtschreibung ungemein. Grammatikkenntnis ist auch hilfreich.

Enie Sutide hat egreben dass man acuh desien Txet lseen knan.

In Chats schreib ich sehr viel und auch sehr schnell. Mir ist es egal, ob hier Fehler sind, denn der andere will ja sofort eine Antwort haben. Hauptsache, man weiß, was der andere meint.

Wenn ich einen Text mit vielen Rechtschreibfehlern lese, frage ich mich: Ist der Inhalt vielleicht gar nicht so wichtig? Könnte der Schreiber überhaupt in korrekter Rechtschreibung schreiben, wenn er wollte?

Befürchtest du nicht, schlechtere Chancen bei Bewerbungen zu haben, wenn du Rechtschreibfehler machst? Gibst du dir hier keine Mühe, gibst du dir bei der Arbeit auch keine.

Es gibt ja schließlich die Rechtschreibprüfung im Word. So viel Zeit sollte schon sein. Finde ich.

Was weißt du schon?

- Wie würdest du auf die „gute Frage" antworten?
- Welchen der Beiträge aus dem Chat kannst du zustimmen, welchen nicht?
- Überlegt gemeinsam, was die folgenden Aussagen bedeuten:
  – „Grammatikkenntnis ist auch hilfreich."
  – „Enie Sutide hat egreben dass man acuh desien Txet lseen knan."
  – „Gibst du dir hier keine Mühe, gibst du dir bei der Arbeit auch keine."
- Wie gehst du vor, wenn du die Rechtschreibung eines Textes prüfen willst? Beschreibe.
- Hast du schon einmal einen Text mit Hilfe der Rechtschreibprüfung am Computer korrigieren lassen? Berichte.
- Welche Möglichkeiten gibt es, seine Rechtschreibung zu verbessern? Nennt Tipps.

Auf Regeln achten und Proben anwenden

> Schüler-Jobbörse sucht zuverlässige **Teenager für Nebenjobs**, z. B. Babysitting, Zeitungszustellung, Statistenrollen.
> Bewerbungen schriftlich an: bewerbung@schülerjobbörse.de

Fehler erkennen und korrigieren

1 Eva bewirbt sich um einen Nebenjob als Babysitter.

a) Lies die Bewerbung und erkläre, welche Fehler die markierten Wörter jeweils enthalten.

```
Sehr geehrte Damen und Herren,
ich habe Ihre Anzeige gelesen und bin ser an einem
Babysitter-Job interessirt. Schon oft habe ich bei
freunden meiner Eltern auf die Kinder aufgepasst. Ich
bin auch Babysitterin für ein Mädchen in unserer
nachbarschaft. Sie ist eineinhalp. In disem Jahr habe
ich einen Baby-Führerschein gemacht. Ich habe gelernt,
wie man Babys wikelt, wie man sie füttert und was man in
Notfellen macht.
Am besten kann ich Kinder beruhigen, denn ich bin selbst
ruhich und habe viele Iden, wie man sie ablengt. Bei mir
müssen die kleinen keine Angsthaben.
Ich habe an manchen Tagen Nachmittags und
fast imer am abend Zeit.
Ich würde frohsein, wenn ich von Ihnen höre.

Mit freundlichen Grüssen
Eva Schmidt
```

b) Schreibe die Tabelle ab und ordne alle Fehlerwörter in der richtigen Schreibung ein. Unterstreiche die korrigierte Stelle und ergänze die zweite Spalte.

Korrektur	Warum war das Wort falsch geschrieben?	Wie könnte man den Fehler vermeiden?
s<u>e</u>hr	das Dehnungs-*h* fehlte	Regel für Dehnungs-*h* anwenden
interess<u>ie</u>rt	*ie* statt *i*	typisches Fremdwortsuffix beachten: *-ieren*
bei <u>F</u>reunden	nicht als Nomen erkannt	durch Artikelprobe: *bei (den) Freunden*

c) Trage in der dritten Spalte ein, mit welcher Regel oder Probe du diesen Fehler vermeiden kannst. Prüfe:

Hilft eine Rechtschreibregel? z. B.: Dehnungs-*h* nur vor *r, l, m, n*; langer *i*-Vokal wird fast immer **ie** geschrieben; *ß* nur nach langem Vokal oder Umlaut	**Hilft eine Rechtschreibprobe?** z. B.: Artikelprobe, Verlängerungs-/ Verwandtschaftsprobe	**Erkenne ich typische Suffixe und Präfixe?** z. B.: *-ieren* (→ Fremdwort), *-schaft* (→ Nomen)

INFO
Mit der **Fehleranalyse**
› erklärst du, warum ein Wort falsch geschrieben wurde,
› schreibst du Tipps auf, wie man diesen Fehler vermeiden kann,
› stellst du deine Fehlerschwerpunkte fest.

TIPP
Teilt euch in drei Gruppen auf. Jede Gruppe untersucht fünf Fehler und stellt sie den anderen vor.

TIPP
Schlage im Kapitel „Wissen und Können" (S. 222–225) nach.

Computer und Wörterbuch sinnvoll nutzen

2 Die folgende Bewerbung wurde am Computer verfasst.

Fehlerkontrolle am Computer sinnvoll anwenden

a) Das Rechtschreibprogramm zeigt acht Fehler an, drei Fehlerwörter hat es aber übersehen. Suche sie im Text.

```
Sehr geehrte Damen und Herren,
gerne möchte ich mich bei Ihnen als zeitungszusteller
bewerben.
Zwei Jahre lang habe ich jeden Morgen die Lokalzeitung
ausgetragen. Wegen einer Sparmassnahme wurde die
Produkzion nun leider eingestellt, vieleicht wird sie
im nechsten Jahr wieder aufgenommen.
Mir macht frühes aufstehen nichts aus, daher ist das
arbeiten am frühen morgen ideal für mich. Auserdem
muss ich tagsüber in der Schule anwesend sein.
Ich habe großes Interese, wieder in diesem Bereich zu
arbeiten, und freue mich über Ihre Antwort.
Mit freuntlichen Grüßen
Jan Volkers
```

TIPP
Die roten Punkte geben dir einen Hinweis darauf, in welchen Zeilen Fehlerwörter stehen.

b) Überlege, warum das Programm diese Fehler übersehen hat.

c) Schreibe auf, bei welchen der acht übrigen Fehlerwörter Regeln oder Proben helfen könnten, die richtige Schreibung festzustellen, z. B.:

1. als (ein) Zeitungszusteller => Es ist ein Nomen und muss großgeschrieben werden (Artikelprobe anwenden).

d) Überprüfe die Schreibung der korrigierten Wörter mit Hilfe eines Wörterbuchs.

im Wörterbuch nachschlagen

> **❗ Fehlerkontrolle am Computer**
>
> Das **Rechtschreibprogramm** am Computer findet nicht alle Fehler. Nutze es deshalb immer nur zusätzlich. Prüfe deinen Text immer selbst noch einmal Wort für Wort und benutze in Zweifelsfällen ein Wörterbuch.

3 a) Die folgenden Wörter werden oft falsch geschrieben. Schlage jedes Wort im Wörterbuch nach und notiere die richtige Schreibung.

schwierige Wörter nachschlagen und die Schreibung üben

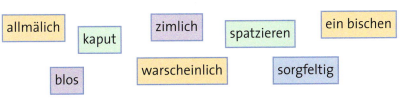

b) Verwende jedes Wort in einem vollständigen Satz und unterstreiche es, z. B.:
Allmählich hatte sie das Gefühl, umsonst gewartet zu haben.

Schreiben üben durch Schreiben

im Partnerdiktat üben

TIPP
Du kannst auch durch **Abschreiben** üben:
Lies den Text aufmerksam durch und präge dir die Schreibung der Wörter gut ein.
Lies dann jeden Satz einzeln vor und schreibe ihn aus dem Gedächtnis auf.
Kontrolliere deinen Text Wort für Wort.

1 a) Trainiert eure Rechtschreibung im Partnerdiktat. Diktiert euch gegenseitig die folgende Bewerbung. Sprecht langsam und deutlich und diktiert alle Satzzeichen mit.

> Sehr geehrte Frau Schwan,
> mit großem Interesse habe ich Ihre Anzeige gelesen und möchte mich hiermit als Statist in Ihrer Firma bewerben. Ich informiere mich schon lange über Möglichkeiten, als Statist zu jobben, da ich gerne Schauspieler werden will. Seit fast drei Jahren bin ich in der Theatergruppe an unserer Schule und es macht mir riesigen Spaß. Ich durfte sogar schon einmal eine Hauptrolle spielen. Das Auswendiglernen und das Befolgen der Regieanweisungen fallen mir leicht. Ich habe bis zum Mittag Schule, danach aber häufig Zeit. Deshalb ist es für mich sehr günstig, dass die Aufnahmen am Abend und an Wochenenden stattfinden.
> Ich würde mich sehr freuen, von Ihnen zu hören.
>
> Herzliche Grüße
> Jona Madran

Fehlerschwerpunkte erkennen und gezielt üben

b) Korrigiert eure Texte anschließend gegenseitig und unterstreicht die Fehlerwörter.

c) Legt eine Tabelle zur Fehleranalyse wie auf S. 184 an und tragt eure Fehlerwörter darin ein. Füllt die Tabelle vollständig aus.

d) Prüft, in welchen Bereichen ihr die meisten Fehler gemacht habt, z. B.:
Groß- und Kleinschreibung *Zusammen-/Getrenntschreibung*
Schreibung nach langen oder kurzen Vokalen
Schreibung ähnlich oder gleich klingender Konsonanten
Schreibung der s-Laute

TIPP
Lest in den entsprechenden Kapiteln nach und übt eure Fehlerschwerpunkte.

Fehlerwörter gezielt üben

2 Die richtige Rechtschreibung lernst du vor allem durch Schreiben. Notiere Wörter, die du oft falsch schreibst, auf Karteikarten, z. B.:

> beruhigen
> Ich beruhige mich am schnellsten bei leiser Musik.
> beruhigen   beruhigen
> Beruhigen beruhigen

So kannst du mit den Karteikarten üben:
- Schreibe verwandte Wörter aus der Wortfamilie auf, z. B.:
  interessieren, das Interesse, interessant
- Bilde mit den Wörtern Sätze.
  Schreibe sie mehrfach in verschiedenen Schriften hintereinander auf. Lass dir die Sätze von Zeit zu Zeit diktieren.
- Suche zehn Karten heraus und schreibe mit den Wörtern eine Geschichte.

Teste dich selbst!
Richtig schreiben

1 Der folgende Text enthält 13 Rechtschreibfehler.

  a) Lies den Text und suche die Fehlerwörter. Tipp: Am Seitenrand ist vermerkt, wie viele falsche Wörter in einer Zeile stehen.

An unserer Schule gibt es immer wieder Typen, die einen doof anmachen oder mobben. Früher habe ich mich gegen die nicht zu wehren gewußt und manchmal zugeschlagen. Dann gab es immer 1 F.
Stress mit den Lehrkreften, die ganz endsetzt waren. 2 F.
⁵Aber seit diesem schuljahr bin ich Mitglied in einem Boxklub und 1 F.
habe Mittwochs und manchmal am Samstag Nachmittag Training in 2 F.
der großen Halle: Dehnungsübungen, Seilspringen, Kraftaufbau und
natürlich das boxen stehen auf dem Programm. Mir macht das 1 F.
richtich Spaß. 1 F.
¹⁰Ich mag das kämpfen mit den Feusten und mit Köpfchen, weil ich 2 F.
dann spüre, wie stark ich sein kann. In der ersten Trainingsstunde
habe ich gelernt, das man nur im Wetkampf oder im Training 2 F.
kämpfen darf, nicht im Pausenhof oder auf der Strasse. Seitdem 1 F.
bleibe ich cool und ruhig, wenn mich jemand dumm anmacht.
¹⁵Das ist jetzt mein Weg, mich zu wehren. Ich bin ein Mädchen von
13 Jahren!

  b) Schreibe die Tabelle ab. Trage die Fehlerwörter in der richtigen Schreibung in die erste Spalte ein. Unterstreiche die Fehlerstelle.

  c) Ergänze eine Begründung oder Probe in der rechten Spalte.

Korrigiertes Fehlerwort	Begründung / Probe
gewusst	kurzer betonter Vokal, kommt von „wissen"

2 Untersuche in dem Text die Nomen und ihre Begleitwörter.

> Faulenzen ist für mich vertane Zeit. Sport und vor allem Boxen sind meine Lieblingsbeschäftigungen. Auch das regelmäßige Joggen macht mir Spaß. Das intensive Krafttraining ist sehr gut für meinen Körper. Noch nie habe ich mir beim Boxen eine ernsthafte Verletzung zugezogen.

  a) Welche der Nomen im Text sind nominalisierte Verben? Schreibe sie mit ihrem Artikel auf.

  b) Bei welchen Nomen steht zwischen Artikel und Nomen ein Adjektiv? Schreibe sie mit den Begleitwörtern auf und unterstreiche das Adjektiv.

  c) Welche Nomen haben ein Possessivpronomen als Begleitwort? Schreibe sie mit dem Begleitwort heraus.

3 Groß oder klein?

a) Schreibe die Sätze in der richtigen Schreibung ab und fülle die Lücken.

b) Begründe die Schreibweise der markierten Wörter.

Boxen ist eine t/Tolle Sportart. Im Mittelpunkt des Trainings stehen l/Laufen, s/Seilspringen und vieles mehr. Da k/Kommt man ganz schön ins s/Schwitzen. Das s/Schöne daran ist, dass man gut abschalten kann!

4 Im folgenden Text fehlen alle Kommas. Schreibe ihn ab und setze die fehlenden Satzzeichen.

Ich finde es toll dass Franziska jetzt boxt. Seitdem ist sie viel ausgeglichener offener und weniger reizbar. Die Mitschüler gehen auch anders mit ihr um seit sie ihr Hobby kennen. Sandy hat erst vor Kurzem gesagt: „Früher ist sie immer gleich an die Decke gegangen weil sie sich über alles geärgert hat." Jetzt kann man mit Franzi nicht nur besser reden sondern sogar Blödsinn mit ihr machen!
Die Jungen respektieren Franziska denn sie ist richtig gut beim Boxen. Bei ihrem ersten Wettkampf der nächste Woche stattfindet wollen wir alle zuschauen. „Macht euch keine Sorgen", meinte Franziska ganz cool. „Das pack ich schon!"

5 Viel freie Zeit bleibt da nicht!

Meine Woche

– Unterricht von 8:00 Uhr MORGENS bis 13:30 Uhr AM NACHMITTAG
– um 15:30 Uhr jeden MONTAG bis FREITAG Julius vom Kindergarten abholen
– DIENSTAGNACHMITTAGS von 16:30 bis 18:00 Uhr Training
– fast jeden FREITAGNACHMITTAG mit Kira shoppen
– AM SAMSTAGMORGEN: Hausarbeit – oh, wie ich das hasse!

Schreibe den Text ab und ergänze die Zeitangaben in der richtigen Schreibweise.

Wasser

In diesem Kapitel wiederholst du:
> Werbung untersuchen
> Sachtexte und Diagramme erschließen
> einen Vorgang beschreiben
> Gedichte untersuchen
> ein Kurzreferat halten

1 Betrachte die Werbeplakate der Berliner Wasserbetriebe*.

   a) Beschreibe, was dir bei den Plakaten auffällt.

   b) Welche Farben wurden verwendet? Beschreibe, welche Wirkung dadurch entsteht.

   c) Wo stehen Logo, Slogan und Schlagzeile?

2 Nenne die sprachlichen Besonderheiten der Texte und erkläre sie.

3 Untersuche das Zusammenwirken von Sprache und Bild.

   a) Was ist auf den Bildern zu sehen?

   b) Wie gehören Sprache und Bild zusammen?

   c) Gefallen dir die Plakate? Begründe.

4 a) Nenne die beabsichtigte Werbebotschaft.

   b) Bestimme die Zielgruppe dieser Werbung.

5 Welche Bedeutung hat Wasser in deinem Leben? Schreibe deine Gedanken zum Thema „Wasser" auf.

die Berliner Wasserbetriebe: Sie versorgen die Stadt Berlin mit Trinkwasser, leiten Abwasser ab und reinigen es.

Werbeplakate untersuchen

INFO
eau (*franz.*) ['o:]: Wasser

über die Bedeutung von Wasser nachdenken

Wasser für alles – Wasser für alle?

ein Diagramm beschreiben
- Säulendiagramm
- Balkendiagramm
- Kreisdiagramm
- Kurvendiagramm

HILFEN
- Das Diagramm zeigt …
- Auf der x-/y-Achse steht …
- Der höchste Wert liegt durchschnittlich bei …
- Beim … werden … verbraucht.
- Zum … braucht man mehr/weniger Wasser als zum …
- Mir fällt auf, dass …

1 Beschreibe das Diagramm. Gehe dabei auf folgende Fragen ein:
- Wie lautet das Thema des Diagramms?
- Um welche Art Diagramm handelt es sich?
- Wie ist das Diagramm aufgebaut?
- Vergleiche die Angaben: Welche Gemeinsamkeiten und Unterschiede stellst du fest?
- Wie bewertest du die Aussagen?

Was wir täglich brauchen
Wasserverbrauch pro Kopf in Litern

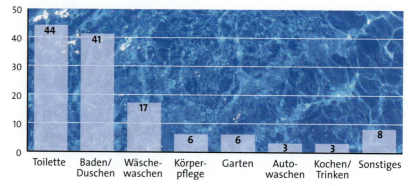

TIPP

y-Achse

x-Achse

die Reserven: die Vorräte
die Entwicklungsländer: arme Länder

2 a) Lies die Überschrift des folgenden Textes. Was könnte der Text mit dem Thema des Diagramms zu tun haben? Stelle Vermutungen an.

b) Lies den Text und überprüfe deine Vermutungen.

Am 22. März ist Weltwassertag

425 Millionen Kinder müssen ohne sauberes Trinkwasser leben. Sie müssen jeden Tag weite Wege zurücklegen, um Wasser zu holen. Der Weltwassertag soll alle Menschen daran erinnern, dass Wasser sehr wertvoll ist.

5 Die Wasserreserven* der Erde werden kleiner. Weil die Erde sich erwärmt, trocknen gerade in den Entwicklungsländern* immer mehr Quellen aus. Fachleute schätzen, dass in weniger als zwanzig Jahren bis zu zwei Milliarden Menschen in Gebieten mit Wassermangel leben werden. Auch die Umweltverschmutzung ist
10 ein Problem. Viele Flüsse sind durch Giftstoffe aus Fabriken so belastet, dass man ihr Wasser nicht trinken kann, ohne davon krank zu werden.

schriftlich Stellung nehmen
→ S. 65–72

ein Werbeplakat gestalten
→ S. 87–94

3 Wähle Aufgabe a) oder b) zur Bearbeitung aus. Berücksichtige die Informationen aus dem Diagramm und aus dem Text.

a) „Wassermangel – geht uns das was an?" Welche Meinung hast du? Schreibe eine kurze Stellungnahme.

b) „Wassermangel – wir werden aktiv!" Gestaltet in Gruppen ein Werbeplakat für den Weltwassertag.

Was Wasser kann

1 Dieser Versuch zeigt dir, wie du den Farben in Filzstiften ein Geheimnis entlocken kannst. Probiere es selbst einmal aus. Du brauchst dafür Filzstifte und Löschpapier.

TIPP
Statt eines Löschpapiers kannst du auch einen Kaffeefilter verwenden.

2 Erklärt einander den Versuch mit Hilfe der Formulierungen im Kasten.

a) Bildet Sätze im Aktiv mit „man", z. B.:
Man benötigt ... Zuerst malt man ...

b) Bildet Sätze im Passiv, z. B.:
Für den Versuch werden ... benötigt. Zuerst werden ... gemalt.

einen Versuch beschreiben

- Filzstifte in verschiedenen Farben
- flache Schale mit Wasser
- Löschpapier
- Farbpunkte aufmalen
- Rand des Papiers in die Wasserschale halten
- Farbpunkte nur leicht ins Wasser tauchen
- sich in unterschiedliche Bestandteile auflösen

eine schriftliche Vorgangsbeschreibung verfassen
› Art des Vorgangs bestimmen
› die Materialien nennen
› die einzelnen Schritte in der richtigen Reihenfolge beschreiben
› Besonderheiten oder Tipps nennen

3 Jemand möchte den Versuch nachmachen. Fertige dafür eine schriftliche Vorgangsbeschreibung an. Berücksichtige die Schrittfolge am Rand. Tipp: Achte darauf, deine Sätze sinnvoll zu verknüpfen.

Wissen sichern und vernetzen

Am Meer

1 Die folgenden Gedichte haben alle das Meer zum Thema.

a) Welche Begriffe zum Thema „Meer" könnten in den Gedichten vorkommen? Notiere sie in einem Cluster.

b) Lies die Gedichte und vergleiche mit deinem Cluster.

Johann Wolfgang von Goethe
Meeresstille

Tiefe Stille herrscht im Wasser,
Ohne Regung* ruht das Meer,
Und bekümmert* sieht der Schiffer
Glatte Fläche ringsumher.
5 Keine Luft von keiner Seite!
Todesstille fürchterlich!
In der ungeheuren Weite
Reget keine Welle sich*.

Friederike Kempner
Das Meer

Grüß' mir das Meer,
Silberne Wellen
Rauschen und schwellen,
Schön ist das Meer!

5 Grüß' mir das Meer,
Golden es schäumt',
Ob es auch träumet?
Tief ist das Meer.

Grüß' mir das Meer,
10 Glücklich es scheinet
Ströme es weinet,
Groß ist das Meer.

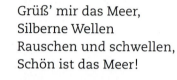

die Regung: die Bewegung
bekümmert: traurig, bedrückt

reget keine Welle sich: es bewegt sich keine Welle

Theodor Storm
Meeresstrand

Ans Haf* nun fliegt die Möwe,
Und Dämm'rung bricht herein;
Über die feuchten Watten*
Spiegelt der Abendschein.

5 Graues Geflügel huschet
Neben dem Wasser her;
Wie Träume liegen die Inseln
Im Nebel auf dem Meer.

Ich höre des gärenden* Schlammes
10 Geheimnisvollen Ton,
Einsames Vogelrufen –
So war es immer schon.

Noch einmal schauert leise
Und schweiget dann der Wind;
15 Vernehmlich* werden die Stimmen,
Die über der Tiefe sind.

das Haf(f): ein vom Meer durch einen Landstreifen fast abgetrennter Wasserbereich
die Watten/das Watt: ein Teil der Meeresküste, der bei Flut unter Wasser steht und sonst freiliegt

gärend: sich chemisch verändernd

vernehmlich: hörbar

L. A. Davidson
Fern am Horizont –
Fischerboote im Nebel
durchtrennen das Grau.

2 Sprecht in Partnerarbeit über euren ersten Leseeindruck:

    a) Wie wirken die Gedichte auf euch? Tauscht euch darüber aus.

    b) Nennt für jedes Gedicht Adjektive, die die Grundstimmung beschreiben.

    c) Klärt schwierige Wörter und Textstellen durch Nachdenken, Nachfragen oder Nachschlagen.

die Grundstimmung beschreiben

schwierige Wörter klären

3 Mache dir Notizen zum Gedicht „Meeresstille".

    a) Gib dem Gedicht eine neue Überschrift und begründe deine Wahl.

    b) Beschreibe den Aufbau und die Reimform des Gedichts.

    c) Erkläre das sprachliche Bild „ruht" in Vers 2. Was soll zum Ausdruck gebracht werden?

Gedichte untersuchen
- den Inhalt verstehen
- Aufbau und Reimform beschreiben
- sprachliche Bilder erklären

4 Untersucht zu zweit das Gedicht von L. A. Davidson.

    a) Was ist auffällig an dem Gedicht?

    b) Wie nennt man diese Gedichtform?

INFO
Baupläne von Gedichten
- **Akrostichon:** Die Anfangsbuchstaben der Verse ergeben ein Wort.
- **Elfchen:** Das Gedicht besteht aus fünf Versen und elf Wörtern.
- **Haiku:** 17 Silben werden auf drei Verse verteilt.

5 Untersuche das Gedicht „Meeresstrand" und mache dir Notizen.

    a) Was sieht und hört das lyrische Ich (der Erzähler)? Notiere zu jeder Strophe Stichwörter.

    b) Beschreibe den Aufbau und die Reimform. Was fällt dir auf?

6 Untersucht zu zweit das Gedicht „Das Meer".

    a) Wie wird das Meer beschrieben? Wählt eines der anderen Gedichte aus und vergleicht die Stimmung der beiden Gedichte.

    b) Das Meer wird an einigen Stellen mit einem Menschen verglichen. Suche diese Stellen und erkläre, was jeweils gemeint ist.

7 Vergleicht alle vier Gedichte in einer Lesekonferenz. Geht auf Grundstimmung, Aufbau und Reimform sowie den Inhalt ein.

    a) Nennt Gemeinsamkeiten und Unterschiede der vier Gedichte.

    b) Welches Gedicht gefällt dir am besten? Begründe.

in der Lesekonferenz Gedichte vergleichen
- die Gedichte vorlesen
- über die Gedichte sprechen

8 Übe den Vortrag eines der Gedichte und trage es in der Klasse vor.

9 Schreibe ein eigenes Gedicht zum Thema „Meer".

    a) Überlege dir, welche Grundstimmung deutlich werden soll.

    b) Notiere passende Wörter für dein Gedicht.

    c) Entscheide dich für einen Bauplan und/oder ein Reimschema.

ein Gedicht vortragen

ein Gedicht schreiben

TIPP
Du kannst deine Wortsammlung aus Aufgabe 1b) nutzen.

Übers Wasser

In ihrem Ruderboot „Pilot" überquerte die Französin Maud Fontenoy 2003 den Atlantik* von Nordamerika nach Europa. Ihre Erlebnisse auf dem Meer hat sie in dem Buch „Der Atlantik und ich" festgehalten.

„Kopf hoch und durchhalten, koste es, was es wolle. Ich muss es einfach schaffen." Zusammengekauert hocke
5 ich in der hintersten Ecke der winzigen Kammer. Mein Kopf wird gegen die Wände geschleudert. Pilot, mein Boot, ist einem wütenden
10 Ozean ausgeliefert. Die Fluten wälzen es heftig umher und begraben es immer wieder unter vier bis fünf Meter hohen Wellen. Es verzieht das Gesicht und hält den Atem an. Mein Magen steht kopf, ich bin sterbenskrank, durchnässt bis auf die Knochen und völlig durchgefroren.
15 Ein vor Schmerz und Panik schluchzendes Häuflein Elend, so komme ich mir vor. Der Schmerz nimmt mir den Atem. Mit rauer Stimme flehe ich inständig: „Bring mich hier raus, ich flehe dich an, ich kann nicht mehr. Du wirst doch nicht schlappmachen, Pilot? Du hältst doch durch, oder?" […]
20 (3–4 Wochen später) Mir ist, als würde ich zum ersten Mal die Augen öffnen. Ein schöner Tag beginnt. Wie von Zauberhand hat sich die Waschküche* um mich herum aufgelöst, und endlich finde ich mich in der Umgebung wieder, die ich so liebe: mitten auf dem Meer, dem ich auf meinem kleinen Boot so nahe bin,
25 dem ich gar nicht näher sein könnte. […] Meine gute Laune kehrt zurück. Natürlich birgt jede meiner Bewegungen auch ein gewisses Risiko, aber was für ein Glück, hier zu sein. Die Sonne über dem Boot verleiht dem Tag etwas Fröhliches. Sofort wird mir warm. Endlich Licht!

der Atlantik: der Ozean zwischen Amerika und Europa/Afrika

die Waschküche: *hier:* der Nebel

---

einen Reisebericht lesen

1 a) Lies den Text.

b) Stelle fünf W-Fragen an den Text und beantworte sie.

den Textinhalt wiedergeben

2 a) Notiere in Stichwörtern, was Maud Fontenoy auf dem Meer erlebt.

b) Stelle die Ergebnisse einer Lernpartnerin / einem Lernpartner vor.

sich über ein Thema informieren

ein Kurzreferat vorbereiten und halten

3 a) Informiere dich im Internet genauer über Maud Fontenoys Atlantiküberquerung.

b) Werte die Informationen aus und bereite ein Kurzreferat vor.

c) Halte das Kurzreferat in der Kleingruppe oder vor der Klasse.

Unterwegs

Blinde Teenager im Himalaya während einer Rast (Filmszene aus der Dokumentation „Blindsight")

In diesem Kapitel wiederholst du:
- Sachtexte lesen
- einen Tagebucheintrag erarbeiten und schreiben
- eine Berufsbeschreibung verfassen
- einen literarischen Text lesen und dazu einen Brief schreiben

1 a) Warum sind Menschen „unterwegs"? Tauscht euch zu zweit aus.

b) Lest den Text. Welche eurer Ideen treffen auf Sabriye Tenberken zu?

einen Sachtext lesen

Die Glücksblume oder: Mein Weg führt nach Tibet

„Kelsang Meto" wird Sabriye Tenberken in Tibet gerufen. Das heißt „Glücksblume". Denn seit die blinde Deutsche allein in das Bergland reiste, um 1998 eine Blindenschule zu eröffnen, haben viele Kinder ohne Augenlicht endlich eine Zukunft. Sechs Jahre
5 später suchte sich Tenberken die nächste Herausforderung. Zusammen mit dem blinden Bergsteiger Erik Weihenmayer aus den USA und sechs blinden Jugendlichen machte sie sich an den Aufstieg zum Lhakpa Ri, einem Nebengipfel des Mount Everest. Auf 6400 Metern schlug das Wetter plötzlich um. Einige
10 Teilnehmer der abenteuerlichen Expedition litten an Höhenkrankheit und mussten absteigen. Doch Tenberken beschloss, den Aufstieg mit drei der Jugendlichen fortzusetzen …

2 Gebt mit eigenen Worten wieder, was ihr im Text über Sabriye Tenberken erfahren habt.

den Inhalt eines Textes wiedergeben

3 Sabriye Tenberken und die Jugendlichen erreichten ihr Ziel nicht. Trotzdem sagt sie rückblickend: „Für mich war der Gipfel von Anfang an nicht wichtig."
Kannst du ihre Aussage verstehen? Diskutiere darüber mit anderen und begründe deine Meinung.

eine Diskussion führen

4 a) Was würdet ihr noch gern über Sabriye Tenberken erfahren? Schreibt zu zweit W-Fragen auf.

b) Sucht Informationen im Internet und stellt sie einander in Gruppen vor.

sich über ein Thema informieren

Neue Welten entdecken

einer Karte Informationen entnehmen

HILFEN
- bekannt, dass Erde eine Kugel, aber unklar, wie groß
- Kolumbus wollte in Richtung ... von ... nach ... fahren, aber ...
- landete in einem unbekannten Land
- dachte, er wäre ..., aber ...
- nannte die Menschen ...

1 Der Seefahrer Christoph Kolumbus bekam 1492 vom spanischen König den Auftrag, einen neuen Seeweg nach Indien zu erkunden.

a) Was wisst ihr darüber? Tauscht euch in Gruppen aus.

b) Betrachtet die Karte. Nennt den Startpunkt, einzelne Stationen sowie den Zielort von Kolumbus' erster Reise. Erklärt, wie es zu dem berühmten Irrtum kam.

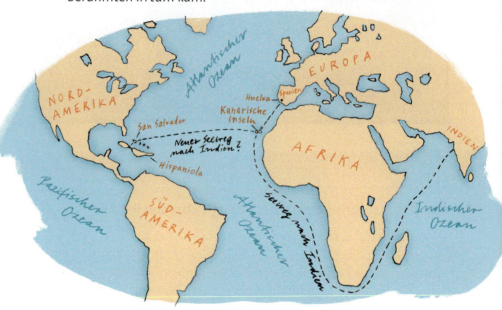

2 Mit drei Karavellen (Segelschiffen) stachen Kolumbus und seine Mannschaft am 6. September 1492 in See. In seinem Schiffstagebuch hielt Kolumbus die wichtigsten Ereignisse fest.

a) Was könnte in dem Tagebuch stehen? Stellt zu zweit Vermutungen an.

b) Lies Kolumbus' Tagebucheintrag über die Ankunft in Amerika.

einen Tagebucheintrag lesen

der Kurs: hier: die Richtung

das Schilfrohr: Pflanze
erspähen: sehen
das scharfe Eisen: scharfes Messer oder Werkzeug
sichten: sehen
die Vorboten: Zeichen, die etwas ankündigen
die gehobene, freudvolle Stimmung: gute Laune

Donnerstag/Freitag, den 11./12. Oktober 1492
Ich blieb weiterhin auf west-südwestlichem Kurs*. Wir hatten stark unter hohem Seegang zu leiden, mehr als jemals auf unserer ganzen Fahrt. Wir erblickten einige Sturmvögel und ein grünes Schilfrohr*, das an der Bordwand des Schiffes vorbeistrich.
5 Die Leute der Karavelle „Pinta" erspähten* ein Rohr und einen Stock, fischten dann noch einen zweiten Stock heraus, der anscheinend mit einem scharfen Eisen* bearbeitet worden war; sie griffen noch ein Rohrstück auf und sahen ein kleines Brett und eine Grasart, die von der üblichen verschieden war und auf
10 dem Lande wuchs. Auch die Mannschaft der „Niña" sichtete* Anzeichen nahen Landes und den Ast eines Dornbusches, der rote Früchte trug. Diese Vorboten* versetzten alle in gehobene, freudvolle Stimmung*.

An diesem Tage legten wir bis zum Sonnenuntergang
108 Seemeilen* zurück. Nach Sonnenuntergang kehrte ich wieder
zur Westrichtung zurück. Wir kamen mit einer Stundengeschwindigkeit
von zwölf Seemeilen vorwärts und bis zwei Uhr
morgens hatten wir 90 Seemeilen durchlaufen. Da die Karavelle
„Pinta" schneller war als die anderen beiden Schiffe und mir
vorgefahren war, so entdeckte man an Bord der „Pinta" zuerst das
Land und gab auch die angeordneten Signale.
Als Erster erspähte dieses Land ein Matrose, der Rodrigo da Triana
hieß, wiewohl* ich um zehn Uhr nachts vom Aufbau des Hinterschiffes
aus ein Licht bemerkt hatte. […]
Um zwei Uhr morgens kam das Land in Sicht, von dem wir etwa
acht Seemeilen entfernt waren. Wir holten alle Segel ein und
fuhren nur mit einem Großsegel, ohne Nebensegel. Dann lagen
wir bei* und warteten bis zum Anbruch des Tages, der ein Freitag
war, an welchem wir zu einer Insel gelangten, die in der Indianersprache
„Guanahaní"* hieß. […]
Dort erblickten wir allsogleich* nackte Eingeborene*. Ich begab
mich […] an Land. Dort entfaltetet ich die königliche Flagge […].
Unseren Blicken bot sich eine Landschaft dar, die mit grün
leuchtenden Bäumen bepflanzt und reich an Gewässer und
allerhand Früchten war.

die Meile: Längenmaß (1 Seemeile = 1,852 km)

wiewohl: obwohl

beilegen: *hier:* anhalten

Guanahaní: heutiges San Salvador (Bahamas-Insel)
allsogleich: sofort
die Eingeborenen: Menschen, die seit Langem in diesem Gebiet leben

3 a) Schreibe deine ersten Leseeindrücke auf.

b) Sprecht zu zweit über eure Eindrücke und klärt schwierige Textstellen.

c) Stelle fünf W-Fragen an den Text und beantworte sie.

d) Gliedere den Text in Abschnitte und gib jedem Abschnitt eine Überschrift.

einen Tagebucheintrag erarbeiten

4 a) Wähle eine der beiden folgenden Schreibaufgaben aus:
– **A** Stell dir vor, der Matrose Rodrigo da Triana, der als Erster das neue Land sah, hätte seine Erlebnisse auch in einem Tagebuch festgehalten. Schreibe einen Tagebucheintrag aus seiner Sicht.
– **B** Die Seefahrer aus Europa wurden von den Indianern freundlich, aber zurückhaltend begrüßt.
Stell dir vor, ein Indianer hätte die Ankunft der unbekannten Weißen beobachtet. Welche ersten Eindrücke könnte er gehabt haben? Schreibe mögliche Gedanken aus seiner Sicht auf.

aus einer anderen Sicht schreiben
INFO
Die Indianer hatten noch nie zuvor weiße Europäer gesehen. Sie lebten sehr naturverbunden und trugen keine Kleider. Segelschiffe waren ihnen unbekannt.

b) Überarbeitet eure Texte zu zweit oder in kleinen Gruppen.

Texte überarbeiten

5 a) Später wurden die Weißen und die Indianer erbitterte Feinde. Stelle Vermutungen an, wie es dazu kommen konnte.

b) Informiere dich im Internet, in Sachbüchern oder in Lexika über die Eroberung Amerikas durch Kolumbus. Notiere Stichwörter.

sich über ein Thema informieren

c) Stellt eure Ergebnisse einander in Gruppen vor und nehmt Stellung.

Über den Wolken

einen Sachtext zu einem Berufsbild lesen

1 Der Text stellt den Arbeitsalltag einer Flugbegleiterin vor.

a) Was weißt du über den Beruf der Flugbegleiterin / des Flugbegleiters? Notiere Stichwörter in einem Cluster.

b) Lies den Text und hake Informationen in deinem Cluster ab.

Frühstart

Es ist kurz nach fünf Uhr morgens und der Hamburger Flughafen wirkt noch wie ausgestorben. Doch Barbara und der Rest der Crew* sind schon voll im Einsatz. Eilig laufen sie durch den engen Mittelgang des Fliegers, öffnen im Vorbeigehen die Gepäckfächer, bauschen Kissen auf. Man muss Flugbegleiter nur fünf Minuten beobachten und weiß: Die müssen mehr draufhaben als freundlich zu lächeln. Die müssen präzise wie Uhrwerke* funktionieren. Schließlich soll alles fertig sein, wenn die Passagiere an Bord kommen.

Immer schön lächeln

265 haben eingecheckt*, der Condor-Flug DE 3517 nach Mallorca ist ausgebucht. Barbara nimmt auf ihrem Klappsitz in der Flugzeugküche Platz. Immerhin am Fenster, freut sie sich. Denn sie liebt die Starts, auch nach sieben Jahren Fliegerei. Autos schrumpfen plötzlich auf Spielzeugformat. Und diese Wolken, die von oben schneebedeckten Bergen gleichen! Lange kann sie den Ausblick nicht genießen. Sobald die Anschnallzeichen erlöschen, heißt es: anfangen! Vorsichtig schiebt Barbara den Rollwagen durch die schwankende Maschine. „Möchten Sie ein Brötchen mit Käse oder Schinken?" Von manchen Passagieren bekommt sie nur einen mürrischen Blick. Die sind wohl noch müde. Außerdem soll es auf Mallorca regnen: toller Urlaub! Barbara lächelt tapfer weiter. Und das ist wichtig, sagt sie. „Wenn ich komisch gucke, denken die Gäste, da muss was faul sein mit dem Flieger!" Während die Passagiere ihr Brötchen essen, können die Flugbegleiter einen Moment durchatmen. Zeit fürs Müsli und ein Schwätzchen mit den Kollegen. Einer erzählt vom Flug auf die Malediven*, letzte Woche. Plötzlich sei der Flieger Hunderte Meter nach unten abgesackt. Ein Luftloch! Angst haben sie trotzdem nicht. „In solchen Momenten funktioniert man einfach und spult sein Notfallprogramm ab", weiß Barbara. Regelmäßig üben Flugbegleiter, wie man Passagiere beruhigt oder bei einer Bruchlandung* die Notfallrutschen löst.

---

die Crew: (engl.) die Mannschaft

präzise wie Uhrwerke: zuverlässig, genau und pünktlich

einchecken: das Gepäck am Flugschalter abgeben

die Malediven: Gruppe von Inseln im Indischen Ozean

die Bruchlandung: Flugzeugunglück mit missglückter Landung

Jetzt aber schnell

8.22 Uhr: Die Maschine setzt sicher auf die Rollbahn* in Palma de Mallorca auf. Was dann geschieht, erinnert an die Boxenstopps* in der Formel 1: Menschen in neongelben Westen eilen herbei,
45 holen Koffer aus dem Bauch der Maschine und Müll aus der Küche. Barbara Waldow öffnet die schwere Tür am Heck*, nimmt zuerst die Putzfrauen und dann Rollwagen mit frischen Brötchen in Empfang. Aussteigen darf sie nicht, nur einen kurzen Blick auf das Flugfeld werfen. Jammerschade ist das doch eigentlich:
50 Barbara fliegt zu den schönsten Flecken der Erde und sieht davon meist nicht mehr als die immer gleichen grauen Flughäfen und die Hotels nebenan. […] Für Barbara und ihre Kollegen heißt es also wieder: abfliegen, Brötchen auftischen, „Auf Wiedersehen" sagen. Zweimal noch das ganze Programm, bis die Crew am
55 Abend dann wieder auf Mallorca sein wird. Was sie dann vorhat? „Erst mal lecker essen gehen", sagt Barbara Waldow. Und lächelt.

die Rollbahn: Bahn, auf der Flugzeuge starten und landen
der Boxenstopp: kurzes Stoppen beim Autorennen, um zu tanken und Reifen zu wechseln
das Heck: hinterer Teil

2 Untersuche den Text zusammen mit einer Lernpartnerin / einem Lernpartner.

a) Welche Informationen hast du erwartet, welche waren für dich neu oder überraschend? Würdest du gern als Flugbegleiterin / Flugbegleiter arbeiten? Begründe.

b) Klärt zu zweit unbekannte Wörter und schwierige Textstellen.

c) Gliedert den Text in Abschnitte. Schreibt aus jedem Abschnitt drei bis fünf Schlüsselwörter heraus.

d) Gebt in eigenen Worten wieder, was ihr im Text erfahren habt. Nutzt eure Notizen.

3 Erstelle eine Beschreibung des Berufs der Flugbegleiterin / des Flugbegleiters.

a) Trage Informationen aus dem Text zusammen. Gehe so vor:
– Notiere W-Fragen zu dem Beruf in einer Mindmap.
– Ergänze passende Informationen aus dem Text in Stichwörtern.
– Ordne die Informationen den folgenden Bereichen zu: *Beschäftigungsorte, Tätigkeiten, Voraussetzungen, Ausbildung, Besonderheiten*

b) Zu welchen der Bereiche gibt es keine oder nur wenige Informationen im Text? Suche Informationen im Internet dazu und notiere Stichwörter.

c) Verfasse eine Berufsbeschreibung. Formuliere vollständige Sätze.

d) Überarbeitet eure Texte in Partnerarbeit.

4 Welche Nomen, Verben und Adjektive passen zu einer Flugbegleiterin / einem Flugbegleiter? Notiere passende Wörter in einer Tabelle.

Schlüsselwörter notieren

Textinhalte wiedergeben

eine Berufsbeschreibung verfassen
› Informationen sammeln
› Informationen ordnen
› fehlende Informationen ergänzen
› den Text schreiben
› den Text überarbeiten

HILFEN
… arbeiten in …
Voraussetzungen sind …
Man sollte außerdem …

Wortarten unterscheiden

Wissen sichern und vernetzen

199

Auf dem Weg

1 Wie kommt ein Floh in einen Briefumschlag? Lies den folgenden Text.

Kurt Tucholsky
Der Floh

Im Department* du Gard – ganz richtig, da, wo Nîmes* liegt und der Pont du Gard*: im südlichen Frankreich – da saß in einem Postbüro* ein älteres Fräulein als Beamtin, die hatte eine böse Angewohnheit: Sie machte ein bißchen die Briefe auf und las sie.
5 Das wußte alle Welt. Aber wie das so in Frankreich geht: Concierge*, Telefon und Post, das sind geheiligte Institutionen*, und daran kann man schon rühren, aber daran darf man nicht rühren und so tut es denn auch keiner.
Das Fräulein also las die Briefe und bereitete mit ihren
10 Indiskretionen* den Leuten manchen Kummer.
Im Departement wohnte auf einem schönen Schlosse ein kluger Graf. Grafen sind manchmal klug, in Frankreich. Und dieser Graf tat eines Tages folgendes:
Er bestellte sich einen Gerichtsvollzieher* auf das Schloß und
15 schrieb in seiner Gegenwart* an einen Freund:
Lieber Freund!
Da ich weiß, daß das Postfräulein Emilie Dupont dauernd unsre Briefe öffnet und sie liest, weil sie vor lauter Neugier platzt, so sende ich Dir anliegend, um ihr einmal das Handwerk zu legen*, einen lebendigen Floh.
20 *Mit vielen schönen Grüßen   Graf Koks*
Und diesen Brief verschloß er in Gegenwart des Gerichtsvollziehers. Er legte aber keinen Floh hinein. Als der Brief ankam, war einer drin.

das Department: der Verwaltungsbezirk (in Frankreich)
Nîmes: Stadt in Südfrankreich
Pont du Gard: berühmte Brücke
das Postbüro: das Postamt
die Concierge: die Pförtnerin/Hausmeisterin
die Institution: die Einrichtung
die Indiskretion: *hier:* Gerede, Klatsch
der Gerichtsvollzieher: ein Vertreter des Gerichts
in Gegenwart: in Anwesenheit
jemandem das Handwerk legen: bewirken, dass jemand nichts Böses mehr tun kann

TIPP
Der Text ist in der alten Rechtschreibung verfasst. Deshalb werden die Wörter *bisschen, wusste, Schloss, dass, verschloss* mit ß geschrieben.

2 Ordne die folgenden Umschreibungen den richtigen Textstellen zu.
Das war allen Leuten bekannt.
Das sind Einrichtungen, an denen sich nie etwas ändern wird.
Sie plauderte alles aus und brachte dadurch viele Leute in Schwierigkeiten.

den Text in der Lesekonferenz erarbeiten

3 Besprecht in einer Lesekonferenz die folgenden Fragen:
– Welche Eigenschaften besitzt das Postfräulein? Begründet mit Beispielen aus dem Text.
– Mit welchem Ziel schreibt der Graf den Brief?
– Warum soll ein Gerichtsvollzieher dabei sein?
– Wer hat den Floh in den Briefumschlag gelegt? Warum?
– Hat der Graf am Ende sein Ziel erreicht? Begründet.

einen Tagebucheintrag schreiben

4 a) Schreibe einen Tagebucheintrag aus der Sicht des Grafen. Gib darin wieder, was geschehen ist und was der Graf denkt und fühlt.

b) Überarbeitet eure Texte in Partnerarbeit.

Verschwunden?

In diesem Kapitel wiederholst du:
- Gedichte erarbeiten und vortragen
- Sachtexte und literarische Texte zusammenfassen
- literarische Figuren untersuchen
- einen Bericht schreiben
- ein Kurzreferat vorbereiten und halten

Josef Guggenmos
Nebel

Verloren
im Nebelmeer
bin ich gegangen
durch die Allee*,
5   bedachtsam sehr.

Schweigen
rings um mich her.

Nichts
war zu vernehmen*.
10 Nur dies
Knistern
ab und zu
auf dem Kies.
Ich wusste, das waren
15 meine Füße,
Sie suchten da unten
ihren Weg,
die unsichtbaren.

Und einmal
20 ein leises Flüstern,
links,
nah.
Ein Ahorn*
in der Ahornallee
25 fragte den andern:
Bist du noch da?

Fritz Senft
Die Fliege

In meiner Faust sitzt eine Fliege,
die hat mich gestört,
die hat mich empört.
Nun sitzt sie da drinnen
5   erhascht und gefangen
mit brummelndem Bangen,
und wenn ich wollte –
Doch nein, auch sie hat das Recht
ein wenig zu leben.
10 Ich öffne das Fenster,
da taumelt sie schon
durch den apfelduftenden
Abend davon.

Peter Jepsen
Graue Ha re

D eses Gedi ht
ist alt.
Es verliert s hon
 uchstaben.
5   Aber es wi l nicht
in die Bibliothe
Auf gar kein Fall.
 k

die Allee: große Straße
nichts zu vernehmen: nichts zu hören

der Ahorn: Baumsorte

1 **a)** Lies die Gedichte.
   b) Wie gefallen sie dir? Stelle deinen ersten Leseeindruck einer Lernpartnerin / einem Lernpartner vor und begründe ihn.

2 Untersucht die Gedichte in Partnerarbeit.
   – Gebt in eigenen Worten wieder, worum es in den Gedichten geht.
   – Beschreibt den Aufbau.
   – Vergleicht die Gedichte. Wer oder was verschwindet jeweils?

3 Bereite das Gedicht „Nebel" oder „Die Fliege" für einen Vortrag vor. Trage es anschließend in der Klasse vor.

4 Schreibe zu dem Gedicht „Graue Haare" ein Parallelgedicht.

ein Gedicht lesen
- den Inhalt verstehen
- den Aufbau beschreiben

Gedichte vergleichen

ein Gedicht vortragen

ein Parallelgedicht schreiben

Wissen sichern und vernetzen

Wenn jemand fehlt

eine Erzählung lesen

1 Lies die Erzählung. Wer fehlt hier wem?

Nasrin Siege
Muschelreste

Spielerisch ließ sie den weißen Sand zwischen ihre Zehen rieseln. „Fußgymnastik", sagte sie laut und lächelte, sich an die Zeit erinnernd, in der sie jeden Tag unter Mutters Anleitung auf den Hacken und auf den Fußspitzen lief oder mit den Zehen Murmeln
5 oder Stöckchen aufsammelte.
Sie durchwühlte den Sand und hob geschickt ein Steinchen mit zwei Zehen auf, das sie etwas weiter weg wieder vergrub. „Das hast du fein gemacht", lobte sie sich. „Gut, Lisa." Und wieder musste sie lächeln.
10 Liebe ist wie Sand, der einem wegrieselt, ging es ihr durch den Kopf. Und sie dachte an Timmy und daran, dass sie ihn liebte. Oder geliebt hatte? Sie wusste es nicht mehr. Überrascht stellte sie fest, dass der Gedanke an ihn sie zum ersten Mal nicht mehr beunruhigte.
15 Sie nahm etwas Sand auf und legte ihn auf ihre flache Hand. Kleine runde, kantige und spitze, helle Körnchen. Dazwischen fein geriebenes, in sanften Farben schillerndes Perlmutt*. Langsam öffnete sie ihre Finger und ließ den Sand in die andere Hand rieseln. Sie tat das mehrmals und übrig blieben nur noch
20 ein paar Muschelreste.
Das sind die Erinnerungen, dachte sie. Mit einem Seufzen legte sie sich hin und schloss die Augen. Genau hier am Strand hatte sie mit Timmy gelegen und auf das Rauschen der Wellen gehorcht. Wie so oft, seitdem sie mit ihm ging.
25 „Ich muss dir was beichten", hatte er eines Tages gesagt. „Sei mir nicht böse. – Ich hab mich verliebt – in Katarina."
Diese plötzliche Stille. Als sei ein Film gerissen, und auch die Wellen schienen innezuhalten und auf seine Worte zu horchen, die sich in ihrem Kopf wiederholten.
30 „Und warum ausgerechnet in meine beste Freundin?", hatte sie mit einer ihr fremden Stimme gefragt.
„Du weißt doch, wie das ist. Ich habe mich halt in sie verliebt, und sie liebt mich auch."
Ja, sie konnte ihn verstehen. Sie hatte sich ja auch in ihn verliebt.
35 Lange bevor er sie überhaupt wahrnahm*. Sie hatte bereits alles über ihn herausgefunden: seine Telefonnummer, die Namen seiner Eltern und Schwester und seiner besten Freunde, seine Hobbys und was er besonders gerne aß. So begegnete sie ihm ständig – wie zufällig – an den Orten, an denen er sich gerne
40 aufhielt. Beim Chinesen und beim Basketball, in seiner Lieblings-Disco. Und sie lernte seinen besten Freund kennen.

das Perlmutt: glänzende Schale von Muscheln

wahrnehmen: bemerken

Und dann, auf Jens' Party, hatte es auch bei Timmy gefunkt, und er hatte sie zum Tanzen aufgefordert.
Katarina war ihre Komplizin* gewesen. Die Hüterin ihrer
45 Geheimnisse.
Katarina, meine Freundin!, dachte sie und sie spürte, wie ihr die Tränen über die Wangen liefen. […]
„Liebeskummer hat jeder mal gehabt", hatte Mama sie getröstet. „Das geht wieder vorbei."
50 „Aber es tut so weh!", hatte sie geschluchzt. „Ich halte das nicht aus." Und Mama hatte sie in die Arme genommen und sie festgehalten.
Katarina hatte sie am gleichen Nachmittag angerufen. „Sag ihr, ich bin nicht da!", hatte sie zu Mama gesagt.
55 „Das kann ich ihr nicht sagen", hatte Mama gemeint.
„Dann sag ihr, ich will nicht mit ihr sprechen!"
„Willst du es ihr nicht lieber selber sagen?"
„Sie soll mich in Ruhe lassen!", hatte sie so laut gebrüllt, dass Katarina sie gehört haben musste. Und Mama hatte etwas in den
60 Hörer gemurmelt und endlich aufgelegt.
Seitdem war sie Katarina aus dem Weg gegangen. Sie wusste, dass sie ihr damit wehtat. Aber das geschah ihr ganz recht, hatte sie gedacht.
Das war nun drei Wochen her und sie hatten seitdem nicht mehr
65 miteinander gesprochen.
Lisa zog den zusammengeknüllten Brief aus ihrer Hosentasche und strich ihn glatt. Sie hatte ihn gestern nach der Schule im Briefkasten gefunden. Als sie sah, dass er von Katarina war, hatte sie ihn ungelesen und voller Wut in die Papiertonne im Hof
70 geworfen. Kurz danach hatte sie fieberhaft zwischen Kartons und Zeitungen gewühlt und ihn schließlich wieder herausgefischt.
„Für mich bist du immer noch meine Freundin", schrieb Katarina. „Und wenn du das auch findest, müssen wir miteinander sprechen!"
75 Sorgfältig faltete sie den kleinen Brief zusammen und steckte ihn wieder ein. Dann legte sie sich hin, schaute in den blauen Himmel. Fast andächtig* horchte sie auf das Rauschen der Wellen und auf das hungrige Geschrei der Möwen*. Ich bin wieder da, dachte sie.

die Komplizin: jemand, der einem anderen bei einer verbotenen Tat hilft, *hier:* vertraute Helferin

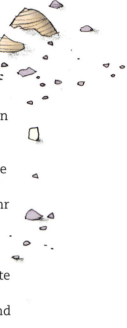

andächtig: sehr konzentriert, wie bei einem Gebet
die Möwe: Vogel, der am Meer lebt

2 a) Stellt zu zweit Fragen an den Text und notiert Stichwörter.

  b) Gebt den Inhalt mündlich mit eigenen Worten wieder.

einen Text verstehen
HILFEN
› Wie fühlt sich Lisa?
› Was ist vorher geschehen?
› Wie endet die Erzählung?

3 Der Text enthält Rückblicke auf Vergangenes. Schreibe zwei Textstellen heraus, notiere die Zeilenangaben und bestimme die verwendete Zeitform.

einen Text zusammenfassen

4 Erstelle eine Figurenskizze zu Lisa und Katarina.

die Figuren untersuchen

5 Schreibe aus der Sicht von Lisa einen Antwortbrief an Katarina.

Verschwunden!

einen Sachtext erarbeiten

1 Betrachte das Bild und überfliege die Texte. Worum geht es?

Spektakuläre Kunstdiebstähle

Kunstmuseum Nivaagaard in Kopenhagen – 1999 – Rembrandt-Original wird gestohlen – das einzige,
5 das sich im Besitz Dänemarks befindet

2002 – Berliner Brücke-Museum – drei Diebe dringen ein – stehlen Bilder der
10 Expressionisten Emil Nolde, Erich Heckel, Ernst-Ludwig Kirchner und Max Pechstein – alle Maler Mitglieder der Künstlergruppe „Die Brücke" (gegründet 1905)

15 August 2003 – Schloss Drumlanrig/Südschottland – zwei Diebe – geben sich als Besucher aus – stehlen Gemälde „Madonna mit der Spindel" von Leonardo da Vinci – geschätzter Wert des Bildes: 56 Millionen Euro

20 Nationalgalerie Oslo – Februar 2004 – berühmtes Gemälde „Der Schrei" von Edvard Munch – norwegischer Maler und Grafiker (1863-1944) – wird 2006 schwer beschädigt wieder aufgefunden

einen Bericht schreiben

2 a) Arbeitet zu zweit. Stellt die Informationen des Textes in einer Tabelle dar, z.B.:

	1999	…
Wo?		
Was?		

HILFEN
Relativsätze bilden, z.B.: *2003 entwendete ein Dieb Bilder im Wert von 50 000 Euro, die nie wieder aufgetaucht sind.*

b) Vergleicht die verschiedenen Ergebnisse in der Klasse.

einen Bericht überarbeiten

eine Tabelle erstellen

3 Schreibe mit Hilfe der Informationen einen Bericht über Kunstdiebstähle.

a) Bilde zu allen Verben Formen im Präteritum im Aktiv oder Passiv, z.B.: *wurde gestohlen, war, drangen ein*

b) Formuliere aus den Stichwörtern Sätze und schreibe einen Text. Verwende auch Relativsätze, wenn es sinnvoll ist.

c) Überarbeitet eure Texte in der Schreibkonferenz.

Versunkene Welten

1
a) Wie und warum könnten Städte „versinken"? Auf welche Weise könnte man etwas über sie herausfinden? Stelle Vermutungen an.

b) Überprüfe deine Vermutungen. Lies die beiden Texte und betrachte die Abbildungen auf der Seite 206.

einen Sachtext lesen

Als die spanischen Eroberer im 16. Jahrhundert das Hochland des heutigen Guatemalas durchstreifen, machen sie mitten im Urwald eine unheimliche Entdeckung: Vor ihnen erheben sich die Ruinen einer riesigen, verlassenen Stadt mit mächtigen Palästen
5 und gewaltigen, geometrisch angeordneten Plätzen. Am seltsamsten aber erscheinen ihnen die Pyramiden – fremdartige Meisterwerke der Baukunst. So etwas haben die Spanier noch nie gesehen. Sie sind auf Tikal gestoßen, das einstige Machtzentrum der legendären Maya.
10 Seit jeher umgibt die Maya, das alte Indianervolk Mittelamerikas, ein Geheimnis. Ihre zahlreichen Städte wurden vor Jahrhunderten verlassen und vom tropischen Urwald völlig überwuchert. So auch Tikal, das viele Jahrhunderte lang eine der mächtigsten Stätten dieses Volkes gewesen war. Niemand weiß genau, was mit
15 den Maya geschehen ist und warum sie ihre prächtige Stadt verlassen haben. […]
Im Laufe der letzten 150 Jahre legten Wissenschaftler dort im Urwald etwa 3000 Gebäude frei – von den großen Pyramiden bis zu den weit verstreuten Resten der kleineren Häuser im Umland. Alles
20 weist auf eine einst reiche und mächtige Stadt hin.
Aber irgendwann wurde die Zahl der Menschen immer geringer. Immer weniger Gebäude wurden errichtet. Die Forscher vermuten, dass es mehrere Ursachen für das Aussterben einer so großen Kultur gibt. Der Niedergang* kam nicht plötzlich, er fand
25 schleichend statt – vermutlich etwa 200 Jahre lang. […]

Die fesselndste Aufgabe der Archäologen* besteht darin, aus den gesammelten Funden Rückschlüsse auf das Leben der Menschen versunkener Kulturen zu ziehen. Nachdem eine alte Stadt freigelegt, die wichtigen Funde geborgen* und die Inschriften
5 entziffert worden sind, beginnt eine mühsame Geduldsarbeit. Die Menge des gesichteten Materials und der erforschten Einzelheiten gleicht den Teilen eines riesigen Puzzlespiels. Nur enthält es oft Teile, die nirgends hineinzupassen scheinen, und Stücke, die aussehen, als ob sie zu einem ganz anderen Bild gehörten.
10 Um sie zu deuten, stehen dem Archäologen eine Reihe von Hilfsmitteln zur Verfügung. Er selbst verfügt über Wissen und Erfahrung aus früheren Ausgrabungen und viele Fachleute sind seine Mitarbeiter. So gibt es zum Beispiel Spezialisten, die die Art der Werkzeuge bestimmen können, mit denen gefundene Waffen,
15 Tongefäße oder Bekleidungsstücke angefertigt wurden.

der Niedergang: der Verfall, das Verschwinden

der Archäologe: Wissenschaftler, der sich mit Ausgrabungen beschäftigt und frühere Kulturen erforscht

geborgen: (Inf.: bergen) hier: ausgraben

Andere Sachverständige wissen, welchem Zweck die verschiedenen Gebäude dienten. Wieder andere wissen über die Handelsbeziehungen zwischen den Völkern Bescheid. Die Kunstwerke werden nach Alter und Herkunft eingestuft, die religiösen Gebräuche werden untersucht, und selbst das Klima des Zeitalters wird studiert, um zu erfahren, was von den Bauern angebaut wurde.

Man könnte also sagen, dass der führende Archäologe der Leiter einer Gruppe von spezialisierten Detektiven ist. Er stellt die Vielzahl der gefundenen Gegenstände und Erkenntnisse zusammen und ordnet sie zu einem vollständigen Bild. [...]

Neu auf Alt

einen Sachtext erarbeiten

2 Erarbeitet die Texte und die Abbildungen in Partnerarbeit.

a) Benennt das Thema der Texte und der Abbildungen.

b) Denkt euch passende Überschriften für die Texte aus.

c) Welche Informationen findet ihr erstaunlich oder besonders wichtig? Begründet eure Meinung.

d) Klärt schwierige Wörter aus dem Textzusammenhang oder durch Nachschlagen.

einen Sachtext zusammenfassen
- den Text in Abschnitte gliedern
- die wichtigsten Informationen jedes Abschnitts wiedergeben
- die Zeitform Präsens einhalten

3 a) Gliedere die Texte in Abschnitte und vergib passende Überschriften.

b) Fasse einen der beiden Texte schriftlich zusammen. Schreibe zu jedem Abschnitt ein bis zwei Sätze auf.

Zeitformen unterscheiden

4 a) Bestimme die Zeitform der Verben in Zeile 1–7 des ersten Textes. Was ist ungewöhnlich?

b) Schreibe diesen Textabschnitt im Präteritum auf.

c) Vergleiche mit dem Original. Was bewirken die unterschiedlichen Zeitformen? Beschreibe.

ein Kurzreferat vorbereiten und halten
➔ S. 7–16

TIPP
Informationen findet ihr im Internet, in Sachbüchern oder Lexika.

5 a) Bereitet in Partnerarbeit ein Kurzreferat vor. Wählt Aufgabe A oder B.
- **A** Sammelt weitere Informationen zum Thema „Die Maya – eine Welt verschwindet und taucht wieder auf".
- **B** Informiert euch über andere „versunkene Welten", z. B. das sagenumwobene Atlantis, die verschüttete Stadt Pompeji oder die versunkene Insel Vineta. Erstellt ein Handout zur Unterstützung des Kurzreferats.

b) Stellt die Ergebnisse in einem Kurzreferat vor.

Teste dein Wissen!

Lernstandstest Klasse 7

Rechnen Jungen besser als Mädchen?

Eine der größten Studien* in Amerika hat belegt, dass Mädchen nicht schlechter in Mathematik sind als ihre männlichen Mitschüler. 7 Millionen Schüler in den
5 USA wurden einem Test unterzogen, doch die US-Forscher fanden keine Unterschiede zwischen Mädchen und Jungen. Damit hat die Studie wieder einmal ein Vorurteil aus der Welt geräumt. Denn in
10 der westlichen Welt* denken immer noch viele, dass Mädchen nicht rechnen können. Dabei wurden Mathematikprüfungen von Kindern der Klassen 2 bis 11 genauer unter die Lupe genommen.

15 „Wir konnten keine geschlechtsspezifischen* Unterschiede feststellen", teilte Janet Hyde mit, welche die Studie leitete. Wenn man es ganz genau nimmt, waren die Mädchen sogar minimal besser, aber der Unterschied war so gering, dass er gegen Null tendierte. Aber dennoch behauptet sich das Vorurteil, dass Mädchen keine Mathematik können.
20 Dieses kommt daher, dass die meisten das Fach Deutsch mit Mädchen verbinden und das Fach Mathematik mit Jungen.

die Studie: wissenschaftliche Untersuchung
die westliche Welt: Europa und Nordamerika
geschlechtsspezifisch: speziell zu einem Geschlecht (männlich oder weiblich) gehörig

Auch die internationale PISA-Studie 2003 kommt zu verblüffenden Resultaten: Schnitten früher Jungen in Mathematik immer besser ab als die Mädchen, so verschwinden diese Unterschiede in den Ländern, in denen Frauen den Männern gleichgestellt sind, fast ganz. In 10 von
5 insgesamt 40 untersuchten Ländern ist der Unterschied kaum feststellbar. In Island erreichten die Mädchen sogar bessere Mathematikleistungen als die Jungen.

1 Zu welchem Ergebnis kam die amerikanische Studie?
Schreibe die Buchstaben der richtigen Antworten auf.
– **A** Jungen können besser rechnen.
– **B** In Island rechnen Mädchen besser als Jungen.
– **C** Mädchen rechnen genauso gut wie Jungen.
– **D** Jungen haben früher besser gerechnet.

2 Zu welchen Ergebnissen kommt die PISA-Studie 2003? Fasse sie mit eigenen Worten in zwei Sätzen zusammen.

3 Welche Bedeutung trifft im Text zu?

belegen (Z. 2)	**A** untersuchen	**B** vermuten
	C festsetzen	**D** beweisen
minimal besser (Z. 17 f.)	**A** nicht besser	**B** häufig besser
	C etwas besser	**D** deutlich besser
gegen Null tendieren (Z. 18)	**A** stark schwanken	**B** fast nicht vorhanden sein
	C gleich sein	**D** größer sein
das Resultat (Text 2/Z. 2)	**A** Aussage	**B** Ergebnis
	C Unterschied	**D** Feststellung

4 Was bedeuten diese Ausdrücke? Lies die angegebenen Textstellen noch einmal genau und erkläre die Begriffe mit eigenen Worten.

a) jemand wird einem Test unterzogen (Z. 5)

b) etwas unter die Lupe nehmen (Z. 14)

c) (Vorurteile) aus der Welt räumen (Z. 9)

d) (Vorurteile) behaupten sich (Z. 18 f.)

5 a) Formuliere W-Fragen zum ersten Text, die mit den folgenden Fragewörtern beginnen:

Wer …?	Wo …?	Was …?	Wie …?	Welche(s) …?

b) Schreibe zu jeder Frage Antworten in Stichwörtern auf.

6 „Wir konnten keine geschlechtsspezifischen Unterschiede feststellen." (Z. 15) Gib die Aussage dieses Satzes mit eigenen Worten wieder.

7 a) Wie lautet die vollständige Verbform im folgenden Passiv-Satz? Schreibe sie auf.
Von den Wissenschaftlern wurden Mathematikprüfungen untersucht.

b) Formuliere den Satz ins Aktiv um.

c) Forme den folgenden Satz ins Passiv um.

Die US-Forscher fanden keine Unterschiede zwischen Mädchen und Jungen.

8 Untersuche die Tempusformen in der ersten Hälfte von Text 1 (Z. 1–14).

a) Lege eine Tabelle mit den Zeitformen an, die in den Textabschnitten verwendet werden:

Zeitformen im Text	Präsens	....	....

b) Trage die Verben in die zutreffende Tabellenspalte ein.

Zeitformen im Text	Präsens	....	....
	sind		

9 „Wir konnten keine geschlechtsspezifischen Unterschiede feststellen", teilte Janet Hyde mit. (Z. 15–16)
Forme den Satz so um, dass die wörtliche Rede vermieden wird.

10 Satzreihe oder Satzgefüge?
Untersuche die ersten beiden Sätze des ersten Textes.

a) Schreibe beide Sätze in dein Heft und markiere Hauptsätze und Nebensätze mit unterschiedlichen Farben.

b) Begründe deine Entscheidung.

11 Bestimme die Satzglieder in den folgenden Sätzen.
– Im letzten Schuljahr war Mathematik mein Lieblingsfach.
– Dieses Jahr gibt uns unsere Mathematiklehrerin eine Menge Hausaufgaben auf.

12 Deine Meinung ist gefragt!

Deutsch ist ein Fach für Mädchen.

– Stimmst du dieser Behauptung zu?
– Entwickle eine Argumentationskette mit drei Argumenten und den entsprechenden Beispielen.

Wissen und Können

Sprechen und Zuhören

Diskutieren → S. 17 ff.

Mehrere Personen tauschen sich zu einer Diskussionsfrage aus. Sie können dabei unterschiedliche **Meinungen vertreten:**
- Bilde dir eine Meinung, z. B.: *„Ich bin für den Bau der neuen Turnhalle."*
- Begründe deine Meinung, z. B.: *„..., weil wir sie vielseitig nutzen könnten."*
- Unterstütze deine Begründung mit Beispielen oder Erklärungen, z. B.: *„Neben dem Sportunterricht könnten dort auch Schulfeste stattfinden."*

Gesprächs- und Diskussionsregeln
- Sprich laut und deutlich, damit die anderen dich verstehen.
- Bleibe sachlich und höflich.
- Lass andere zu Wort kommen und ausreden.
- Gehe auf die Beiträge der anderen ein, z. B.: *„Ich stimme Lailas Vorschlag zu, denn ..."*
- Frage höflich nach, wenn du etwas nicht verstanden hast.

Die Diskussionsleiterin / Der Diskussionsleiter hat folgende Aufgaben:
- die Diskussion einleiten, lenken und beenden
- auf die Einhaltung der Diskussionsregeln achten
- die Aussagen der Diskussionsteilnehmer verknüpfen
- die Argumente zusammenfassen

die Rollendiskussion S. 17 ff.

- In einer **Rollendiskussion** übernehmen die Diskussionsteilnehmer verschiedene Rollen (z. B. Jugendliche, Erwachsene) und diskutieren als Rollenträger, nicht aus ihrer eigenen Sicht.
- Auf einer **Rollenkarte** notiert man Argumente seiner Rolle in Stichworten.

das Handout S. 14

- Ein Handout gibt den Aufbau oder den Inhalt eines Vortrags **kurz und übersichtlich** wieder. Die Vortragenden können es als eine Art **Gerüst** für den freien Vortrag nutzen. Die Zuhörer können darin während des Vortrages Notizen machen und nach dem Vortrag Informationen nachlesen.
- Ein Handout enthält die **Namen der Vortragenden**, das **Thema des Vortrages** und **Stichpunkte zu den Abschnitten des Vortrags.**

ein Kurzreferat halten

Achte bei deinem Vortrag auf folgende Punkte:
- Halte dich an die festgelegte Redezeit.
- Nenne alle wichtigen Informationen und erkläre sie verständlich.
- Sprich laut und deutlich.
- Schaue während des Vortrags dein Publikum an und beziehe es durch Fragen ein.

Schreiben

Argumentieren → S. 65 ff.

- Eine Argumentation ist eine Zusammenstellung von Argumenten, die sinnvoll miteinander verknüpft sind. Du begründest deine Meinung zu einer strittigen Frage mit passenden Argumenten und Beispielen.
- **Pro** bedeutet, dass du ein strittiges Thema befürwortest.
  Kontra bedeutet, dass du ein strittiges Thema ablehnst.
- So gehst du beim Verfassen einer schriftlichen Argumentation vor:
- In der **Einleitung** führst du zum Thema hin (Worum geht es?) und weckst das Interesse der Leser (Warum ist das Thema interessant?).
- Im **Hauptteil** ordnest du die wichtigsten Argumente (Begründungen) in einer sinnvollen Reihenfolge und verknüpfst sie zu einer **Argumentationskette**. Zu jedem Argument ergänzt du ein erklärendes Beispiel.
- Im **Schlussteil** ziehst du ein Fazit und bringst deine Meinung noch einmal zum Ausdruck. Wiederhole das für dich wichtigste Argument und gib einen Ausblick in die Zukunft.

Berichten → S. 57 ff.

Ein Bericht informiert **genau, knapp und sachlich** und **in der Abfolge der Geschehnisse** über ein zurückliegendes Ereignis.
- In der **Einleitung** werden kurz folgende W-Fragen beantwortet:
  Wer (tat etwas)? / Was (geschah)? / Wann (fand das Geschehen statt)? / Wo (fand das, worüber berichtet wird, statt)?
- Der **Hauptteil** beantwortet ausführlich die Fragen:
  Wie (lief das ab, worüber berichtet wird)?
  Warum (geschah das, worüber berichtet wird)?
- Im **Schlussteil** werden entweder die Folgen (des Ereignisses / der Maßnahme) beschrieben oder es wird ein Ausblick gegeben.
- Die **Überschrift** ist knapp und informativ.
- Der Bericht steht meist im **Präteritum** und **vermeidet wörtliche Rede.**
- Oft werden Verben im **Passiv** verwendet.

Beschreiben → S. 49 ff.

- In einer Beschreibung wird ein Sachverhalt (z. B. ein Gegenstand, ein Weg, ein Vorgang, eine Person, ein Beruf) so dargestellt, dass die Leserinnen und Leser eine genaue Vorstellung davon bekommen.
- Beschreibungen sind sachlich, genau und **frei von persönlichen Wertungen**. Sie gehen auf **alle wichtigen Merkmale** des beschriebenen Sachverhaltes ein.
- Beschreibungen stehen im **Präsens**.
- Eine **Berufsbeschreibung** enthält genaue Angaben über:
  Beschäftigungsorte, Tätigkeiten, Voraussetzungen und Ausbildung
  Wichtig sind **Fachbegriffe** und **zutreffende Verben**.

einen Brief aus der Sicht einer literarischen Figur schreiben → S. 39 ff.

Versetze dich in eine Textfigur und schreibe aus ihrer Sicht. Gehe so vor:
- Formuliere zu den wichtigsten Textabschnitten mögliche Gedanken und Gefühle der Figur in der Ich-Form.
- Halte dich an den Inhalt des Erzähltextes. Schreibe so, dass deine Gedanken und die Handlung für die Leser verständlich sind.
- Beachte die passende Anrede und die Grußformel.
- Notiere rechts oben auf dem Briefbogen Ort und Datum (des Absenders).

sachliche Briefe schreiben → S. 73 ff.

Sachliche Briefe halten einen bestimmten Aufbau ein:
- Der **Briefkopf** oben enthält links Name und Adresse des Absenders und darunter die Adresse des Empfängers.
- Im Briefkopf oben rechts stehen **Ort und Datum**.
- In der **Betreffzeile** wird knapp angegeben, worum es in dem Brief geht.
- Die **Anrede** lautet: *Sehr geehrte Frau …, / Sehr geehrter Herr …,* oder *Sehr geehrte Damen und Herren, …*
Hinter der Anrede steht ein Komma.
- Am Ende des Briefes steht die **Grußformel,** z. B.: *Mit freundlichen Grüßen* (ohne Komma!). Danach folgt die **Unterschrift** des Absenders.
- Das höfliche Anredepronomen *Sie (Ihnen, Ihre)* wird großgeschrieben.
- Die Sprache ist sachlich.

Texte schriftlich zusammenfassen → S. 23 ff.

Die Zusammenfassung soll möglichst kurz (ein Drittel des Originaltextes) sein. Sie steht im **Präsens** und enthält **keine wörtliche Rede**.
- Die **Einleitung** enthält folgende Angaben: **Art des Textes** (z. B. Sachtext, Jugendroman), **Titel** des Textes, **Verfasserin/Verfasser, Thema** des Textes.
- Im **Hauptteil** werden die wichtigsten Handlungsschritte oder Informationen aus dem Text knapp wiedergegeben. Nenne dabei die **Hauptpersonen, Ort** und **Zeitrahmen der Handlung** und mache **Zusammenhänge** (Ursachen/Folgen) deutlich.
- Im **Schlussteil** kann man zum Text oder zu den Figuren Stellung nehmen.

Erzählen

Beim **Erzählen** wird ein wirkliches oder erdachtes Geschehen wiedergegeben. Es gibt verschiedene **Erzählformen:**
- Der **Ich-Erzähler** ist auch als Figur an der Handlung beteiligt und erzählt das Geschehen aus der Sicht seiner Figur, z. B.:
Ich sah plötzlich den Hund auf mich zurennen.
- Der **Er-/Sie-Erzähler** erzählt das Geschehen in der 3. Person (*er/sie*), z. B.:
Er sah plötzlich den Hund auf sich zurennen.

Eine Erzählung hat meist folgenden Aufbau (roten Faden):
- eine **Einleitung,** die das Interesse der Leserinnen und Leser weckt,
- einen **Hauptteil** mit Erzählschritten und **Höhepunkt** (spannendste Stelle),
- einen **Schluss** mit offenem oder geschlossenem Ausgang.

Lesen – Umgang mit Texten und Medien

der Sachtext → S. 79 ff.

Sachtexte sind informative Texte wie z. B.: Lexikonartikel, Zeitungsartikel, Berichte, Anleitungen/Vorgangsbeschreibungen, Beschreibungen.

Sachtexte erschließen:
- Lies die Überschrift und betrachte die Bilder.
  Stelle Vermutungen zum Textinhalt an.
- Verschaffe dir einen Überblick darüber, worum es in dem Text geht.
  Überprüfe, welche deiner Vermutungen zutreffen.
- Lies den Text jetzt ein zweites Mal abschnittsweise durch.
- Kläre unbekannte oder schwer verständliche Wörter.
- Markiere wichtige **Schlüsselwörter** im Text. Das sind die Wörter, die zum Verstehen des Textes besonders wichtig sind.
- Stelle W-Fragen an den Text und beantworte sie.
- Gib jedem Textabschnitt eine passende Überschrift.

Tabellen, Diagramme und Schaubilder

Tabellen erschließen:
- Stelle fest, worüber die Tabelle informiert. Achte auf die Überschrift.
- Verschaffe dir einen Überblick darüber, welche Informationen die Spalten und die Zeilen enthalten.
- Vergleiche die Angaben in der Tabelle miteinander.
- Notiere deine Beobachtungen: Was fällt dir besonders auf?

Diagramme erschließen:
- Stelle fest, um welche Art von Diagramm es sich handelt, z. B.:
  Säulendiagramm, Balkendiagramm, Kurvendiagramm, Kreisdiagramm
- Benenne das Thema des Diagramms. Die Überschrift hilft dir dabei.
- Verschaffe dir einen Überblick über den Aufbau des Diagramms und über die Informationen, die es enthält.
- Untersuche, welche Angaben gemacht werden, z. B.:
  g = Gramm → Angaben über Gewicht, h = Stunde → Angaben über Zeit, € = Euro → Angaben über Geld
- Vergleiche die Angaben im Diagramm und halte fest, was dir auffällt.
- Stelle W-Fragen an das Diagramm und beantworte sie mit Hilfe der Informationen aus dem Diagramm.

Schaubilder erschließen
- Schaubilder zeigen durch Abbildungen, Zahlen und Informationen Funktionsweisen, Zusammenhänge, Größen-, Mengen- und Zahlenverhältnisse oder den (zeitlichen) Verlauf von etwas.
- Betrachte das Schaubild und lies die **Über- oder Unterschrift:** Was ist das **Thema** des Schaubilds?
- **Beschreibe** das Schaubild: Was kannst du erkennen?
- Untersuche das Schaubild genauer: Aus welchen **einzelnen Teilen** besteht es? Was bedeuten sie?
- Entnimm dem Schaubild die **Informationen:** Wie hängen die einzelnen Teile zusammen? Was sagen sie aus?

die Werbung → S. 87 ff.

- Werbetexte sind appellative Sachtexte. Sie wollen meist zum Kauf eines Produktes auffordern.
- Werbeplakate enthalten in der Regel **Bild- und Textteile**, die sich aufeinander beziehen, ein **Logo** (Firmensymbol) sowie einen **Slogan** (Werbespruch).
- Die **Ziele der Werbung** lassen sich mit der AIDA-Formel beschreiben:
  A = attention → die erste Aufmerksamkeit des Betrachters erregen
  I = interest → das Interesse des Betrachters wecken
  D = desire → beim Betrachter den Wunsch erwecken, das Produkt zu besitzen
  A = action → der Betrachter soll aktiv werden und das Produkt kaufen
- **Werbetexte** enthalten oft Doppeldeutigkeiten und besondere Stilmittel, z. B.: Alliteration, Wiederholung, sprachliche Bilder

die Ballade (das Erzählgedicht) → S. 105 ff.

Die **Ballade** wird auch **Erzählgedicht** genannt, weil sie
- eine Geschichte über ein ungewöhnliches oder dramatisches Ereignis erzählt,
- in Strophen gegliedert ist und sich reimt.

Das Ereignis kann erfunden oder wirklich passiert sein; im Mittelpunkt steht oft eine Figur, die eine Situation meistern muss.
Balladen enthalten oft wörtliche Rede und sprachliche Bilder und Vergleiche.

die Erzählung

Erzählungen sind meist kürzere Geschichten, in denen von Ereignissen erzählt wird, die tatsächlich passiert sind oder die erfunden sein können.
Oft werden dabei auch die Gedanken und Gefühle von Figuren wiedergegeben.

Autor und Erzähler
Es ist wichtig, zwischen Autorin/Autor (Verfasserin/Verfasser eines Textes) und Erzählerin/Erzähler zu unterscheiden. Ein männlicher Autor, der 50 Jahre alt ist, kann z. B. ein kleines Mädchen als Erzählerin erfinden.

Erzählschritte
Dies sind die aufeinanderfolgenden Schritte des Geschehens in einem Erzähltext.

Figuren
So nennt man Personen, die in literarischen Texten vorkommen bzw. handeln. Sie haben bestimmte Eigenschaften und Absichten. Auch Tiere oder Gegenstände können handelnde Figuren in Erzähltexten sein, z. B. in Fabeln.

das Jugendbuch S. 95 ff.

Jugendbücher sind Romane, die für Jugendliche geschrieben wurden. Darin wird von den Erlebnissen oder Problemen einer (meist jungen) Hauptfigur erzählt.
- Lies den Titel und den Klappentext und stelle Vermutungen über den Buchinhalt an.
- Sammle gegebenenfalls weitere Informationen zum Thema des Buches.
- Stelle Fragen an den Text und beantworte sie mit dem Text.
- Untersuche die Hauptfiguren. Vergleiche und bewerte ihre Handlungen und Verhaltensweisen, z. B. in einer Figurenskizze.

Über Sprache nachdenken

Die Wortarten

das Adjektiv (das Eigenschaftswort) → S. 133

Adjektive beschreiben Eigenschaften und Merkmale von Nomen genauer, z.B.: *das **dicke** Buch, die **gefährliche** Schlange*

Adjektive lassen sich bis auf wenige Ausnahmen steigern.
- Grundform des Adjektivs ist der **Positiv,** z.B.:
  Das Kleid ist schön.
- Der **Komparativ** ist die Vergleichsform, z.B.:
  Dieses Kleid ist schöner als das andere.
- Die zweite Form der Steigerung ist der **Superlativ,** z.B.:
  Das rote Kleid ist am schönsten.

die Konjunktion (das Bindewort) → S. 141 ff.

Konjunktionen verbinden Satzteile oder Teilsätze miteinander.
Bei den Konjunktionen, die Sätze verbinden, unterscheidet man **nebenordnende** und **unterordnende** Konjunktionen.
- **Nebenordnende Konjunktionen** oder Hauptsatz-Konjunktionen verbinden **Hauptsätze** miteinander. Es entsteht eine **Satzreihe.**
  Wichtige nebenordnende Konjunktionen sind z.B.: *aber, denn, jedoch, doch*
  → *Es regnete in Strömen, aber sie liefen weiter.*
- **Unterordnende Konjunktionen** oder Nebensatz-Konjunktionen verbinden Haupt- und Nebensätze miteinander: Es entsteht ein **Satzgefüge.** Wichtige unterordnende Konjunktionen sind z.B.: *als, dass, nachdem, obwohl, weil, wenn*
  → *Ihm war kalt, obwohl er eine dicke Jacke trug.*

das Nomen (das Hauptwort, das Namenwort) → S. 129 ff.

Nomen werden immer **großgeschrieben**. Sie bezeichnen:
- Lebewesen (*der Mensch, die Katze*)
- Gefühle (*die Wut, die Freude*)
- Gegenstände (*die Lampe, das Haus*)
- Zustände (*die Not, das Glück*)

Man unterscheidet bei Nomen drei Geschlechter (Genus, Plural: Genera):
- maskulin (männlich), z.B.: *der Wind*
- feminin (weiblich), z.B.: *die Welle*
- neutral (sächlich), z.B.: *das Wetter*

Nomen können die folgenden **Begleitwörter** haben:
- **bestimmter Artikel,** z.B.: *Der Lärm war ohrenbetäubend.*
- **unbestimmter Artikel,** z.B.: *Ein Gewitter zieht auf.*
- **versteckter Artikel** (Artikel, der z.B. mit einer Präposition zu einem neuen Wort verschmolzen ist)**,** z.B.: *Zum Abendessen gibt es nur Käsebrote.*
- **gedachter Artikel** (Artikel, den man sich dazudenken muss)**,** z.B.:
  (Die) Kinder brauchen Liebe.
- **Demonstrativpronomen,** z.B.: (hinweisendes Fürwort): *Dieses Kleid gefällt mir.*
- **Possessivpronomen,** z.B.: (besitzanzeigendes Fürwort): *Meine Tasche ist weg.*
- **Mengenangabe,** z.B.: (Numerale): *Viel Spaß hat das nicht gemacht.*

die vier Fälle (Kasus) → S. 142 f.

Nomen stehen im Satz in einem bestimmten **Fall**. Der Fall ist meist an der Endung und am Artikel (Begleiter) des Nomens zu erkennen.

Satz	Fall	Fragewörter	Singular	Plural
Der Hund bellt.	Nominativ / 1. Fall	**Wer oder was** bellt?	der Hund	die Hunde
Der Mann nahm sich des Hundes an.	Genitiv / 2. Fall	**Wessen** nahm sich der Mann an?	des Hundes	der Hunde
Der Hund gehört dem Kind.	Dativ / 3. Fall	**Wem** gehört der Hund?	dem Kind	den Kindern
Der Hund frisst den Knochen.	Akkusativ / 4. Fall	**Wen oder was** frisst der Hund?	den Knochen	die Knochen

die Nominalisierung → S. 172 f.

Verben, Adjektive und Pronomen können **nominalisiert** (zu einem Nomen) werden. **Nominalisierungen** werden wie Nomen **großgeschrieben**, z. B.:

	Nominalisierung
Ich **male** gerne. (Verb)	Das **Malen** macht mir große Freude.
Das ist ein **guter** Film (Adjektiv).	Im Film siegt am Ende das **Gute**.
Gehst **du** mit uns schwimmen? (Pronomen)	Er hat mir das **Du** angeboten.

Oft erkennt man Nominalisierungen auch an den Begleitwörtern.

besondere Pluralformen S. 130

Viele Wörter aus der deutschen Sprache kommen aus anderen Sprachen (Fremdwörter) und haben oft besondere Pluralformen, z. B.:
der Atlas – die Atlanten; das Museum – die Museen, das Taxi – die Taxen, die Party – die Partys

die Präposition (das Verhältniswort) → S. 134 ff.

Sie gibt das Verhältnis zwischen Gegenständen und/oder Personen an:
- **Raum** (wo?): Das Auto steht **in / vor / neben / hinter** der Garage.
- **Zeit** (wann?): Sie kommt **gegen / am** Abend.

Nach einer Präposition folgt immer ein ganz bestimmter Fall:
- **Präpositionen mit Dativ**, z. B.: *aus, bei, mit, nach, seit*
  → Sie kommt aus dem Haus.
- **Präpositionen mit Akkusativ**, z. B.: *durch, für, gegen, um*
  → Das Auto prallte gegen den Baum.
- **Wechselpräpositionen mit Dativ (wo?) oder Akkusativ (wohin?)**, z. B.: *in, an, auf, über, unter, hinter*
  → Das Kleid muss in die Reinigung. / Das Kleid hängt in dem Schrank.

das Pronomen → S. 131 ff.

Das Pronomen ist ein Stellvertreter; es vertritt oder begleitet Nomen.

Man unterscheidet:
- **Demonstrativpronomen** (hinweisendes Fürwort), z. B.: *dieses, jenes, diese*
  → *Dieses Rot gefällt mir am besten.*
- **Personalpronomen** (persönliches Fürwort), z. B.: *ich, du, er/sie/es, wir, ihr, sie*
  Eddy ist unterwegs. Er will um drei Uhr hier sein.
- **Possessivpronomen** (besitzanzeigendes Fürwort), z. B.: *mein, dein, sein, unser, euer, ihr*
  Mein Geschenk verrate ich jetzt noch nicht.

das Verb (das Tätigkeitswort) → S. 135 ff.

Es gibt an, was jemand **tut** (*er trinkt*) oder was **geschieht** (*es regnet*).

Wenn man ein Verb im Satz verwendet, bildet man aus dem **Infinitiv** (Grundform) die Personalform, z. B.:

Infinitiv:	zeichnen
Personalform:	*er zeichnet* (= 3. Person im Singular)

Die Befehlsform des Verbs heißt **Imperativ,** z. B.:
Schweig! (Singular), *Schweigt!* (Plural)

die Zeitformen des Verbs → S. 136 ff.

- Verben im **Präsens** (Gegenwart) drücken aus,
- **was gerade geschieht:** z. B.: *Johannes schreibt einen Aufsatz.*
- **was immer geschieht** (jetzt und in der Zukunft),
  z. B.: *Zu jedem Geburtstag schickt er ein Päckchen.*
- was in der Zukunft geschieht (mit Zeitangabe),
  z. B.: *Übermorgen halte ich mein Referat.*
  Das **Präsens** verwendet man z. B. beim schriftlichen Argumentieren oder bei Inhaltszusammenfassungen.

- Verben im **Präteritum** drücken aus, was in der **Vergangenheit** geschehen ist.
  Das Präteritum verwendet man meist beim schriftlichen Erzählen oder Berichten.
  z. B.: *In dem Haus spukte es.*

- Verben im **Perfekt** drücken etwas aus, was in der **Vergangenheit** geschehen ist.
  Man verwendet es besonders beim mündlichen Erzählen.
  z. B.: *Es hat gespukt.*

- Verben im **Plusquamperfekt** (Vorvergangenheit) drücken aus, was vor einem Geschehen in der Vergangenheit bereits passiert war.
  z. B.: *Es hatte in dem Haus schon gespukt, bevor er dort einzog.*

- Verben im **Futur** (Zukunft) sagen, was in der Zukunft geschehen wird.
  z. B.: *Es wird noch einmal spuken.*

Aktiv und Passiv → S. 138 ff.

In Sätzen, in denen ausgedrückt wird, was der „Täter" / die handelnde Person tut, steht das Prädikat im **Aktiv**, z. B.: *Der Dieb bricht in das Haus ein.*

Sätze, bei denen das Subjekt / der „Täter" verschwiegen wird, stehen im **Passiv**. Dieses wird mit einer finiten Form von „werden" + Prtizip II eines anderen Verbs gebildet, z. B.: *In das Haus wurde eingebrochen.*

Wortbildung und Wortbedeutung

die Ableitung → S. 159 ff.

Durch **Ableitung** können neue Wörter entstehen. Mit **Präfixen** (Vorsilben) und **Suffixen** (Endungen) kann man aus vorhandenen Wörtern neue ableiten, z. B.:

Präfixe	(neue) Nomen	(neue) Verben	(neue) Adjektive
be-	Bedeutung	bedeuten	bedeutsam
ver-	Verstand	verstehen	verständlich

Suffix	(neue) Nomen	Suffix	(neue) Adjektive
-heit	die Freiheit	-ig	mutig
-ung	die Endung	-lich	empfindlich
-nis	das Zeugnis	-isch	heimisch

die Wortfamilie → S. 153, 160 f.

Darunter versteht man eine Gruppe verwandter Wörter.
Die Wörter einer Wortfamilie werden im Wortstamm meist gleich oder ähnlich geschrieben, z. B.:
- *die Bahn, die Bahnlinie, der Bahnhof, anbahnen, das Bahngleis*
- *malen, der Maler, anmalen, ausmalen, Malfarbe, der Malpinsel, das Gemälde*

das Wortfeld → S. 126 ff.

Wörter mit ähnlicher Bedeutung bilden ein Wortfeld, z. B.:
Wortfeld „mutig": *waghalsig, couragiert, kühn, furchtlos*
Die Wörter aus einem Wortfeld unterscheiden sich in ihrer Bedeutung, z. B.:
ein Bild betrachten; eine Person genau ansehen; Einzelheiten entdecken

die Zusammensetzung

Durch das **Zusammensetzen** von Wörtern entstehen neue Wörter. Man unterscheidet in zusammengesetzten Wörtern **Bestimmungswort** und **Grundwort**.
Das **Grundwort** bestimmt die Wortart, das Geschlecht (Genus), den Artikel, z. B.:
der Honig + *die Biene* = *die Honigbiene*
(Bestimmungswort) + (Grundwort) = (Zusammensetzung)

Sätze und Satzglieder

die Satzarten → S. 141 ff.

Hauptsätze nennt man vollständige Sätze, die allein stehen können, z. B.:
Seine Freude war groß.

Es gibt verschiedene **Satzarten**:
- **Aussagesatz**, z. B.: *Das Fenster ist geschlossen.*
  Nach einem Aussagesatz steht ein Punkt.
- **Fragesatz,** z. B.: *Ist das Fenster geschlossen?*
  Nach einem Fragesatz steht ein Fragezeichen.
- **Aufforderungs- und Befehlssatz,** z. B.: *Halte die Tür auf! Schließ sofort das Fenster!*
  Nach einem Aufforderungs- oder Befehlssatz steht ein Ausrufezeichen.

Nebensätze erkennt man daran, dass
- sie nicht alleine stehen können,
- das finite Verb am Ende steht,
- sie durch Komma vom Hauptsatz abgetrennt werden,
- sie oft durch eine Konjunktion eingeleitet werden.
  → Die Bildschirme blieben schwarz, **weil** der Strom ausgefallen war.
      Hauptsatz   *Nebensatz*

die Satzglieder → S. 142 ff.

Wörter oder Wortgruppen im Satz, die bei der Umstellprobe immer zusammenbleiben, sind **Satzglieder**, z. B.:
Eine Woche lang / waren / wir / in Eckernförde / im Schullandheim.
Wir / waren / eine Woche lang / in Eckernförde / im Schullandheim.
In Eckernförde / waren / wir / eine Woche lang / im Schullandheim.
Im Schullandheim / in Eckernförde / waren / wir / eine Woche lang.

das Prädikat (die Satzaussage)
Es wird mit der Frage „Was tut/tun …?" oder „Was geschieht?" erfragt, z. B.:
Wir schreiben einen Test. Was tun wir? → *Wir schreiben einen Test.*
Das Prädikat kann mehrteilig sein, z. B.:
Wir haben einen Test geschrieben.

das Subjekt (der Satzgegenstand)
Das Satzglied, das aussagt, wer oder was etwas tut, ist das Subjekt.
Das Subjekt wird mit „Wer?" oder „Was?" erfragt, z. B.:
Wir schreiben einen Test. Wer schreibt einen Test? → *Wir schreiben einen Test.*
Das Subjekt steht im Nominativ.

die Objekte (die Satzergänzungen)
- Das Akkusativ-Objekt erfragt man mit „Wen?" oder „Was?", z. B.:
  Wir schreiben einen Test.
  Was schreiben wir? → *Wir schreiben einen Test.*
- Das Dativ-Objekt erfragt man mit „Wem?", z. B.:
  Der Lehrer gibt uns den Test zurück.
  Wem gibt er den Test zurück? → *Der Lehrer gibt uns* (Dativ-Objekt) *den Test zurück.*

die adverbiale Bestimmung (Umstandsbestimmung)
Adverbiale Bestimmungen sind Satzglieder, mit denen man nähere Angaben zu einem Geschehen machen kann.
Man unterscheidet:
- adverbiale Bestimmungen der Zeit (Frage: *Wann?*), z. B.:
  Das Endspiel findet am Samstag statt.
- adverbiale Bestimmungen des Ortes (Fragen: *Wo? Wohin? Woher?*), z. B.:
  Das Foul fand im Strafraum statt.
- adverbiale Bestimmung der Art und Weise (Frage: *Wie? Womit?*), z. B.:
  Der Ball traf mit voller Wucht die Latte.
- adverbiale Bestimmung des Grundes (Frage: *Warum? Weshalb?*), z. B.:
  Der Spieler wurde wegen groben Fouls vom Platz gestellt.

Nebensätze → S. 144 ff.

Nebensätze, in denen adverbiale Bestimmungen umschrieben werden, nennt man **Adverbialsätze**.
Man unterscheidet:
- **Kausalsätze** (*Warum?*)
  z. B.: *Er wurde vom Platz gestellt, weil er den Gegner gefoult hat.*
- **Konzessivsätze** (*Trotz welcher Gegengründe?*)
  z. B.: *Er gehörte zur Mannschaft, obwohl er sich leicht verletzt hatte.*
- **Modalsätze** (*Wie?*)
  z. B.: *Die Mannschaft sicherte sich den Sieg, indem sie die Gegner frühzeitig angriff.*
- **Temporalsätze** (*Wann?*)
  z. B.: *Die Sieger jubelten, als endlich das entscheidende Tor fiel.*

Relativsätze → S. 146 ff.

Nebensätze, die ein Nomen (Bezugswort) näher erklären, nennt man Relativsätze.
Sie beginnen mit einem Relativpronomen (*der/die/das* oder *welcher/welche*), z. B.:
*Fußball ist ein **Sport**, der viele Anhänger hat.*

die Satzreihe und das Satzgefüge

- Eine **Satzreihe** besteht aus zwei oder mehreren **Hauptsätzen**, die durch ein Komma getrennt oder durch die Konjunktionen *und* oder *oder* verbunden sind, z. B.:
  Der Zug hielt, wir versuchten schnell einzusteigen,
     Hauptsatz   Hauptsatz
  aber wir mussten erst die Reisenden aussteigen lassen.
               Hauptsatz
  Hauptsätze können durch die Konjunktionen *aber, denn, doch* eingeleitet werden.

- Ein **Satzgefüge** besteht aus einem **Hauptsatz** und einem oder mehreren **Nebensätzen**, z. B.:
  Endlich hielt der Zug, sodass wir einsteigen konnten.
         Hauptsatz   Nebensatz

Der Nebensatz wird immer durch ein Komma abgetrennt.
Meistens wird der Nebensatz durch eine unterordnende **Konjunktion** eingeleitet,
z. B.: *weil, während, obwohl, wenn, sodass*

Richtig schreiben

Rechtschreibhilfen

die Fehleranalyse → S. 183 ff.

Dies ist eine Methode, die dir hilft, deine Rechschreibfähigkeiten zu verbessern:
- Lege eine Tabelle mit drei Spalten an.
- Schreibe in die 1. Spalte jeweils deine Fehlerwörter in der richtigen Schreibweise. Unterstreiche die korrigierte Stelle im Wort.
- Begründe in der 2. Spalte, wo der Fehler liegt.
- Notiere in der 3. Spalte Regeln und Tipps, die dir helfen, das Wort künftig richtig zu schreiben.

korrigiertes Fehlerwort	Warum ist es falsch?	Wie vermeide ich den Fehler?
w*interlich*	Es ist ein Adjektiv und wird kleingeschrieben.	Ich erkenne das Adjektiv an dem Suffix (der Nachsilbe) *-lich*.

im Wörterbuch nachschlagen → S. 162 f., S. 152 ff.

Du kannst Fehler vermeiden, wenn du schwierige Wörter in einem **Rechtschreibwörterbuch** nachschlägst. Darin sind die Wörter **nach dem Alphabet** geordnet aufgeführt.
- Schlage das Wörterbuch an der Stelle auf, wo du den Anfangsbuchstaben des gesuchten Wortes vermutest.
- Auf jeder Doppelseite eines Wörterbuchs stehen oben links und oben rechts fett gedruckte **Kopfwörter,** die angeben, welches der erste und welches der letzte Eintrag auf der Doppelseite ist.
- Da es viele Wörter mit dem gleichen Anfangsbuchstaben gibt, musst du meist noch den 2. oder sogar 3. Buchstaben dazunehmen.
- Den alphabetisch aufgelisteten Wörtern sind oft weitere Wörter untergeordnet, z. B. Ableitungen oder Zusammensetzungen.

Beachte dabei:
- Verben sind im Wörterbuch im Infinitiv (Grundform) verzeichnet, z. B.: *Er fährt schnell.* → Suche nach dem Wort *fahren*.
- Bei zusammengesetzten Nomen musst du manchmal mehrmals nachschlagen, z. B.: *Apfelkuchen* → Suche nach *Apfel* und nach *Kuchen*.

Wörterlisten → S. 152 ff.

Mit Wörterlisten kannst du regelmäßig deine Rechtschreibsicherheit trainieren. Du trägst in diese Listen schwierige Wörter ein, die du dir merken willst oder die du noch üben musst (Lernwörter).

das Partnerdiktat → S. 156

- Lies zuerst den gesamten Diktattext durch und präge dir schwierige Wörter ein.
- Lass dir die erste Hälfte des Textes von einer Lernpartnerin / einem Lernpartner diktieren.
- Tauscht bei der zweiten Texthälfte die Rollen.
- Überprüfe deinen Text auf Rechtschreibfehler.
- Tauscht eure Texte aus und korrigiert sie gegenseitig.
- Verbessere deine Fehler.

sprechschwingendes Schreiben → S. 154 ff.

Diese Methode hilft dir, die einzelnen Silben eines Wortes zu erkennen.
- **Schwinge** die Silben des Wortes beim Sprechen deutlich und zeichne mit einer Armbewegung die **Silbenbögen** in die Luft.
- Schreibe jede einzelne Silbe mit Schwung auf.
- Prüfe mit Silbenbögen die Schreibweise, z. B.:
Son-nen-blu-men-strauß

Rechtschreibproben

die Ableitungsprobe → S. 157

Wenn du nicht sicher bist, wie ein Wort geschrieben wird (z. B. ob mit *e* oder mit *ä*, mit *eu* oder *äu*), dann suche ein verwandtes Wort, z. B.:
gefährlich → Gefahr; Mäuse → Maus

die Artikel- oder Pluralprobe → S. 171

Wörter, vor die du einen **Artikel** oder ein anderes Begleitwort setzen oder die du in den **Plural** (Mehrzahl) setzen kannst, werden großgeschrieben. Es sind **Nomen,** z. B.:
g/Gefahr → die Gefahren (Pl.) → die Gefahr

die Steigerungsprobe

Lässt sich ein Wort steigern, ist es meist ein **Adjektiv** (Eigenschaftswort) und wird kleingeschrieben, z. B.:
schnell – schneller – am schnellsten

die Verlängerungsprobe → S. 154

Am Wortende (im Auslaut) klingen *d-t, b-p* und *g-k* gleich.
Wenn du Wörter mit diesen Auslauten verlängerst und deutlich sprichst, hörst du, welchen Buchstaben du schreiben musst, z. B.:
der Wald – die Wälder; der Rat – raten; der Stab – die Stäbe; plump – plumpe; der Zwerg – die Zwerge; der Tank – tanken

Rechtschreibregeln

kurze Vokale → S. 154 f.

- Nach **betontem kurzem** Vokal folgen meist zwei oder mehr Konsonanten (Mitlaute).
- In den meisten Fällen kann man sie beim Hören gut unterscheiden, z. B.:
  das Heft, die Kante, der Kasten, die Silbe
- Hört man nach einem betonten kurzen Vokal nur einen Konsonanten, wird dieser meist verdoppelt, z. B.:
  der Löf-fel, die Eb-be, das Was-ser

lange Vokale → S. 152 ff.

Meist werden lang gesprochene Vokale nicht besonders gekennzeichnet, z. B.:
der Hase, das Rad, der Hof, rasen, lesen, rufen
Ein Dehnungs-*h* nach einem lang gesprochenen Vokal steht nur vor *l, m, n, r*, z. B.:
das Mehl, lahm, die Sahne, das Rohr
In einigen Wörtern wird der lang gesprochene Vokal verdoppelt, z. B.:

aa	ee	oo
der Aal, der Saal	leer, das Meer	das Boot, das Moos

Diese Lernwörter musst du dir besonders einprägen.

Ein Sonderfall ist der **lang gesprochene *i*-Laut:**
- Viele Wörter mit lang gesprochenem *i*-Laut werden mit **ie** geschrieben, z. B.:
  die Wiese, das Tier, das Bier, die Miete, lieben, siegen, schliefen, wiegen
- Nur in den Pronomen *ihm, ihr, ihn, ihre* wird der *i*-Laut als **ih** geschrieben.
- Sehr selten sind Wörter mit *-ieh*, z. B.:
  das Vieh, zieht, sieht, geschieht
- In Fremdwörtern wird der *i*-Laut oft mit einfachem *i* geschrieben, z. B.:
  die Maschine, die Mandarine, das Klima, das Motiv

die *s*-Laute → S. 155

- Ein **stimmhaftes *s*** wird immer *s* geschrieben, z. B.:
  die Rose, die Bluse, der Riese, lesen
- Ein *ß* steht **nur nach einem langen Vokal** oder **Diphthong (Doppellaut),** z. B.:
  die Soße, außen, weiß, heiß, der Gruß, schließen
- Ein *ss (stimmlos)* steht **nur nach einem kurzen Vokal,** z. B.:
  der Pass, die Hunderasse, messen, das Schloss

die Großschreibung → S. 161 ff., S. 170 ff.

Groß schreibt man
- alle **Nomen,** z. B.: *die Puppe, der Bär, das Auto, die Leistung*
- alle **Satzanfänge,** z. B.: *Bei diesem Wetter gehe ich nicht ins Schwimmbad.*
- alle **Namen** von Personen und Orten, z. B.: *Alina, Joshua, Wiesbaden, Grönland*
- **Nominalisierungen** von Verben und Adjektiven schreibt man immer groß. Nominalisierungen erkennt man wie alle Nomen an ihren Begleitern, z. B.:
  etwas Gutes, beim Tanzen

die Kleinschreibung S.170 ff.

Klein schreibt man:
- alle **Verben,** z.B.: *malen, tanzen, faulenzen*
- alle **Adjektive,** z.B.: *schön, eisig, diebisch, freundlich*
- ebenfalls alle zusammengesetzten Adjektive, z.B.: *federleicht, kugelrund, kinderfreundlich*
- alle **Pronomen** (Personalpronomen, Possessivpronomen, Demonstrativpronomen), z.B.: *ich, du, er/sie/es; mein, dein, unser; dieser, jener*

Eine Sonderreglung gibt es bei den Anredepronomen in Briefen und Mails:
- Das *Sie* – für Personen, die man nicht duzt – wird immer großgeschrieben.
- Die vertraute Anrede *du* kann man in Briefen groß- oder kleinschreiben.

die Worttrennung am Zeilenende S.163

- Mehrsilbige Wörter trennt man nach Sprechsilben, z.B.: *das Hun-de-fut-ter.*
- Zusammengesetzte Wörter trennt man an den Wortgrenzen, z.B.: *der Obst-baum.*
- Einzelne Buchstaben darf man nicht abtrennen, z.B.: *der Abend* (nicht: *der A-bend*)
- Bei mehreren Konsonanten kommt nur der letzte auf die nächste Zeile, z.B.: *rich-tig*

Zeitangaben S.174 ff.

- Zeitangaben können als Nomen auftreten und müssen dann großgeschrieben werden, z.B.: *der Montag, am Samstag, für Samstagnachmittag*
- Tageszeiten nach Zeitadverbien werden ebenfalls großgeschrieben, z.B.: *gestern Morgen, heute Abend*
- Zeitangaben mit einem *s* am Wortende schreibt man klein, z.B.: *abends, nachts*
- Alle Zeitadverbien schreibt man klein, z.B.: *heute, gestern*

Zusammen- und Getrenntschreibung S.165 ff.

- Verbindungen aus Nomen + Verb schreibt man meistens getrennt, z.B.: *Rad fahren, Angst haben*
- Werden Verbindungen aus Nomen + Verb nominalisiert, schreibt man sie zusammen und groß, z.B.: *das Skilaufen, das Rollschuhfahren*
- Verbindungen mit *sein* werden getrennt geschrieben, z.B.: *schuld sein, los sein*
- Nominalisierungen dieser Verbindungen werden zusammen- und großgeschrieben, z.B.: *Das Alleinsein macht mir keinen Spaß.*

das Komma → S. 177 ff.

Zwischen den Teilen einer **Aufzählung** stehen Kommas, aber nicht, wenn sie durch **und** bzw. **oder** verbunden sind, z. B.:
Er kaufte Tassen, Teller und Gläser. Sollte er Tassen, Teller oder Gläser kaufen?

Das Komma trennt **aufgezählte Hauptsätze** (Satzreihe).
Vor den Konjunktionen *und* und *oder* muss kein Komma stehen, z. B.:
Das Fußballspiel wurde abgebrochen (,) und die Fans waren kaum zu beruhigen.

Das Komma trennt **Haupt- und Nebensatz** (Satzgefüge), z. B.:
Das Fußballspiel wurde abgebrochen, weil sich einige Fans prügelten.
Die gelbe Karte ging an den Spieler, der gefoult hatte.
Der Spieler, der verletzt war, spielte trotzdem weiter.

die Zeichensetzung bei der wörtlichen Rede

Was jemand denkt oder sagt, wird durch **Anführungszeichen** gekennzeichnet.
- Der **vorangestellte Begleitsatz** endet mit einem Doppelpunkt, z. B.:
  Er sagte laut: „Das gibt es doch nicht!"
- Der **nachgestellte Begleitsatz** wird durch ein Komma abgetrennt, z. B.:
  „Das gibt es doch nicht!", sagte er laut.
- Der **eingeschobene Begleitsatz** wird durch Kommas abgetrennt, z. B.:
  „Mensch", sagte er laut, „das gibt es doch nicht!"

Methoden und Arbeitstechniken

Informationen beschaffen → S. 11 ff.

Wenn du zu einem Thema (z. B. für einen Kurzvortrag) Informationen benötigst, kannst du
- in einer **Bibliothek** suchen,
- **eine Expertin / einen Experten** befragen (z. B. Eltern, Lehrerin/Lehrer, Freundin/Freund),
- dich in verschiedenen **Lexika** informieren,
- im **Internet** mit Hilfe von Suchmaschinen (z. B. „Google" oder „Blinde Kuh") zu deinem Thema **recherchieren,** indem du deinen **Suchbegriff** eingibst. Durch die Eingabe mehrerer Suchbegriffe in eine Suchmaschine lässt sich die Suche sinnvoll einschränken.

Du musst alle Informationen auswerten.
- Lies die Texte und verschaffe dir einen Überblick über ihren Inhalt.
- Überlege, welche Fragen zum gewählten Thema du beantworten möchtest.
- Suche dir die Abschnitte heraus, die wichtige Informationen zu deinem Thema enthalten.
- Schreibe die wichtigsten Informationen in Stichwörtern auf.
- Prüfe, welche Fragen in diesen Texten nicht beantwortet werden, und suche – wenn nötig – weitere Informationen.

ein Kurzreferat vorbereiten → S. 7 ff.

Ein gelungener Vortrag muss gut vorbereitet werden.
- Notiere das, was für deinen Vortrag wichtig ist, in **Stichwörtern,** z. B. auf Karteikarten.
- Bringe die Stichwörter in **eine sinnvolle Reihenfolge.**
- Überlege dir eine passende **Einleitung,** die dein Publikum neugierig macht.
- Überlege dir einen passenden **Schluss.**
- Bereite **Anschauungsmaterial** vor (z. B. mitgebrachte Bilder, Folie, Tafelanschrieb, Gegenstände).

der Cluster

Er hilft dir, Ideen zu einem bestimmten Thema zu finden.
- Schreibe das Thema (den Oberbegriff) in die Mitte eines Blattes.
- Notiere wichtige Gedanken / Angaben / Merkmale dazu und verbinde sie durch Linien mit dem Clustermittelpunkt.

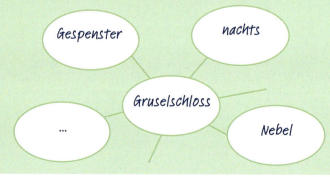

die Mindmap (die Gedankenlandkarte) → S. 8

In einer Mindmap ordnest du deine Ideen.
- Schreibe in die Mitte eines Blattes dein Thema (den Oberbegriff).
- Ergänze jetzt um das Thema Schlüsselwörter.
- Erweitere diese Schlüsselbegriffe um Unterbegriffe, sodass Beziehungen deutlich werden.

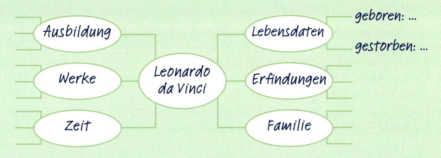

das Portfolio

Ein Portfolio ist eine Mappe, mit der du zeigst, was du (z. B. im Fach Deutsch) über einen bestimmten Zeitraum oder zu einem bestimmten Thema gelernt hast.
Du kannst damit anderen erklären oder für dich selbst festhalten, wie du gelernt hast, welche Ergebnisse dabei herausgekommen sind und wie du diese einschätzt.
In diese Mappe kannst du folgende Dinge abheften:
- besondere Arbeiten, Übungen, Unterrichtsergebnisse,
- deine Einschätzung, was du schon gut kannst oder noch üben musst.

Kurzreferate in der Gruppe vorbereiten → S. 7 ff.

- Sammelt Teilbereiche zu dem Thema in einem Cluster.
- Wählt einen der Bereiche für euer Kurzreferat aus.
- Notiert Fragen, die in dem Kurzreferat geklärt werden sollen.
- Sucht Informationen zu den Fragen in Sachbüchern, Zeitschriften, im Internet oder in Bibliotheken und schreibt sie in Stichwörtern heraus.
- Wählt wichtige Informationen aus und ordnet sie (roter Faden).
- Plant Einleitung und Schluss.
- Probt das Kurzreferat und gebt euch Rückmeldungen.

die Schreibkonferenz → S. 45

- Schreibt eure Texte auf Papier mit breitem Rand („Korrekturrand").
- Setzt euch zu dritt oder zu viert zusammen.
- Einigt euch, wer welche „Überprüfungspunkte" übernimmt.
- Eine/Einer von euch liest ihren/seinen Text vor. Die anderen hören aufmerksam zu.
- Die Zuhörerinnen/Zuhörer sagen, was ihnen gut gefallen hat. Bei Unklarheiten fragen sie nach.
- Anschließend wird das Blatt in der Schreibkonferenz herumgegeben. Alle Mitglieder notieren Verbesserungsvorschläge auf dem Korrekturrand.
- Reihum lesen nun auch die anderen ihre Texte vor.
- Jeder schreibt seinen Text ins Reine und arbeitet dabei die Vorschläge ein.
- Überprüft zum Schluss noch einmal Rechtschreibung und Zeichensetzung.

mit Korrekturkarten arbeiten → S. 33 ff.

- Überlege, auf welche **Korrekturschwerpunkte** du beim Überarbeiten eines Textes besonders achten musst, z. B.: Inhalt, Einleitung, Sprache.
- Lege dir **Korrekturkarten** an. Notiere jeweils einen der Korrekturschwerpunkte auf eine Korrekturkarte. Liste darunter auf, worauf du beim Überarbeiten dieses Punktes besonders achten musst.

unbekannte und schwierige Wörter klären → S. 50, 82, 125

Es gibt mehrere Möglichkeiten, unbekannte Wörter im Text zu klären:
- **Nachdenken:** Suche nach Hinweisen im Text und versuche, das Wort aus dem Textzusammenhang heraus zu verstehen.
- **Nachfragen:** Frage bei jemandem (Lehrer/Eltern/Mitschüler) nach.
- **Nachschlagen:** Benutze ein Wörterbuch oder Lexikon und schlage die Wortbedeutung nach. Prüfe bei mehreren Bedeutungserklärungen, welche im Text zutrifft.

die Punktabfrage → S. 10

Mit dieser Methode legst du eine Rangfolge der zur Auswahl stehenden Themen fest, z. B.:

Frage: *Wohin soll unsere Klassenfahrt gehen?*
– nach Hamburg   – ins Allgäu   – auf die Insel Borkum

Jede/Jeder von euch bekommt drei Klebepunkte und darf sie so auf die Vorschläge verteilen, wie sie oder er es will.
Am Ende der Punktabfrage kann man erkennen, welcher Vorschlag am häufigsten gewählt wurde.

Lesestrategien → S. 85

- **Überfliegendes Lesen:** Wenn man herausfinden will, worum es in einem Text geht, liest man den Text nicht Wort für Wort, sondern überfliegt ihn.
- **Genaues Lesen:** Wer alle Informationen eines Textes erfassen will, der liest den Text langsam und genau.
- **Gezieltes Lesen:** Wer nur eine bestimmte Information in einem Text sucht, der überfliegt die unwichtigen Textstellen und liest die Stelle genau, an der er die Information vermutet.

Markieren → S. 81

Beim Markieren setzt man verschiedene Markierungszeichen:
- Unbekannte Wörter werden eingekreist.
- Schlüsselwörter werden farbig markiert.
- Wichtige Aussagen werden unterstrichen.
- Aussagen, die man nicht versteht, werden mit einem Fragezeichen am Rand gekennzeichnet.
- Besonders wichtige oder überraschende Aussagen werden durch ein Ausrufezeichen gekennzeichnet.

ein Gedicht auswendig lernen

Diese Schritte helfen dir beim Auswendiglernen eines Gedichtes:
- Schreibe das Gedicht ab und sprich es dabei halblaut mit.
- Decke einige Wörter mit Zettelchen ab und sprich diese auswendig. Decke immer mehr Stellen ab, bis du das ganze Gedicht auswendig kannst.
- Lerne in Schritten: Lerne zuerst Vers 1 und 2 und sage den Text mehrmals auf. Lerne dann Vers 3 und 4 und sage alle vier Verse zusammen auf. Lerne dann Vers 5 und 6 usw.
- Übe zusammen mit einer Lernpartnerin oder einem Lernpartner. Tragt euch das Gedicht abwechselnd vor und helft euch, wenn ihr nicht weiterwisst. Wiederholt schwierige Stellen mehrmals.

die Entscheidungspyramide

Diese Methode hilft dir und deinen Mitschülerinnen/Mitschülern, sich für eine Auswahl aus verschiedenen Möglichkeiten zu entscheiden, z. B. zum Thema *Welche Gesprächsregeln sind die drei wichtigsten?*

- **1. Schritt:** Notiere drei Gesprächsregeln, die für dich am wichtigsten sind.
- **2. Schritt:** Besprich deine drei wichtigsten Regeln mit einer Lernpartnerin / einem Lernpartner und einigt euch auf drei wichtige Regeln, die ihr mit in die nächste Runde nehmen wollt.
- **3. Schritt:** Sucht eine zweite Partnergruppe und einigt euch zu viert auf drei Regeln, mit denen ihr weiterarbeiten wollt.
- **4. Schritt:** Bildet Achtergruppen und einigt euch wieder auf drei Regeln, die für die ganze Gruppe gelten.
- **5. Schritt:** Einigt euch zum Schluss in der ganzen Klasse auf drei gemeinsame Regeln.

die Positionslinie

Mit dieser Methode lässt sich das Meinungsbild einer Gruppe zu einer Entscheidungsfrage (Ja-/Nein-Frage) darstellen, z. B. zu der Frage *Sollten Kinder im Haushalt helfen?*

- Stelle dich an das „Ja-Ende" der Positionslinie, wenn du auf die Frage mit „Ja" antworten würdest.
- Stelle dich an das „Nein-Ende" der Positionslinie, wenn du auf die Frage mit „Nein" antworten würdest.
- Wenn du unentschieden bist, stelle dich zwischen „Ja"- und „Nein-Ende". Je nachdem, wie weit du dich von einem der beiden Endpunkte wegstellst, gibst du zu erkennen, dass du eher dafür bzw. eher dagegen bist.

Lösungen der Tests

**Teste dich selbst!
Zu literarischen Texten schreiben
Seite 48**

1 a) Die Kurzgeschichte erzählt von einem Matrosen, der aus Leichtsinn ein Schiffsunglück verursacht, bei dem er der einzige Überlebende ist.

1 b) Weil er angetrunken ist, verliert er das Gleichgewicht und stürzt ins Wasser.

1 c) Beim Rettungsversuch bringt eine hohe Welle das Rettungsboot zum Kentern und das Schiff wird zerstört.

1 d) Der Matrose wird auf der Insel sehr gut versorgt und wie ein Held gefeiert, da niemand weiß, dass er für das Unglück verantwortlich ist.

1 e) Er hat Angst, dass die wirkliche Geschichte aufgedeckt werden könnte.

2 *Diese Sätze könnten in deinen Kästen stehen:*
- Der betrunkene Matrose stürzt von Deck. ↓
- Der Kapitän befiehlt der Mannschaft, den Matrosen zu retten. ↓
- Beim Rettungsversuch bringt eine hohe Welle das Rettungsboot zum Kentern. ↓
- Das Schiff läuft auf ein Korallenriff auf und sinkt. ↓
- Einige Matrosen fallen den Haien zum Opfer, andere verdursten in den Rettungsbooten. ↓
- Als einziger Überlebender kann sich der Matrose, der vom Schiff gefallen ist, auf eine Insel retten. ↓
- Auf der Insel wird der Matrose umsorgt und gefeiert, weil er einen falschen Grund für das Schiffsunglück nennt. ↓
- Aus Angst, mit seiner Lüge aufzufliegen, meidet der Matrose jeden Fremden.

3 a) A, C

3 b) *So könnte deine Einleitung lauten:*
In der Kurzgeschichte „Mann über Bord" von Günter Kunert geht es um einen Matrosen, der aus Leichtsinn ein Schiffsunglück verursacht, bei dem er als Einziger überlebt.

4 a) Präsens

4 b) verlor – verliert, stürzte – stürzt, sah – sieht, gab – gibt, befahl – befiehlt

5 a) *So könnte deine Zusammenfassung lauten:*
Ein betrunkener Matrose stürzt aus Leichtsinn ins Wasser. Der Kapitän veranlasst die Rettung des Matrosen. Während der Rettungsaktion läuft das Schiff auf ein Riff auf und sinkt. Als einziger Überlebender kann sich der Matrose, der vom Schiff gefallen ist, auf eine Insel retten. Dort wird er umsorgt und gefeiert, weil er einen falschen Grund für das Schiffsunglück nennt. Aus Angst, mit seiner Lüge aufzufliegen, meidet der Matrose jeden Fremden.

5 b) *So könnte dein Schlussteil lauten:*
Der Matrose verhält sich verantwortungslos: Erst stürzt er seine Mannschaft ins Verderben, dann belügt er die hilfsbereiten Inselbewohner und lässt es sich gut gehen. Dass er blass und zitternd vor Fremden auf der Insel flieht, zeigt, dass er seine Schuld trotzdem nicht ganz vergessen kann. Man sollte zu dem stehen, was man falsch gemacht hat.

6 *So könnte dein Brief lauten:*

Hawaii, 08. Juni 1882

Lieber Sansibar,
stell dir vor, ich lebe jetzt auf einer wunderschönen Insel. Du wirst nicht glauben, wie es dazu gekommen ist. Vor genau einem Jahr erlitt ich mit meiner Mannschaft Schiffbruch. Alle außer mir sind gestorben. Und weißt du, was das Schlimmste ist? Ich bin schuld daran. An dem Tag, als das Unglück passierte, hatte ich mal wieder einen über den Durst getrunken. Obwohl nicht viel Seegang war, bin ich ins Wasser gestürzt. Ich hatte panische Angst und schrie aus vollem Hals um Hilfe. Meine Mannschaft wollte mich retten, aber eine Katastrophe jagte die nächste. Erst kenterte das Rettungsboot und dann ist auch noch unser Schiff untergegangen. Es war die Hölle! Ehe ich mich versah, wurde ich an Land gespült. Ich hatte wirklich mehr Glück als Verstand! Als ich von den freundlichen Inselbewohnern erfuhr, dass ich der Einzige war, der das Unglück überlebt hat, war ich total geschockt. Mir war das Ganze so peinlich, dass ich niemandem erzählte, dass ich durch meinen verdammten Leichtsinn schuld war. Deshalb sind hier alle lieb zu mir und kümmern sich um mich. Es hat sich zuerst richtig gut angefühlt. Die haben mich wie einen Helden gefeiert! Aber jetzt habe ich ein schlechtes Gewissen. Immer wenn ein Fremder auf die Insel kommt, habe ich Angst, er könnte hinter

mein dunkles Geheimnis kommen. Was soll ich jetzt nur machen? Wenn ich nach der langen Zeit mit der Wahrheit rausrücke, reißen die mir hier bestimmt den Kopf ab! Ich hoffe, du als mein bester Freund denkst nicht schlecht über mich.
Viele Grüße
dein Ismael

Teste dich selbst!
Einen literarischen Text lesen
Seite 117

1
zog Kürbisse: C
nächtigte: B
umherzigeunerte: D
das Rheuma: B
sie umschlichen: A

Seite 118

2 a) Die Kürbisse, die der Großvater auf seinem Feld züchtet, werden ihm gestohlen.

2 b) Er übernachtet auf dem Feld neben den Kürbissen.

2 c) Seine Frau möchte nicht, dass ihr Mann auf dem Feld übernachtet, weil es sich nicht gehört und nicht gut für sein Rheuma ist.

2 d) Er ritzt „Gestohlen bei Kulka" in die Kürbisse, damit die Diebe nichts mehr mit den Kürbissen anfangen können.

2 e) Die Diebe stehlen keine Kürbisse mehr.

3
A = 4. Abschnitt / Zeile 15 – 20
B = 1. Abschnitt / Zeile 1 – 4
C = 3. Abschnitt / Zeile 11 – 14
D = 2. Abschnitt / Zeile 4 – 10

4 Zusammenfassung B ist richtig. (Zusammenfassung A ist zu ungenau; Zusammenfassung C enthält die falsche Information, dass die Nachtwachen auf dem Feld dem Großvater zu viel geworden seien.)

5 a) *So könnte deine Figurenskizze aussehen:*

5 b) *So könnten deine Begründungen lauten:*
clever: Der Großvater ahnt, welche Wirkung die von ihm eingeritzten Worte haben werden.
einfallsreich: Der Großvater hat eine ausgefallene Idee, um die Diebe zu vertreiben.
bestimmend: Die Großmutter sagt ihrem Mann sehr deutlich ihre Meinung.
fürsorglich: Die Großmutter sorgt sich aber auch um die Gesundheit ihres Mannes. Die Kälte ist nicht gut für sein Rheuma.

6 *So könnte deine Antwort lauten:*
Die eingeritzte Aufschrift „Gestohlen bei Kulka" verhindert, dass die Kürbisse gestohlen werden, da sie durch die Schrift sofort als Diebesgut erkannt werden würden. So gesehen haben die Wörter die „Macht", die Diebe zu vertreiben.

Teste dich selbst! Sprache und Sprachgebrauch untersuchen
Seite 149

1a) und **b)**
dümpeln: A – Augenlider hat er nicht, weshalb es nicht ganz einfach zu erkennen ist, ob ein Fisch schläft, tot ist oder wach auf der Stelle dümpelt (Z. 3 ff.).
herabgesetzt werden: A – Die Stoffwechselfunktionen machen Pause (Z. 9 f.).
in freier Wildbahn: B – In freier Wildbahn können Taucher die Erfahrung machen, dass ein Fisch tot zu sein scheint und sich sogar anfassen lässt (Z. 10 ff.).
die Bewohner: A – Aquarianer, die nachts in ihr Fischbecken leuchten, werden die meisten Bewohner zwischen Pflanzen oder auf Blättern ruhend und oft auf der Seite liegend vorfinden (Z. 16 ff.).

Seite 150

2 Wissenschaftler haben herausgefunden, dass der Stoffwechsel von Fischen im Schlaf herabgesetzt wird.

Es ist erstaunlich, dass einige Fische im Schlaf ihre Farbe verlieren.
Für schlafende Fische besteht in der Natur die Gefahr, dass sie aufgefressen werden.

3
A Von der Berührung erwacht er ... *Präsens*
C Er hat einfach tief geschlafen. *Perfekt*

4
einige Meeresbewohner: Subjekt
haben entwickelt: Prädikat
ganz besondere Techniken: Akkusativ-Objekt
zu ihrem Schutz: adverbiale Bestimmung des Grundes

5 a)
sie: Personalpronomen
den: bestimmter Artikel
Tiere: Nomen
wissen: Verb
dass: Konjunktion
dieser: Demonstrativpronomen
im (= in dem): Präposition + Artikel

5 b) Satzgefüge: Verbindung von Haupt- und Nebensatz

5 c) *herabgesetzt wird:* Passiv

6 Relativsatz
die: Relativpronomen

7 Satzgefüge: Der Thunfisch kann sich im Schlaf vor Angreifern schützen, weil er seine Gehirnhälften abwechselnd abschalten kann.
Satzreihe: Der Thunfisch kann sich im Schlaf vor Angreifern schützen, denn er kann seine Gehirnhälften abwechselnd abschalten.

8 a) Die Schlafgewohnheiten von Fischen wurden von Wissenschaftlern untersucht.

8 b) Durch eine graue Färbung schützen sich manche Fische vor Angreifern.

Teste dich selbst! Richtig schreiben
Seite 187

1a), b) und **c)**

korrigiertes Fehlerwort	Begründung / Probe
gewusst	kurzer Vokal, kommt von *wissen*
Lehrkräfte	kommt von *Lehrkraft*
entsetzt	Adjektiv-Präfix *ent-* + Wortstamm
Schuljahr	Begleitwort: diesem (Demonstrativpronomen) → Nomen, also großgeschrieben
mittwochs	Zeitadverbien, die mit *-s* enden, schreibt man klein.
Samstagnachmittag	Begleitwort: *am = an dem* (Präposition + Artikel) → Nomen, also großgeschrieben. Verbindungen aus einem Wochentag und einer Tageszeitangabe werden zusammengeschrieben.
das Boxen	Begleitwort: *das* (Artikel) → nominalisiertes Verb, also großgeschrieben
richtig	die *richtige* Entscheidung (Verlängerungsprobe)
das Kämpfen	Begleitwort: *das* (Artikel) → nominalisiertes Verb, also großgeschrieben
mit den Fäusten	kommt von *Faust*
dass	Man kann nicht *dieses* / *welches* dafür einsetzen.
Wettkampf	kurzer Vokal, kommt von *wetten*
Straße	langer betonter Vokal

2 a) das Faulenzen, das Boxen, das Joggen, das Boxen

2 b) das regelmäßige Joggen, das intensive Krafttraining, eine ernsthafte Verletzung

2 c) meine Lieblingsbeschäftigungen, meinen Körper

Seite 188

3 a) und b)
Boxen ist eine tolle Sportart. (Adjektiv, also kleingeschrieben)
Im Mittelpunkt des Trainings stehen Laufen, Seilspringen und vieles mehr.
(nominalisierte Verben, also großgeschrieben)
Da kommt (Verb, also kleingeschrieben) man ganz schön ins Schwitzen (nominalisiertes Verb, also großgeschrieben).
Das Schöne daran ist, dass man richtig abschalten kann. (nominalisiertes Adjektiv, also großgeschrieben)

4
Ich finde es toll, dass Franziska jetzt boxt. Seitdem ist sie viel ausgeglichener, offener und weniger reizbar. Die Mitschüler gehen auch

anders mit ihr um, seit sie ihr Hobby kennen. Sandy hat erst vor Kurzem gesagt: „Früher ist sie immer gleich an die Decke gegangen, weil sie sich über alles geärgert hat. Jetzt kann man mit Franzi nicht nur besser reden, sondern sogar Blödsinn mit ihr machen!"
Die Jungen respektieren Franziska, denn sie ist richtig gut beim Boxen. Bei ihrem ersten Wettkampf, der nächste Woche stattfindet, wollen wir alle zuschauen. „Macht euch keine Sorgen", meinte Franziska ganz cool. „Das pack ich schon!"

5
- Unterricht von 8:00 Uhr morgens bis 13:30 Uhr am Nachmittag
- um 15:30 Uhr jeden Montag bis Freitag Julius vom Kindergarten abholen
- dienstagnachmittags von 16:30 bis 18:00 Uhr Training
- fast jeden Freitagnachmittag mit Kira shoppen
- am Samstagmorgen: Hausarbeit – oh, wie ich das hasse!

Teste dein Wissen! Lernstandstest Seite 207

1 C

Seite 208

2 In den Ländern, in denen Frauen den Männern gleichgestellt sind, schneiden Mädchen und Jungen in den Mathematikvergleichstests fast gleich ab.
In Island sind die Schülerinnen in Mathematik sogar etwas besser als die Jungen.

3
belegen: **D**
minimal besser: **C**
gegen Null tendieren: **B**
das Resultat: **B**

4 a) jemand wird einem Test unterzogen: jemand wird getestet / jemand schreibt einen Test

4 b) etwas unter die Lupe nehmen: sich etwas sehr genau anschauen / etwas genau untersuchen

4 c) Vorurteile aus der Welt räumen: Vorurteile beseitigen / Vorurteile aufheben

4 d) Vorurteile behaupten sich: Vorurteile setzen sich durch / ein Vorurteil hält sich / ein Vorurteil bleibt bestehen

5 a) und b) *So könnten deine Fragen und Antworten lauten:*
- Wer wurde getestet? 7 Millionen Schüler der Klassen 2–11
- Wo fanden die Tests statt? in den USA
- Was wurde getestet? die Leistungen in Mathematik von Jungen und Mädchen im Vergleich
- Wie gingen die Wissenschaftler vor? Mathematikprüfungen von Schülern wurden genau untersucht.
- Welche Ergebnisse kamen heraus? Mädchen sind in Mathematik nicht schlechter als Jungen, sondern sogar ein klein wenig besser.

6 *So könnte deine Umschreibung lauten:*
Bei der Untersuchung konnten keine Unterschiede in den Mathematikleistungen von Mädchen und Jungen festgestellt werden.

7a) wurden untersucht

7b) Die Wissenschaftler untersuchten Mathematikprüfungen.

7c) Von den US-Forschern wurden keine Unterschiede zwischen Jungen und Mädchen gefunden. / Es wurden keine Unterschiede zwischen Jungen und Mädchen gefunden.

Seite 209

8a) und b)

Zeitformen im Text	Präsens	Präteritum	Perfekt
	sind	wurden unterzogen	hat belegt
	denken	fanden	hat (aus der Welt) geräumt
	können	wurden (unter die Lupe) genommen	

9 Janet Hyde konnte in ihrer Studie keine geschlechtsspezifischen Unterschiede in den Mathematikleistungen feststellen. / Janet Hyde teilte mit, dass sie in ihrer Studie keine geschlechtsspezifischen Unterschiede in den Mathematikleistungen feststellen konnte.

10 a) Eine der größten Studien in Amerika hat belegt, dass Mädchen nicht schlechter in Mathematik sind als ihre männlichen Mitschüler.

7 Millionen Schüler in den USA wurden einem Test unterzogen, doch die US-Forscher fanden keine Unterschiede zwischen Mädchen und Jungen.

10 b)
1. Satz = HS + NS (mit Konjunktion „dass") → Satzgefüge
2. Satz = HS + HS → Satzreihe

11
- *im letzten Schuljahr:* Adverbiale der Zeit (temporal)
- *war:* Prädikat
- *Mathematik:* Subjekt
- *mein Lieblingsfach:* Akkusativ-Objekt
- *dieses Jahr:* Adverbiale der Zeit (temporal)
- *gibt auf:* Prädikat
- *uns:* Dativ-Objekt
- *unsere Mathematiklehrerin:* Subjekt
- *eine Menge Hausaufgaben:* Akkusativ-Objekt

12 *So könnte deine Stellungnahme lauten:*
Der Behauptung, dass Deutsch ein Fach für Mädchen ist, kann ich nicht zustimmen. Im Fach Deutsch unterscheidet man zwischen Rechtschreibleistungen, Texte verfassen und Texte verstehen. Es ist immer so, dass sich einige in der Klasse mehr, andere weniger dafür interessieren. Es gibt dabei aber keine Unterschiede zwischen Jungen und Mädchen. Außerdem schließt die Behauptung oben ein, dass Mädchen in anderen Fächern vielleicht nicht so gute Leistungen erzielen. Doch das stimmt auch nicht, was die Untersuchung zu Mathematikleistungen zeigt.
Es darf nicht übersehen werden, dass es häufig nicht nur vom Talent abhängt, ob einem ein Fach liegt oder nicht. Wenn der Unterricht entsprechend aufgebaut ist und die Lehrkraft es versteht, das Interesse der Schüler zu wecken, dann macht Deutsch sicherlich Mädchen und Jungen Spaß.

Textquellenverzeichnis

S. 8 f. Die Entwicklung des Schokoriegels – vom Baum bis in die Tüte. Nach: http://www.tip-top.de/de/TipTop/isdn/html/vom_baum_zum_riegel.html (Stand vom 08.04.2009)

S. 9 Naschen mit gutem Gewissen. Aus: GEOlino 04/07, S. 30

S. 9 Schokoladenverbrauch 2007 in Kilogramm pro Person (Diagramm). Nach: International Confectionary Association (ICA)

S. 10 V wie Verbrauch (Tabelle). Aus: http://www.focus.de/gesundheit/ernaehrung/geniessen/schokolade/v-wie-verbrauch_aid_11399.html (Stand vom 08.04.2009)

S. 24 f. Tolstoi, Leo: Der Sprung. Aus: Das neue Alphabet. Russische Lesebücher. Rütten & Loening, Berlin 1968, S. 295

S. 31 f. Boccaccio, Giovanni: Der Koch und der Kranich. Nach: Das Dekameron. Übersetzt von Ruth Macci. Aufbau-Verlag, Berlin und Weimar 1982, S. 468–470

S. 34 f. Schubiger, Jürg: Wie man eine Hilfe findet. Aus: Gelberg, Hans-Joachim (Hg.): Eines Tages. Beltz, Weinheim 2002, S. 236 f.

S. 39 Rauert, Annette: Der Schritt zurück. Aus: Graf, Lore / Lienhard, Martin / Pertsch, Reinhard: Geschichten zum Nachdenken. Ein Lesebuch für Schule, Gruppe und Familie. Chr. Kaiser Verlag, München / Matthias-Grünewaldt-Verlag, Mainz 1977, S. 50 f.

S. 40 f. Paulsen, Gary: Mein Freund Harold. Aus: Paulsen, Gary: Mein Freund Harold. Carlsen Verlag, Hamburg 2002, S. 14 ff.

S. 47 Kunert, Günter: Mann über Bord. Aus: Kunert, Günter: Kurze Beschreibung eines Moments der Ewigkeit. Reclam, Leipzig 1980

S. 50 Speiseeishersteller(in). Nach: Didacta. Das Magazin für lebenslanges Lernen. Didacta Ausstellungs- und Verlagsgesellschaft mbH / AVR Agentur für Werbung und Produktion GmbH, München 03/08, S. 84 ff.

S. 52 f. Der Job des Kochs fängt so an ... Nach: http://www.q-test.de/koch-traumberuf-oder-horrorjob-test-5326-027-002.html (Stand vom 20.04.2009)

S. 56 Fotomedienfachfrau / Fotomedienfachmann. Nach: Didacta. Das Magazin für lebenslanges Lernen. Didacta Ausstellungs- und Verlagsgesellschaft mbH / AVR Agentur für Werbung und Produktion GmbH, München 03/08

S. 57 Unser Schulgarten wird wieder ein richtiger Garten. Aus: http://www.schiller-bensheim.de/pages/aktuell.php (Stand vom 20.04.2009)

S. 57 Schüler zeigen Senioren den Umgang mit dem Computer. Aus: http://www.gut-tun-tut-gut.de/startseite.0.html (Stand vom 20.04.2009)

S. 65 Operation: Gute Nacht. Nach: Wittmann, Jochen: Aussicht auf Räuber-und-Gendarm-Spiele. http://www.main-netz.de/nachrichten/politik/berichte/art4207,450653 (Stand vom 20.04.2009)

S. 66 Operation: Gute Nacht. Nach: Wittmann, Jochen: Aussicht auf Räuber-und-Gendarm-Spiele. http://www.main-netz.de/nachrichten/politik/berichte/art4207,450653 (Stand vom 20.04.2009)

S. 80 f. Kauvergnügen von der Steinzeit bis heute. Nach: http://www.kau-gummi.de/html/geschichte.htm (Stand vom 20.04.2009)

S. 84 Jacobs, Stefan: Kampf gegen Kaugummis – eine zähe Angelegenheit. Nach: http://www.tagesspiegel.de/berlin/Kaugummis-Wowereit;art270,2594257 (Stand vom 20.04.2009)

S. 85 Die beste Lösung liegt wohl darin, ... Nach: http://www.tagesspiegel.de/berlin/Kaugummis-Wowereit;art270,2594257 (Stand vom 20.04.2009)

S. 86 Kann der Mensch im Schlaf lernen? Nach: http://www.geo.de/GEOlino/kreativ/56598.html?q=kann%20der%20mensch%20im%20schlaf%20lernen (Stand vom 20.04.2009)

S. 91 f. Wenze, Michael: Die Wirkung der Werbung – warum Kinder den Big-Mac lieben. Nach: www.rp-online.de/public/article/wissen/gesundheit/479089/Warum-Kinder-den-Big-Mac-lieben.html (Stand vom 20.04.2009)

S. 95 Rebecca leckte an ihrem Brötchen ... Aus: Stewart, Maureen: Essen? Nein, danke! Übersetzt von Tilman Kleinau. Ravensburger Buchverlag, Ravensburg 2006, S. 7 f.

S. 96 „Neununddreißig Kilo!" Ihr Herz schlug ... Aus: Stewart, Maureen: Essen? Nein, danke! Übersetzt von Tilman Kleinau. Ravensburger Buchverlag, Ravensburg 2006 (Klappentext)

S. 97 Häufigkeit von Hinweisen auf Essstörungen. Aus: © Statista.org Quelle: BMG, BMBF

S. 97 Erkrankungen durch Magersucht. Aus: Brockhaus © Bibliographisches Institut & F.A. Brockhaus AG, Mannheim

S. 97 Verlauf von Magersucht (Anorexie). Nach: http://www.therapie.de/fileadmin/dokumente/Info%20Essstoerungen_therapie%20de.pdf (Stand vom 06.01.2010)

S. 98 f. Rebecca bekam Angst … Aus: Stewart, Maureen: Essen? Nein, danke! Ravensburger Buchverlag, Ravensburg 2006, S. 21 f.

S. 101 f. Rebecca sah das Tablett an … Aus: Stewart, Maureen: Essen? Nein, danke! Ravensburger Buchverlag, Ravensburg 2006, S. 145, 155

S. 104 Ich glaube, du bist auf dem besten Weg … Aus: Stewart, Maureen: Essen? Nein, danke! Ravensburger Buchverlag, Ravensburg 2006, S. 140 f.

S. 104 Eine zerbrochene Schale … Aus: Stewart, Maureen: Essen? Nein, danke! Ravensburger Buchverlag, Ravensburg 2006, S. 128

S. 106 Ernst, Otto: Nis Randers. Aus: Diestelmeier, Katharina (Hg.): Krachen und Heulen und berstende Nacht. Balladen. Cecilie Dressler Verlag, Hamburg 2006, S. 72 f.

S. 110 f. Goethe, Johann Wolfgang v.: Der Zauberlehrling. Aus: Echtermeyer. Deutsche Gedichte. Cornelsen Verlag, Berlin 2005, S. 200 ff.

S. 115 Heine, Heinrich: Lorelei. Aus: Diestelmeier, Katharina (Hg.): Krachen und Heulen und berstende Nacht. Balladen. Cecilie Dressler Verlag, Hamburg 2006, S. 134 f.

S. 117 Strittmatter, Erwin: Die Macht des Wortes. Aus: Gelberg, Hans-Joachim (Hg.): Eines Tages. Beltz, Weinheim 2002, S. 240

S. 119 Willst du Eis … Nach: Körner, Thomas: 4000 Touché. Achterbahn Verlag, Oldenburg 2005, o. S.

S. 125 Wie Farben entstehen. Nach: http://www.geo.de/GEO/kultur/buchtipps/1257.html?p=1&q=farben (Stand vom 23.04.2009)

S. 126 Wörterbuchauszug nach: Wahrig – Die deutsche Rechtschreibung. © 2006 Wissen Media Verlag GmbH, S. 621

S. 126 Wörterbuchauszug aus: Müller, Wolfgang (Hg.): Duden – Die sinn- und sachverwandten Wörter. Bibliographisches Institut, Mannheim 1997

S. 127 Schwärzer als schwarz? Nach: GEOlino 04/08, S. 39

S. 128 Der Farbendieb. Nach: http://www.geo.de/GEO/kultur/buchtipps/1257.html?p=1&q=farben (Stand vom 23.04.2009)

S. 130 Steckdosen bald verschwunden? Aus: GEOlino 05/08, S. 47

S. 132 Schnelldenker vor 4500 Jahren. Nach: Murphy, Glenn: Erfindungen. Oetinger Verlag, Hamburg 2008, S. 50 f.

S. 133 1839 in Philadelphia: Der Zufall als Erfinder. Aus: Flessner, Bernd: Geniale Denker und clevere Tüftler. 20 bahnbrechende Erfindungen der Menschheit. Beltz & Gelberg, Weinheim und Basel 2007, S. 64

S. 134 Extremklettern: An der Schlucht und durch die Schlucht. Nach: Brümmer, Elmar / Zeyer, Jürgen: Sport (Was ist was). Tessloff, Nürnberg 2006, S. 45

S. 134 Möglichst schnell an den Start zurück. Nach: Brümmer, Elmar / Zeyer, Jürgen: Sport (Was ist was). Tessloff, Nürnberg 2006, S. 45

S. 135 Die Chinesen machten die ersten Schirme, die … Nach: Tiehl, Hans-Peter / Würmli, Marcus: Bedeutende Erfindungen. Bertelsmann Lexikon Verlag, Gütersloh 1995, S. 8 f.

S. 135 Erfindungen im Alltag. Nach: Tiehl, Hans-Peter / Würmli, Marcus: Bedeutende Erfindungen. Bertelsmann Lexikon Verlag, Gütersloh 1995, S. 6

S. 137 Verbreitung des Wissens durch den Buchdruck. Nach: Flessner, Bernd: Geniale Denker und clevere Tüftler. 20 bahnbrechende Erfindungen der Menschheit. Beltz & Gelberg, Weinheim und Basel 2007, S. 40–43

S. 138 Donald Duck. Aus: http://www.geo.de/GEOlino/mensch/berufe/882.html?p=2&q=comic%20zeichnen (Stand vom 23.04.2009)

S. 142 Seit 1982 spielen Elefanten in Thailand Polo. Nach: GEOlino, 11/07, S. 44

S. 143 Anleitung zum Baumstammwerfen. Nach: GEOlino, 11/07, S. 46

S. 144 Viele vermuten den Ursprung des Fußballs … Nach: Brümmer, Elmar / Zeyer, Jürgen: Sport (Was ist was). Tessloff, Nürnberg 2006, S. 22 f.

S. 144 Der 4. Juli 1954 steht für … Nach: Brümmer, Elmar / Zeyer, Jürgen: Sport (Was ist was). Tessloff, Nürnberg 2006, S. 23

S. 146 In dem Buch „Kick it like Beckham" geht es … Nach: Dhami, Narinder: Kick it like Beckham. Ravensburger Buchverlag, Ravensburg 2005 (Klappentext)

S. 148 Kicker als Gärtner. Nach: GEOlino, 07/07, S. 36

S. 149 Schlafen Fische? Aus: Warum ist Wasser nass? Alltagsphänomenen auf der Spur. Compact Verlag, München 2006, S. 64 f.

S. 152 Boxen – nur für Jungs? Von wegen! Nach: Frank, Alexandra: Zarte Finger, harter Schlag. http://blog.zeit.de/kinderzeit/2009/03/12/zarte-finger-harter-schlag_804 (Stand vom 06.01.2010)

S. 152 Lisa ist Boxerin … Nach: Frank, Alexandra: Zarte Finger, harter Schlag. http://blog.zeit.de/kinderzeit/2009/03/12/zarte-finger-harter-schlag_804 (Stand vom 06.01.2010)

S. 154 Mit Gänsehaut und klappernden Zähnen. Nach: Prebitzer, Susanne: Cool! http://blog.zeit.de/kinderzeit/2009/01/29/cool_516 (Stand vom 29.01.2009)

S. 155 Eisbaden lässt Fresszellen sprießen. Nach: Prebitzer, Susanne: Cool! http://blog.zeit.de/kinderzeit/2009/01/29/cool_516 (Stand vom 06.01.2010)

S. 174 Internetanzeige lockt Plünderer an. Nach: http://computer.t-online.de/c/14/60/73/14/14607314.htht (Stand vom 20.05.2009)

S. 178 Ein Mann hielt mit einem Wagen … Nach: Hebel, Johann Peter: Das seltsame Rezept. http://gutenberg.spiegel.de/?id=5&xid=1117&kapitel=6&cHash=c9c3a0dc12rezept (Stand vom 20.05.2009)

S. 178 Ein reicher Mann hatte eine hohe Geldsumme verloren … Nach: Hebel, Johann Peter: Der kluge Richter http://gutenberg.spiegel.de/?id=5&xid=1117&kapitel=5&cHash=c9c3a0dc12klugrich#gb_found (Stand vom 06.01.2010)

S. 182 Als sie das Dorf hinter sich gelassen hatten … Nach: Hebel, Johann Peter: Man kann es nicht allen Leuten recht machen. http://gutenberg.spiegel.de/?id=5&xid=1118&kapitel=9&cHash=098f46f143mankann#gb_found (Stand vom 06.01.2010)

S. 182 Am fünften Dorf … Nach: Hebel, Johann Peter: Man kann es nicht allen Leuten recht machen. http://gutenberg.spiegel.de/?id=5&xid=1118&kapitel=9&cHash=098f46f143mankann#gb_found (Stand vom 06.01.2010)

S. 190 Was wir täglich brauchen. Aus: Busch, Stephanie / Noller, Ulrich: Das Hausbuch. Hier wohnt das Wissen der Welt. Bloomsbury, Berlin 2007, S. 28

S. 190 Am 22. März ist Weltwassertag. Aus: http://www.geo.de/GEOlino/nachrichten/53086.html?q=Weltwassertag (Stand vom 24.04.2009)

S. 191 Was Wasser kann. Versuchsbeschreibung. Nach: http://physikfuerkids.de/lab1/versuche/filzstift/index.html (Stand vom 06.01.2010)

S. 192 Goethe, Johann Wolfgang v.: Meeresstille. Aus: Paefgen, Elisabeth / Geist, Peter (Hg.): Echtermeyer – Deutsche Gedichte. Cornelsen, Berlin 2005, S. 194

S. 192 Kempner, Friederike: Das Meer. Aus: http://gedichte.xbib.de/Kempner_gedicht_Das+Meer.htm (Stand vom 06.01.2010)

S. 192 Storm, Theodor: Meeresstrand. Aus: Storm, Theodor: Sämtliche Gedichte in einem Band. Insel Verlag, Frankfurt/M. und Leipzig 2002, S. 14

S. 192 Davidson, L. A.: Fern am Horizont ... Aus: Haiku. Alte und moderne Meister. Zusammengestellt von Jackie Hardy. Patmos Verlag, Düsseldorf 2004, S. 220

S. 194 Übers Wasser. Aus: Fontenoy, Maud: Der Atlantik und ich. 3600 Seemeilen im Ruderboot über den Atlantik. Frederking & Thaler Verlag, München 2005, S. 17 und 61

S. 195 Die Glücksblume oder: Mein Weg führt nach Tibet. Nach: Tenberken, Sabriye: Das siebte Jahr. Von Tibet nach Indien. Kiepenheuer & Witsch, Köln 2006 (Klappentext)

S. 196 f. Ich blieb weiterhin auf west-südwestlichem Kurs ... Aus: Kolumbus, Christoph: Bordbuch. Aufzeichnungen seiner ersten Entdeckungsfahrt nach Amerika 1492–93. Heinrich Hugendubel Verlag, München 2006, S. 35–37

S. 198 f. Es ist kurz nach fünf Uhr morgens ... Aus: http://www.geo.de/GEOlino/mensch/berufe/51187.html (Stand vom 14.05.2009)

S. 200 Tucholsky, Kurt: Der Floh. Aus: Heiteres Darüberstehen (Zusammengestellt von Stephan Kuranyi). Reclam, Stuttgart 2006, S. 240 f.

S. 201 Guggenmos, Josef: Nebel. Aus: Guggenmos, Josef: Oh, Verzeihung, sagte die Ameise. Beltz, Weinheim und Basel 1993, S. 169

S. 201 Senft, Fritz: Die Fliege. Aus: Gelberg, Hans-Joachim (Hg.): Großer Ozean. Gedichte für alle. Beltz und Gelberg 2000, S. 202

S. 201 Jepsen, Peter: Graue Ha re. Aus: Gelberg, Hans-Joachim (Hg.): Großer Ozean. Gedichte für alle. Beltz und Gelberg 2000, S. 61

S. 202 f. Siege, Nasrin: Muschelreste. Aus: Bartholl, Silvia (Hg.): Alles Liebe und so weiter. Liebesgeschichten von vielen Autorinnen und Autoren. Beltz und Gelberg, Weinheim und Basel 1998, S. 71–73

S. 204 Spektakuläre Kunstdiebstähle. Nach: Busch, Stephanie / Noller, Ulrich: Das Haus-Buch. Hier wohnt das Wissen der Welt. Bloomsbury, Berlin 2007, S. 219

S. 205 Als die spanischen Eroberer ... Aus: Toll, Claudia / Sokolowski, Ilka / Stanger, Annette: Versunkene Welten. Vom legendären Troja bis zur Titanic. Arena Verlag, Würzburg 2008, S. 32

S. 205 f. Die fesselnde Aufgabe ... Aus: Robbin, Irving: Versunkene Städte (Was ist was). Tessloff, Nürnberg 1993, S. 12 f.

S. 207 Sadigh, Pavin: Rechnen Jungen besser als Mädchen? Nach: www.zeit.de/online/2008/31/mathemaedchen (Stand vom 06.01.2010)

S. 207 Rötger, Florian: Auch die internationale PISA-Studie ... Nach: www.heise.de/tp/r4/artikel/28/28032/1.html (Stand vom 06.01.2010)

Wir danken den Rechteinhabern für die Abdruckgenehmigung. Da es uns leider nicht möglich war, alle Rechteinhaber zu ermitteln, bitten wir, sich gegebenenfalls an den Verlag zu wenden.

Texte der Herausgeberin und der Autorinnen

Zu Beginn des Schuljahres ... (S. 58)
Ich habe 1452 in Straßburg ... (S. 137)
Wenn Gummistiefel fliegen (S. 143)
Ein wiederkehrendes Hobby ... (S. 156)
„Du wirfst den Bumerang in die Luft ..." (S. 156)
„Ich probiere häufig neue Wurftechniken aus ..." (S. 157)
Micha schlenderte nach der Schule ... (S. 158)
Ein schmuckloses Pappplakat ... (S. 160)
Es fing in den Ferien an ... (S. 162)
Eigentlich habe ich kein richtiges ...(S. 164)
Wann wirst du zufrieden sein? (S. 167)
Mann verkauft Sensationelles (S. 169)
Man sells something sensational (S. 169)
„Kaufen Sie nicht nur eine Kleinigkeit ..." (S. 170)
Hannas Lieblingsbeschäftigung ... (S. 172)
Sollte Kindern das Betreten des Internets ... (S. 173)
Grrrrrrrrrrr :-((S. 176)
Peng, peng PC! (S. 176)
Tierfreund (S. 176)
An unserer Schule gibt es ... (S. 187)
Ich finde es toll, dass Franziska ... (S. 188)

Bildquellenverzeichnis

Titelfotos, S. 23; 33; 49 oben links; 53; 55; 65; 73; 79; 91; S. 151: Thomas Schulz, Teupitz;

S. 8: Corel-Library; S. 49 Mitte links: JOKER/Ralf Gerard, Bonn; unten rechts: picture-alliance/dpa, Frankfurt a. M.; S. 52: picture-alliance, Frankfurt a. M.; S. 57 Mitte rechts: Wilhelm Mierendorf, Stuttgart; S. 58: mauritius-images, Mittenwald; S. 80: Wrigley GmbH; S. 88: Mit freundlicher Genehmigung von: oben: Berliner Stadtreinigungsbetriebe und der Heymann Schnell AG; unten: Media-Saturn-Holding GmbH; S. 89: Mit freundlicher Genehmigung von: Nike Deutschland GmbH; Deutsche Telekom AG; Deutscher Sparkassen- und Giroverband; Sat.1 SatellitenFernsehen GmbH; PUMA AG; S. 93: Mit freundlicher Genehmigung von adidas AG; S. 119: Tom Körner; S. 123 oben links: akg-images/Werner Forman, Berlin; oben rechts: akg-images, Berlin; Zeichnung: © Rod Westblade; S. 132: picture-alliance/ZB, Frankfurt a. M.; S. 136: Wikipedia: © Nickmard Khoey; S. 137: akg-images, Berlin; S. 138: © Disney; S. 141: picture-alliance/dpa, Frankfurt a. M.; S. 142: picture-alliance/dpaweb, Frankfurt a. M.; S. 144: akg-images, Berlin; S. 146: Buchcover: Narinder Dhami, KICK IT LIKE BECKHAM. Umschlagillustration: Sibylle Krebs. © 2005 by Ravensburger Buchverlag Otto Maier GmbH, Ravensburg; S. 189: Mit freundlicher Genehmigung von Berlinwasser Holding AG; S. 194: picture-alliance/dpa, Frankfurt a. M.; S. 195: picture-alliance/dpa, Frankfurt a. M.; S. 204: Aus: Katy Couprie/Antonin Louchard: Die ganze Kunst © 2005 Éditions Thierry Magnier. Für die deutsche Ausgabe © 2006 Gerstenberg Verlag, Hildesheim.

de.fotolia.com: S. 7 oben: © Kerstin Koch; Mitte links: © Stefan Riedel; Mitte rechts: © Alfred Wekelo; unten links: © Elena Kalistratova; unten rechts: © Frank Eckgold; S. 9: © bsilvia; S. 10 oben: © Tanja Bagusat; Mitte rechts: © Julian Weber; S. 17 oben: © morenovel; unten: Secret Side; S. 19: © Serg Zastavkin; S. 49 oben rechts: © bilderbox; unten links: © ciba2; S. 50: © Gordon Bussiek; S. 56: © BAO-RF; S. 57 oben links: © AlexQ; S. 62: © Lianem; S. 74 Hintergrund: © GHotz; links: © philippe Devanne; Mitte: Deborah Benbrook; rechts: Maxim Petrichuk; S. 84: © Matthew Collingwood; S. 86: © Dmitriy Ystuyjanin; S. 87 oben links: © Alexey Klementiev; oben rechts: © Monkey Business; Mitte links: © Suprijono Suhajoto; Mitte rechts: Andrej Pidjass; (Hand): © Melisback; unten links: ©tomasovic net; unten rechts: © olly; S. 143 oben: © R.-Andreas Klein, unten: © Nik; S. 148: © sandra zürlein; S. 149: © Marcel Mende; S. 150 oben links: © Eric Isselée; oben rechts: © johann35; unten rechts: © martin schmid; S. 173: © Jacek Chabraszewski; S. 188: © Klaus Eppele; S. 190: (Hintergrund) © Thorsten Alteholz; S. 198: © flashpics; S. 207: © Hannes Eichinger.

Sachregister

A
Abschreiben 186
Ableitung 160, 218
Ableitungsprobe 151, **157**, 160, 184, 222
Adjektiv 42, 93, 100, 107, 114, 115, 129, 133, 156, 159, 161, 162, 164, 165, 169, 170, 171, 172, 173, 188, 193, 199, 215
Adverbiale Bestimmung 141, 148, **143**, 220
Adverbialsatz 62, **145**, 147
AIDA-Formel **90**, 92, 93, 94, 189
Akkusativ 134, 142, 148
Akkusativ-Objekt 142, 148
Akrostichon 193
Aktiv 60, **138 f.**, 150, 191, 204, 218
Alliteration **89,** 90, 189
Anredepronomen 76
Appellativer Sachtext 87–94, 166, 189
Argument 18–22, 53, 56, 65–72
Argumentieren **65–72**, 211
Argumentationskette **67**, 72
Artikel 130, 154, 161, 164, 166, 170–174, 188
Artikelprobe **171**, 174, 184, 185, 222
Aufforderungsform → Imperativ
Aufzählung 178
Ausrufezeichen 177

B
Ballade **105–116**, 214
    Inhalt mündlich wiedergeben 107, 112, 116
    Sprache untersuchen 108 f.
    szenisch darstellen **112 f.**
    vortragen 116
Begleiter → Artikel
Begleitwörter für Nomen 130, 166, 167, 168, **171**, 172, 173, 174, 175, 187, 215
Berichten **57–64**, 204, **211**
Berufsbeschreibung **49–56**, 198 f.
Beschreiben 211
    Berufsbeschreibung **49–56**, 198 f.
    Vorgangsbeschreibung 49, 191
Besitzanzeigendes Fürwort → Possessivpronomen
Betonungszeichen **116**
Betreffzeile 75, **76**
Bindewort → Konjunktion
Brief
    aus Sicht einer literarischen Figur **43–46**, 48, 212
    persönlicher Brief 44, 73
    sachlicher Brief 38, **73–78**, 212

C
Checkliste erstellen 16, 17, 21, 29, 45, 63, 64, 70, 127
Cluster 52, 57, 64, 96, 131, 137, 163, 181, 192, 198, 226
Comic 107, 119
Computer 77, 78, 183, 185

D
dass-Sätze 61, 68, 145, 148, 150, 180, 182
Dativ 134, 142, 148
Dativ-Objekt 142, 148
Dehnungs-*h* 152 f., 158
Demonstrativpronomen **131**, 132, 139, 171, 172, 173
Diagramm 9, 92, 96, 97, 190, 213
Dialog schreiben 113, 122, 180
Diskussion leiten 18–22, 210
Diskutieren **17–22**, 85, 94, 97, 104, 114, 162, 195, 210
Doppelkonsonant 154, 158
Doppelvokal 152, 153, 158

E
Eigenschaftswort → Adjektiv
Einzahl → Singular
Elfchen 193
E-Mail 39
Entscheidungspyramide 229
Er/Sie-Erzähler 212
Erzählen 212
Erzähler 193
Erzählformen 212
Erzählgedicht → Ballade
Erzählung 24 f., 34 f., 40 f., 202 f., **214**

F
Fabel
Fall (Kasus) 134, **142**, 147, 181, 216
Fehleranalyse **183–186**, 187, 221
Fehlerkontrolle am PC → Rechtschreibprüfung
Fehlerkorrektur 184, 185, 187, 221
Figur 26, 32, 40–46, 48, 203
Figurenbeschreibung 42, 46, 95, **98–104**, 109, 114, 118
Figurenskizze 100, 118, 203
Fragezeichen 177
Fremdwörter erschließen 123, **124**, 126, 128, 130, 162, 164, 184
Fürwort → Pronomen
Futur 136, **137**, 140, 150

G
Gedankenlandkarte → Mindmap
Gedicht 104, 106, 110 f., 115, 192, 201
    schreiben 193, 201
    vergleichen 114, 193, 201
    vortragen 113, 116, 193, 201
Gegenwartsform → Präsens
Genaues Lesen 81, **85**, 86
Geschichte → Erzählung

Gesprächsregeln 17, 20
Getrennt- und Zusammenschreibung **165–168**, 175, 224
Gezieltes Lesen **85**, 92
Großschreibung 76, 161, 164, 166, 167, 168, **169–176**, 185, 188, 222
Grundform des Verbs → Infinitiv

H
Haiku 192, 193
Handout erstellen **14**, 16, 206, 210
Hauptfiguren untersuchen → Figur
Hauptsatz 144, 146, 147, 148, 178, 180, 181, 182
Hauptsatz-Konjunktion → Nebenordnende Konjunktion
Hauptwort → Nomen
Hinweisendes Fürwort → Demonstrativpronomen

I
Ich-Erzähler 40, 42
Ich-Form 43, 45, 46, 103
i-Laut 152, 153, 158
Imperativ 89
Infinitiv 51, 60, 137
Informationen sammeln und ordnen **11 f.**, 50–56, 96 f., 134, 194, 195, 197, 199, 206
Inhaltsangabe → Texte zusammenfassen
Internet 11 f., 56, 97, 134, 194, 195, 197, 199, 206
  Suchmaschinen nutzen 11 f.

J
Jugendbuch 40 f., **95–104**, 214

K
Kasus (Fall) 134, 142, 147, 181, 216
Kausalsatz **145**, 147, 148
Klappentext **96**, 102, 146
Komma 37, 44, 61, 68, 75, 144, 145, 147, 177–182, 188, 225
Kompromiss 20, 85
Konjugieren 51, 60, 135, 136, 153
Konjunktion 28, 37, 51, 54, 68, 144, 145, 177, 178, 179, 182, **215**
Konsonant 151, 156, 158, 163
Konzessivsatz **145**, 147
Korrekturkarte → Korrekturschwerpunkte
Korrekturschwerpunkte **35–38**, 186, 228
Kreuzreim 116
Kurzer Vokal 151, **154**, 155, 158
Kurzgeschichte 47, 117, 200
Kurzreferat **7–16**, 194, 206, 210, 226 f.

L
Landkarte lesen 196
Langer Vokal 151, **152 f.**, 155, 158
Langes *i* 152, 153, 158
Lernwort 153, 158
Lesekonferenz **102**, 193, 200
Leserbrief 85
Lesestrategien **80–86**, 228
Logo **89**, 90, 93, 94, 189
Lyrisches Ich 193

M
Mehrdeutige Wörter 126, 127, 162
Meinung → These
Meinung äußern 18 f., 22, 53, 56, 58, 65–72, 84, 90, 92, 94, 96, 103, 145, 173, 195, 197
Mengenangaben 171, 172, 173
Metapher → Sprachliches Bild
Mindmap 8, 16, 96, 175, 199, 227
Modalsatz **145**, 147
Multiple-Choice-Fragen 48, 57, 59, 117, 149, 150, 208

N
Nacherzählen 107, 116, 142, 144, 146, 152, 174, 179, 194, 195, 199, 201, 203
Nachschlagen → Wörterbuch
Nachsilbe → Suffix
Namenwort → Nomen
Nebenordnende Konjunktion 37, 144, 178, 182
Nebensatz 62, 144, 145, 146, 147, 148, 173, 179, 180, 181, 182, **220**
Nebensatz-Konjunktion → Unterordnende Konjunktion
Nomen 128, 129, **130 f.**, 132, 147, 148, 154, 156, 159, **161**, 162, 164, 165, 166, 167, 168, 169, **170 f.**, 172, 173, 174, 176, 180, 181, 187, 188, 199, 215
  zusammengesetzt 160, 165–168
Nominalisierung
  von Adjektiven 169, **172 f.**, 216
  von Verben **62**, 130, 166 f., 168, 169, **172 f.**, 187 f., 216
Nominalstil 173

O
Oberbegriff **131**
Objekt 60, 141–143, 148

P
Paarreim 116
Paralleltext schreiben 193
Partizip II 137, 138, 139
Partnerdiktat 156, 157, 158, 168, 176, 186, 222
Passiv **60**, 61, **138 f.**, 150, 191, 204, 218
PC → Computer
Perfekt **137**, 150
Personalform → Konjugieren
Personalpronomen 36 f., 131, 132
Placemat-Verfahren **59**
Plakat gestalten 94, 96, 190

„Platzdeckchen"-Verfahren → Placemat-Verfahren
Plural **130**, 156
Pluralprobe **170**, 171, 222
Plusquamperfekt 28, 136, 140, 150
Portfolio 30, 45, 55, 63, 85, 127, 147, 157, 163, 167, 181, 227
Positionslinie 18, 229
Possessivpronomen 131, 132, 171, 172, 173
Prädikat 60, 138, 140, 141, **142**, 144, 148, 150, 179, 180
Präfix 159, 160, 161, 164, 184
Präposition **134**, 161, 181, 216
Präsens 27, 28, 36, 48, 55, 60, **136**, 139, 150, 206
Präsentieren **7–16**, 194, 206
Präteritum 36, 45, 57, 59, 60, 61, **136**, **137**, 140, 150, 153, 204, 206
Pronomen 36 f., 76, **131 f.**, 180, **217**
Punktabfrage **10**, 228

Q
Quellenangaben machen 12

R
Recherchieren → Informationen sammeln und ordnen
Rechtschreibproben 151, 154, 158, 160, 169, 170, 171, 174, 183–186, 187
Rechtschreibprüfung 183, **185**
Rechtschreibregeln 183–186, 187
Redebeitrag vorbereiten 19 f.
Redewendung 42
Relativpronomen 146 f., 148, 180, 181
Relativsatz **146 f.**, 148, 150, 180 f., 182, 204, 220
Reimform 108, **116**, 193
Reisebericht 194, 196
Rollendiskussion vorbereiten und führen **18–22**, 210
Rollenkarte **19**
Roter Faden 13, 64, 70

S
Sachtext 8 f., 10, 13, 50, 55, 57, 58, 62, 63, 65, 71, **79–86**, 91 f., 125, 127, 128, 130, 132, 133, 134, 135, 136, 137, 140, 141, 142, 143, 144, 145, 146, 148, 149, 152, 153, 154, 157, 158, 160, 162, 164, 169, 172, 173, 190, 195, 198, 204, 205 f., 213
  appellativ 87–94, 166, 189
Sachlich argumentieren 20
Sachlicher Brief 38, **73–78**
Satzaussage → Prädikat
Satzbau 60, 61, 94, 138, 141–143, 148
Satzergänzung → Objekt
Sätze verdichten 28, **62**
Sätze verknüpfen 28, **37**, 51, 54, 55, 68, 70, 72, **144–148**, 182, 191
Satzgefüge 37, 144, 145, 148, 150, 179, 180, 220

Satzgegenstand → Subjekt
Satzglied 60, 61, **62**, **141–143**, 147, 148, 219
Satzreihe 37, 144, 148, 150, 178, 182, 220
Satzzeichen 37, 44, 61, 75, 144, 145, 147, 150, 177–182, 188
Schaubilder erschließen 97, 206, 213
Schlagzeile 89, 90, 129, 189
Schlüsselwörter notieren 13, 81, 83, 86, 91, 199
Schreiben
  Bericht **57–64**, 204
  Berufsbeschreibung **49–56**, 199
  Brief 43–46, 48, **73–78**, 203
  Dialog 113, 122, 180
  Gedicht 193, 201
  Paralleltext 193, 201
  produktiv zu einem Text **39–48**, **103**, 104, 113, 180, 197, 200, 203
  Stellungnahme **65–72**, 190
  Tagebucheintrag **103**, 104, 197, 200
  Zusammenfassung **23–32**, 33–38, 48, 203, 206
  Vorgangsbeschreibung 191
Schreibkonferenz 38, 45, 203, 204, 227
Schreibplan → Roter Faden
Schwingen → Sprechschwingendes Schreiben
Signalwörter **120**, 122
Silbe 154, 163
Singular 130
s-Laute 151, **155**, 158, **223**
Slogan 89, 90, 93, 94, 189
Spannungsbogen **109**, 112
sprachliches Bild 104, 108, **109**, 114, 116, 193
Sprechabsicht **120**, 121 f.
Sprechen, miteinander 18–22, 119–122
Sprecheraussage → Sprechabsicht
Sprechschwingendes Schreiben 154, 160
ß 155, 158, 223
Standpunkt einnehmen → Meinung äußern
Steigerung der Adjektive 156
Steigerungsprobe 222
Stellung nehmen **65–72**, 190, 197
Stellvertreter → Pronomen
Stichwörter aufschreiben 11, 12, 19, **27**, 28, 32, 43, 50, 54, 56, 64, 66, 67, 70, 71, 72, 77, **83**, 86, 96, 100, 103, 107, 109, 112, 193, 194, 197, 198, 199, 203
Stilmittel 89, 90
Stoffsammlung 66
Storyboard erstellen 107
Strophe 108, 116, 193
Subjekt 60, 140, 141, 142, 148
Suffix 159, 160, 164, 184
  Adjektiv-Suffix 156, 161, 162, 164
  Fremdwort-Suffix 162, 164, 184
  Nomen-Suffix 161, 162, 164, 170, 184
Szenisches Darstellen **112 f.**, 120, 121, 122

T

Tabelle 10, 204, 213
Tagebucheintrag **103**, 104, 196 f., 200
Tätigkeitswort → Verb
Temporalsatz **145**, 147
Tempus → Zeitformen
Textgestütztes Argumentieren → Stellung nehmen
Text gliedern 26, 27, 38, 42, 43, 48, 58, 71, 81, 83, 91, 101, 107, 109, 197, 199, 206
Texte überarbeiten → Überarbeiten von Texten
Texte zusammenfassen **23–32**, 33–38, 48, 118, 203, 206, 212
These 67, 71, 72

U

Überarbeiten von Texten 16, 29, 32, **33–38**, 45, 54, 55, 56, 62, 63, 64, 69, 70, 77, 78, 197, 199, 204
Überfliegendes Lesen 8, 80, 84, **85**, 86, 96
Umgangssprache vermeiden 54, 55
Umstellprobe 141, 142, 148, 150, 209
Unbekannte Wörter klären 13, 42, 50, 51, 53, 56, 81, **82**, 85, 86, 91, 97, 107, 111, 115, **123–128**, 149, 193, 199, 206
Unterbegriff → Oberbegriff
Unterordnende Konjunktion 37, 144, 179

V

Verb 36 f., 48, 51, 60, 135–140, 153, 154, 156, 159, 161, 162, 164, 165, 166, 167, 168, 169, 170, 172, 173, 180, 199, 204, **217**
Verhältniswort → Präposition
Verlängerungsprobe 151, **154**, 156, 158, 184, 222
Vermutungen anstellen und überprüfen 24, 31, 40, 50, 52, 80, 86, 91, 95, 97, 102, 105 f., 110, 115, 125, 130, 132, 178, 190, 196, 197, 205
Vers 108, 116
Verständigen, sich 20, **119–122**
„Versteckte" Artikel 169, 171, 172, 173
Verwandte Wörter → Wortfamilie
Verwandtschaftsprobe → Ableitungsprobe
Vokal 151, **152 f.**, **154**, 155, 158, 163, **223**
Vorgangsbeschreibung 191
Vorlesen 108, 116, 193
Vorsilbe → Präfix
Vorvergangenheit → Plusquamperfekt

W

Wechselpräposition 134
Werbeplakate → Werbung untersuchen
Werbesprache untersuchen 89, 90, 92, 94, 189
Werbung untersuchen **87–94**, 189, 214
W-Fragen stellen 10, 26, 28, 32, 51, 52, 56, 57, 59, 63, 64, 91, 107, 111, 116, 137, 194, 195, 197, 199
Wortarten **129–135**, 139, 150, 159, 161, **169–176**, 199, 215
Wortartwechsel 62, 123, 130
Wortbausteine 82, 123, 124, 128, 153, **159–164**
Wortbedeutung erschließen **123–128**, 162
Wortbestandteile → Wortbausteine
Wörterbuch 82, 97, 111, 124, 125, 126, 128, 130, 132, 140, 152, 153, 162, 168, 185, 221
Wörterliste **152 f.**, 157, 161, 221
Wörter mit ähnlicher Bedeutung 126 f., 128
Wortfamilie 82, 153, 155, 157, 160, 161, 218
Wortfeld 43, 126, 218
Wortgitter 157
Wörtliche Rede 29, 61, 108, 188, **225**
Wortspiel **89**, 90, 94, 189
Wortstamm 124, 153, 157, 160, 161
Worttrennung am Zeilenende **163**, 164, 224

Z

Zeichensetzung → Satzzeichen
Zeitadverbien → Zeitangaben
Zeitangaben 174 f., 176, 188, 224
Zeitformen 28, 36, 48, 59, 60, 61, **136 f.**, 139, **140**, 150, 203, 204, 206, **217**
Zeitschriftenartikel → Zeitungsartikel
Zeitstrahl 140
Zeitungsartikel 65, 84, 142, 143, 170, 174
Zeitwort → Verb
Zielgruppe **88**, 93, 94, 189
Zuhören 15, 21 f.
Zuhörergerechte Sprechweise 119–122
Zukunft → Futur
Zusammenfassung → Texte zusammenfassen
Zusammensetzung 160, **218**
Zusammen- und Getrenntschreibung → Getrennt- und Zusammenschreibung